大唐颜真卿

王筱喻◎著

中国文史出版社
CHINA CULTURAL AND HISTORICAL PRESS

图书在版编目（ＣＩＰ）数据

大唐颜真卿 / 王筱喻著 . -- 北京 : 中国文史出版社 , 2018.8

ISBN 978-7-5205-3784-1

Ⅰ . ①大… Ⅱ . ①王… Ⅲ . ①颜真卿（709-785）—传记 Ⅳ . ① K825.72

中国版本图书馆 CIP 数据核字 (2022) 第 183306 号

责任编辑：梁玉梅

出版发行：中国文史出版社

社　　址：北京市海淀区西八里庄路 69 号院　邮编：100142

电　　话：010-81136606 81136602 81136603（发行部）

传　　真：010-81136655

印　　装：北京新华印刷有限公司

经　　销：全国新华书店

开　　本：16 开

印　　张：18.25

字　　数：287 千字

版　　次：2023 年 4 月北京第 1 版

印　　次：2023 年 4 月第 1 次印刷

定　　价：56.00 元

目录

楔子

公元 785 年（唐德宗贞元元年），是一个看似平常，却暗藏转机的年份。

这一年，因为藩镇割据导致的李希烈叛乱，经过唐军的五年征讨，已经显出颓势，曾经再度恐慌的大唐，终于又看到了胜利的曙光。

这一年，对于颜家来说，却是一个灾厄之年。大唐四朝元老、当代大儒颜真卿因为劝降李希烈，被李希烈囚禁，并最终被杀害于河北蔡州龙兴寺，颜家因此堕于无尽的哀痛之中。

这一年的冬天，似乎也特别的漫长。春节过后，天气非但没有转暖，反而变本加厉，寒风呼啸，长江南北，黄河上下，皆陷入让人绝望的苦寒之中。

因为战事失利，已经在汴州称帝的李希烈，不得不带着被囚禁的颜真卿逃往蔡州，将颜真卿关押在蔡州的龙兴寺中。

自唐建中四年（783 年）正月底到达许州，见到李希烈，颜真卿已经被李希烈关押了两年。这两年中，颜真卿见到了李希烈节节胜利的得意，见到了他称帝时的狂妄，也见到了他失利时的穷凶极恶。颜真卿明白，如果李希烈真的造反成功，他为了向天下人昭示自己的大度，或许会饶自己一命，但是如果他失败了，他绝不会饶了自己。

陪着颜真卿来见李希烈的侄子颜岘和随从，颜真卿已经设法安排他们回到了长安。被囚禁在龙兴寺禅房里的颜真卿孤苦伶仃，看守他的士兵们对他早就失去了耐心，躲在屋子里一两天都不来看他一眼。来一次，就送一天甚至两天的饭，任凭水和饭被冻成冰坨，颜真卿吃的时候，只得努力把冰坨砸开，一点一点地啃着吃。

正月十六日早晨，龙兴寺住持慧可大和尚推门从屋里走出来，凛冽的寒风让他猛打了一个冷战。他抬头看了看在寒风中挣扎的柏树，突然想到了盖着一床薄被的颜真卿，忙转身回屋，抱了一床被子出来，朝关着颜真卿的屋子走去。

然而，他刚走到院子中间，就被两名腰挎大刀的士兵给拦住了。

两名士兵是从和尚们的寝室跑出来的，他们开门的时候，慧可看到屋子的中间生着一堆火。寺庙的屋子里是不允许生火的，这条禁令对和尚们好用，却无法约束这些当兵的。前天傍晚，当兵的准备在屋子里生火，几个胆大的和尚过去阻止，双方起了冲突，这些因为战败而脾气暴躁的士兵拔出了刀，砍伤了两个和尚。慧可为了防止和尚们与这些土匪一般的士兵再起冲突，就让和尚们去别的寺庙暂避风头，等当兵的走了再回来。

驻在龙兴寺的士兵有十一个人，挡住慧可和尚的这两人，是这十一名士兵的头目。慧可不知道也不想知道他们的名字。

其中一个军士说："辛将军有令，任何人都不许过中间的这条线！现在你已经过了，老和尚，你是不是不想活了?!"

慧可合掌施礼："施主，前几天辛将军带我去见过颜公，并允许我可以随时与颜公叙谈，辛将军是当着两位的面说这话的，莫非两位已经忘了？"

两人愣了一下，其中一个点了点头，说："我想起来了，辛将军还真有此话。行，你可以去见颜公，不过不能带东西。"

慧可把被子展开，让两人看，说："两位施主，颜公一人在此，孤苦伶仃。这几日天寒地冻的，我看颜公就一床薄被，怕他冻坏，给他送一床被子去，请两位施主行个方便。"

说话的小头目让慧可把被子抻开，他仔细看了看摸了摸，对慧可挥了挥手。两个小头目转身跑回屋子，关上门烤火去了。慧可把被子匆匆叠起来，抱着来到禅房外，从外面拨开门闩，推开了门。

偌大的屋子里，颜真卿蜷缩在屋角的床上，冻得瑟瑟发抖。

听到门响，颜真卿抬头看到了慧可，忙下床施礼："不知高僧来到，真卿失礼了。"

慧可忙放下被子，合掌还礼："颜施主言重了，天这么冷，慧可不过送了一床被子过来，无法多照顾颜施主，真是惭愧。"

颜真卿不肯接受慧可的被子。他知道，负责看押他的这些士兵进入寺庙后，把寺庙里的被褥抢劫一空，慧可的被子也不会有多余的。他留下了慧可的被子，慧可必然会受一些寒冷。

他对慧可说："天气很快就暖和了，身体之苦真卿不在乎。从汴州来的路上，一名军士把我的砚台扔了，是我最为痛苦之事，高僧如果愿意帮我，请帮我找一块砚台，我想等天暖和了，写字解闷。如能如愿，真卿感谢至极。"

慧可看颜真卿不肯接受被子，只得抱着被子回去了。

几天后，天气转暖，慧可找了一些宣纸和砚台给颜真卿送了过去。

颜真卿大喜，当场研墨，写下了平生最后一件广为人知的书法作品《移蔡帖》：

贞元元年正月五日，真卿自汝移蔡，天也。天之昭明，其可诬乎？有唐之德，则不朽耳。十九日书。

此时的颜真卿，已经由刚开始被关押时候的激愤难抑，变得平静淡然了。心境阔大，因此这幅《移蔡帖》庄重舒展，笔法纯正老到，具有典型的颜体风格。

幸亏有慧可的偶尔造访，颜真卿在龙兴寺还不过于寂寞，从慧可的口里，颜真卿得知了关于李希烈叛军的各种消息。他知道李希烈派翟崇晖率精兵偷袭陈州，节度使刘洽将其打败，俘获翟崇晖及其兵众三万人。李希烈镇守郑州的将领孙液投降，皇帝封孙液为刺史。此时的李希烈已经四面楚歌，虽犹做困兽之斗，却败局已定。

颜真卿明白，气急败坏的李希烈会把对朝廷的仇恨报复在自己身上，却依然对朝廷军队的胜利感到很是欣慰。

当然，颜真卿还为远在长安的朝廷感到忧虑。佞臣卢杞败坏了朝廷纲纪，朝廷上下，风声鹤唳。卢杞是忠诚正直的御史中丞卢奕之子，当年安禄山叛军杀了卢奕，安禄山派人拿着卢奕等人的首级到各郡县宣威恫吓，颜真卿杀了来人，看到卢奕脸上有血，为了表示对其尊重，用舌头把卢奕脸上的血舔舐干净，用稻草为其做身体，穿上官服安葬。卢杞却全无其父品格，为人阴邪狠毒，陷害忠良。颜真卿身陷囹圄，正是卢杞阴谋所致。现在卢杞虽然被贬为新州司马，但是以颜真卿对德宗皇帝的了解，这个圣上早晚会重新起用卢杞。这是颜真卿最为忧虑之事。

天气渐暖，日月如梭，转眼过了夏天，秋天到了。

从正月到八月的这七个月来，李希烈来找了颜真卿两次。

第一次来的时候，李希烈带着原汝州别驾李元平，带了酒肉，请颜真卿喝酒。李元平系皇帝宗室，却无半点骨气，颜真卿对他素无好感，因此拒绝与他们一起喝酒。

李元平恼羞成怒，当场鼓动李希烈杀了颜真卿，被尚有理智的李希烈拒绝了。

李希烈和李元平走后不久，李希烈又单独来找颜真卿，跟他做了一次长谈。

李希烈的意思很明确，他想让颜真卿做他的宰相。只要颜真卿做了他的宰相，他就可以利用颜真卿影响很多人，甚至把一些人招降过来。现在朝廷腐败，前宰相元载和刚下台的宰相卢杞对颜真卿这个德高望重的老臣的迫害，朝廷上下无人不知，如果颜真卿能以此为由，现身说法，必然会打动一大批受到元载和卢杞这两位宰相迫害过的朝中文武，李希烈再派人带着颜真卿的亲笔信去劝降，加上离间之计，必定会把面前的这盘死棋走活，他李希烈会再次翻盘，推翻大唐朝廷。

颜真卿丝毫没有给李希烈颜面："李将军，请你不要做这种美梦了。我颜真卿头可断血可流，决然不会背叛大唐朝廷。我还是那句话，如果李将军能够幡然醒悟，归降朝廷，我颜真卿愿以性命担保，说服当今圣上，保得将军性命无忧，安度余生。"

李希烈暴怒："颜真卿，我现在是大楚的皇帝，不是什么李将军！你也不要再跟我提什么幡然醒悟！我看你颜真卿真是需要幡然醒悟了！你们颜家为了保住大唐江山花了多少心血?！安禄山叛乱时，当年你与颜杲卿一起，率十七郡举义，颜杲卿一家三十多口被杀，颜杲卿被凌迟，你颜真卿对大唐忠心耿耿，大唐皇帝对你怎么样？从李隆基到李适，四代皇帝，哪个皇帝拿你颜真卿当回事?！哪个不是想贬就贬、想用就用？在这些皇帝眼里，你颜真卿根本就不算什么！你只要答应为我所用，我马上封你为当朝宰相！颜真卿，你是当代大儒，也算是个聪明人，怎么就算不明白这个账呢？"

颜真卿长吐一口气，说："李将军，我首先告诉你，你在我眼里根本就不是什么皇帝，你当初是大唐节度使李希烈，现在是叛将李希烈。没错，历代圣上确实对我颜真卿有升有贬，但是我颜家世代受大唐皇恩，没有大唐，岂有我颜家？我颜真卿即便再多受些委屈，也断然不会欺主罔上，背叛朝廷！"

李希烈冷笑："一代大儒，却是如此愚顽！颜公应该知道，当年大唐的开国皇帝李渊，也是造反夺得了天下，难道就许他李渊造反，不许我李希烈造反？！我是叛将，对于大隋来说，李渊也是叛将！效忠叛将的后代跟效忠叛将有什么区别吗？假如我李希烈成功，那我就是大楚国的开国皇帝！你颜真卿就是开国功臣！"

颜真卿说："可惜你李希烈不会成为一个真正的开国皇帝，我颜真卿更不会成为什么开国功臣！李将军，我颜真卿心意已决，你不必枉费口舌！"

李希烈点头，说："颜真卿，我告诉你，即使你不能为我所用，我也不能把你留给大唐！我只能杀了你！"

颜真卿昂然："颜真卿落到将军手里，就没想活着回去！将军请便！"

李希烈愤然离去。

颜真卿数着日落日出，在龙兴寺的这个禅房和半个院子里，度过了春天和整个夏天，又迎来秋风凉爽的八月。

八月二十四日清晨，颜真卿刚刚起床，李希烈部将辛景臻带着一名宦官从外面匆匆进入寺院。

宦官手捧圣旨，对颜真卿喊道："颜真卿接旨！"

颜真卿一愣，以为是圣上派人来了，忙跪下接旨。

宦官展开圣旨，只念了四个字："宜赐卿死！"

颜真卿低头，说："老臣无状，罪当死。然使人何日长安来？"

宦官冷冷回答："颜公糊涂了，咱家从大梁而来。"

颜真卿猛然站起来，手指着宦官骂道："乃逆贼耳，何诏云？！"（尔等不过是逆贼，有何权力说"赐"！）

辛景臻对着颜真卿鞠躬，说："颜公得罪了！"

辛景臻一挥手，几个士兵拥过来，一根三尺白练缠住了颜真卿的脖子，两边两个士兵用力拽住，颜真卿毫无惧意，双目怒视辛景臻。辛景臻看得心惊肉跳，转过身去，喊道："送颜公走吧！"

　　两个士兵用力猛拽白练，颜公挣扎着闭上了眼睛。一代名臣大儒、著名书法家就这样离开了这个他为之呕心沥血的人世。

第一章

风云突变

01. 家遭罹难

颜家远祖颜回，世居曲阜，为孔子七十二弟子之首，备受孔子赞誉。

"……一箪食，一瓢饮，在陋巷，人不堪其忧，回也不改其乐。"不仅如此，孔子还称赞颜回具有君子四德，即强于行义，弱于受谏，怵于待禄，慎于治身。

颜回关心百姓安危，终生向往的就是出现一个"君臣一心，上下和睦，丰衣足食，老少康健，四方咸服，天下安宁"的无战争、无饥饿的理想社会。但是事与愿违，颜回抑郁成疾，公元前 481 年，颜回先孔子而去世，葬于鲁城东防山前，被后人尊称为"复圣"。

颜回第二十二世孙颜敫，东汉时期官至御史大夫，其子颜盛于灵帝中平年间（约 188 年）出任青州刺史，后改任徐州刺史，并举家迁居今临沂费县方城镇诸满村。

颜氏在费县历四世，约一百年，至西晋时，已经成为当地望族。西晋永嘉年间（307 年）晋室南渡，颜真卿十三世祖、颜盛曾孙颜含为当时琅琊（今山东临沂）王司马睿幕府参军，率领家族随司马睿南迁，居住于南京。自颜含起，颜氏家族在江南共历九世，约二百七十年。因为重视教育，家族中人才辈出，成为江南的士家大族。

北周时期，颜真卿五世祖颜之推应周武帝征召，举家随驾入关，定居于京城长安。颜之推是南北朝后期著名的儒学大师，著作等身，主要有《颜世家训》《承天达性记》《训俗文字略》《笔墨法》《诫杀训》等。其中《颜氏家训》集儒家思想之大成，为传世之作，对中国士大夫思想和家庭教育产生了深远的影响，被后世奉为"治家之圭臬，处世之规范"。

颜真卿祖父颜显甫，少年聪慧，善于书法，工篆隶草，皆出类拔萃，名动一时。颜真卿姑母颜真定，聪慧明睿，精究经史子集，以才学被武则天选为女史。

颜真卿伯父颜元孙，进士出身，滁沂濠三州刺史，精通训诂，善于草隶。颜元孙舅父殷仲容精研书法，能辨名家真伪，颜元孙得其精髓，天下闻名。唐玄宗曾经拿出众多书法家的几十卷作品让颜元孙辨别真伪，颜元孙逐一辨析，毫无差错，唐玄宗惊讶不已。

颜真卿的父亲颜惟贞，年少时因为父亲早亡，生活贫寒，与兄颜元孙共同受舅父教育，在墙壁上写字练习书法，勤习学问，科举考试判入高第后，受到当朝凤阁侍郎苏味道的引荐，被拔擢为长安县尉，后迁太子文学，加勋上柱国，赠秘书少监、国子祭酒、太子少保。

颜惟贞有七子三女，因为性格耿直、为官清廉，颜惟贞的收入只有那点俸禄，养活全家十多口人很是艰难。颜惟贞为此每日忧虑。

而此时，大唐朝廷刚刚经受了一次巨变，唐睿宗再次即位，封李隆基为太子，并准许太平公主参与政事。太平公主是武则天的宝贝闺女，因为与李隆基一起铲除了乱政的韦后，扶植李隆基上位，因此深受李隆基的倚重，朝廷中的大事，李隆基都要与太平公主一起商量解决，太平公主因而权倾一时。太平公主极善于拉帮结派，朝廷上下因此乌烟瘴气，正直的朝臣皆忧心忡忡。

颜惟贞的内弟殷践猷为丽正殿学士，博学多才，为人刚正。两人经常一起讨论朝廷之事，皆觉得朝廷尚有危机。殷践猷相比颜家，经济状况略好，经常接济颜惟贞，颇好颜面的颜惟贞为此惴惴不安。但是颜家又离不开殷践猷的接济，颜惟贞为此心情矛盾，加上颜惟贞在官场中频频失利，他想改变家庭经济状况的想法一直无法实现，时日长久，竟然因此抑郁成疾，不得不请郎中医治。

如此医治了半个月，颜惟贞的病情却越来越严重，病倒在床上。

殷践猷略通医术，过来看了后，大吃一惊，请了京城最好的郎中来给颜惟贞看病。郎中给颜惟贞把脉后，脸色阴沉。

殷践猷把郎中请到别的房间喝茶，仔细询问颜惟贞情况。

郎中告诉他："脉象沉疴，是聚集了多年的郁气加上惊扰所致。我给开个方子，人能否见好，吃三服药后才知。"

颜惟贞的妻子殷氏过来，恰好听到了郎中的这一番话，不由得泪如泉涌。

郎中叹气，说："颜大人忧国忧民，关心百姓，我等皆盼望颜大人好转。夫人，此时不应有忧戚之相，加重颜大人的病情。"

殷氏忙擦了擦脸，给郎中和殷践猷泡茶。

然而，颜惟贞吃了一个多月的汤药，病情依然不见好转，这不但让这个十二口之家蒙上了阴影，也惊动了远在滁州为官的颜元孙。

颜元孙特意从滁州赶回长安，带着儿子颜杲卿一起来看望颜惟贞。

殷氏强作欢笑，抱着刚刚三岁的颜真卿过来陪颜元孙说话，刚刚还哭闹不已的颜真卿，看到比自己大十七岁的大哥颜杲卿，竟然不哭了，伸着胳膊过来搋颜杲卿的帽子。

颜元孙在外面为官，儿子颜杲卿随颜元孙赴任，偶尔回长安，每次回来，他都要给颜真卿等兄弟带一些小礼品，陪着阙疑、真卿等兄弟玩一会儿。

颜杲卿看到父亲和婶婶神情肃穆，便顺手抱过颜真卿，抱着他去院子里玩去了。

颜惟贞看到侄子和儿子出去了，眼中的泪水再也忍不住了，哗哗流下。

颜元孙看着半年不见，突然就骨瘦如柴、脸色乌黑的兄弟，也是悲伤难抑，握着颜惟贞的手，久久不肯松开。

颜惟贞说："兄长，我命不久矣，可悲的是，余下还有十个孩子，还有贤妻，我走了后，他们如何生活？所谓中年丧夫，少年丧父，我这一去，家中只余悲伤，让我于心何忍？"

颜元孙说："惟贞，不要如此悲观，我会找长安最好的郎中，给你治病。至于弟妹和孩子，你放心，只要有我颜元孙吃的穿的，就不会缺了他们的。"

颜元孙在长安住了半个月，每日给颜惟贞找郎中看病，经过十多天的诊治，颜惟贞的脸色逐渐好看起来，人也有了些力气，能慢慢下地走动了。

颜元孙假期将满，看到颜惟贞的病情有了好转，嘱咐郎中仔细给颜惟贞看病，就带着颜杲卿回到任上去了。

颜元孙以及众人没有想到的是，颜元孙刚走两天，颜惟贞病情陡然加重，情况异常凶险，殷践猷把能找到的郎中都找来了，大家看着颜惟贞，却束手无策。

颜惟贞挺了不到十天，在第八天早上，终于油尽灯枯，看着站在床边的八个儿女（其余两个因为太小，殷氏让人抱到一边去了）和妻子殷氏，闭上了眼睛。

殷氏带着一众儿女号啕大哭。

02. 家学深厚

颜元孙远在滁州，等他看到殷氏派人送来的信件，带着家人匆匆赶回长安，颜惟贞已经入土多日了。

从长安启程的时候，弟弟还好好的，此番归来，兄弟俩竟然阴阳两隔，颜元孙在颜惟贞的坟前，大放悲声，泪水滂沱。

拜祭完颜惟贞，回到家中，大姐颜真定和殷践猷等人得知颜元孙回来，都聚集到了他家中，商量颜惟贞留下的这个家庭的生活问题。颜惟贞活着的时候，是家中唯一的经济来源，现在他没了，家庭没了收入，这十个孩子还有殷氏，要保证他们的生活和教育。

殷践猷说他现在京城，经济尚可，作为孩子的舅舅，孩子们的生活和教育他可以负担。

颜元孙还没有从悲伤中缓过神来，他说颜家的事，他自然要管，不过他在任上，无法经常回来教育孩子，但是他每个月都会捎钱回来。只要他有口吃的，就不会饿着孩子们。

颜真定看到两人如此表态，很是欣慰。她说那惟贞留下的这家人，就有希望了。

安抚了殷氏和孩子们，给他们留下了一些钱物之后，颜元孙就匆匆赶赴任上去了。

殷氏艰难地扛起了抚养颜真卿兄妹的家庭重担。殷氏是颜真卿的第一位言传身教的老师。殷氏家族是陈郡名门望族，书香门第，为西汉北地郡太守殷续之后。从伯曾祖殷开山，为初唐开国元勋、凌烟阁二十四功臣之一。曾祖殷闻礼，官至中书舍人、弘文馆学士。祖父殷令言，当朝校书郎、淄川县令。其父殷子敬，为太常博士、苏州吴县县令。殷氏家族家学深远，殷氏自小跟着伯祖殷令名学习"四书""五经"，书法工笔，打下了深厚的书法和文学功底。

颜惟贞去世后，教育孩子们学习，就成了殷氏的第一要务。颜真卿兄妹在殷氏的教导下，学习书法，矫正坐姿，养成了良好的学习习惯。

颜真卿的舅舅殷践猷，更是博学多才，他先后任秘书省学士、丽正殿学士，被同时代的著名文学家贺知章赞誉为"五总龟"。其义是龟寿千年，无所不知。殷践猷之妻萧氏，是兰陵名门望族，自幼学习琴棋书画，贤惠至善，对颜真卿兄妹关怀备至。颜惟贞去世之后，殷践猷除了生活上给予帮助之外，在教育颜真卿兄妹之事上，更是竭尽全力。

颜真卿四岁的时候，堂兄颜杲卿赴任魏州录事参军。临行之际，颜元孙回到长安，请颜家族人以及好友喝酒。颜真卿兄弟虽小，却也作为子侄，单开一桌。

颜杲卿给兄弟们都准备了一份礼物，给颜真卿的是一支来自莱州的价值不菲的毛笔。

颜杲卿对颜真卿说："真卿，你不要辜负叔父的期望，一定要努力学习，光宗耀祖。"颜真卿拿着精致的毛笔，喜不自禁。这支毛笔，从此成了他的最心爱之物。

颜真卿的二哥颜允南，长颜真卿十五岁，聪慧好学，书法诗词皆有造诣，最擅长的是五言诗。颜允南深受父亲影响，为人敦厚，经常以身作则，教育兄弟和妹妹们。

颜家养有一只小鹤，是颜家兄妹等人的玩物。在一次追逐打闹中，小鹤小腿折断，不能行动。

其时颜真卿五岁，正是喜欢玩闹的年龄。学习之余，他抓住小鹤，在小鹤背上用毛笔乱画。小鹤在颜真卿的手里扑棱着翅膀挣扎，颜真卿都不肯松手。颜允南看到后，走过来，让颜真卿放了小鹤，对他说："小鹤受伤了，暂时无法飞行，我们更要爱护它，你如此不爱惜它的羽毛，实在不是仁义之人的做法。"

颜真卿虽处懵懂之年，却对此事印象非常深刻。如此小的一件事情，让他突然开始明白了一些事情。后来颜允南去世，颜真卿在《颜允南神道碑铭》中还提到此事，并充满感情地写道："真卿孩而不天，太夫人兰陵郡殷氏亲自鞠育。实赖慈训，粗兹有成。至若发虑学文之亲，立身复礼之道，非仁兄之规诲，曷暨所蒙！且有师训之资，岂惟孔怀之戚？"

殷践猷、颜真定、萧氏、颜元孙，这些胸有大才、心怀大善的亲人对颜真卿兄妹的关怀，他们以身作则的教导，对颜真卿的性格塑造，起到了不可估量的滋养和标杆作用。

唐玄宗开元四年（716年），颜真卿七岁那年，颜元孙在沂州刺史任上，因为儿女婚事得罪了按察使王志愔，被王志愔诬陷，唐玄宗降旨，将颜元孙降阶夺禄，罢黜归田。

颜元孙经过这些年的官场沉浮，早就看淡了仕途前程，回到长安之后，他反而感到很轻松，除了与殷践猷、陆象先等朋友交游之外，便是悉心教育子侄们学习。颜元孙推崇先祖颜之推所著的《颜氏家训》，严格治学，"吾家儿女，虽在孩稚，便渐督正之；一言讹替，以为己罪矣"（《颜氏家训·音律》）。伯父的严厉，给颜真卿留下了深刻的印象。

颜真卿二十三岁的时候，伯父去世，颜真卿异常悲痛，在《颜元孙神道碑铭》中说："真卿越自婴孩，特蒙奖异，且兼师父之训，岂独犹子之恩。"

颜真卿少年时，又遭遇了一次特别沉重的打击。

对颜真卿兄弟亲如己出的殷践猷参加大规模校理国家藏书工作，编写《群书四部录》，负责经部的编写工作，经过多年辛苦工作，此书于开元九年（721年）成书，殷践猷为了此书的编写工作，四处走访，查找资料，可谓呕心沥血。书稿完成后，殷践猷身体消瘦得不成样子，异常虚弱。

恰在此时，殷践猷的叔父殷子令病逝。殷践猷自幼与叔父感情深厚，并深受叔父教导，叔父去世，让殷践猷哀痛欲绝，在叔父的葬礼上当场吐血倒地。众人大惊，家人把殷践猷送回家，殷践猷已经气血两伤，郎中连脉搏都找不到了。

颜真卿兄弟随着母亲赶来，这个博古通今的当代大儒，已经人事不省，当天晚上便撒手西去了。

殷践猷的去世，无论是对于殷家还是颜家，都是一个非常巨大的打击。颜真卿兄弟从此失去了一个言传身教的好老师，更失去了资助他们生活的一个最重要的人。对于殷家来说，殷践猷壮年去世，撇下了娇妻幼子，撇下了已经年老的父亲，可以说是家庭没了顶梁柱。

　　在无尽的悲哀中埋葬了殷践猷后，颜真卿的母亲殷氏带着颜真卿兄弟前往苏州吴县，安抚在此做官的父亲殷子敬。

第一章　风云突变

03. 颜真卿的姻缘

殷氏带着七子三女，一路跋山涉水，来到了吴县。

从长安到苏州三千多里路，他们坐着马车，晓行夜宿，一直走了一个多月。终于从北方古城长安，来到了鱼米之乡苏州。

江南与北方截然不同的风土人物，让颜家兄妹大开眼界。外祖父殷子敬是个饱学之士，与江南的文人交往甚密，颜真卿兄妹在江南学习生活多年，使他们的学识和书法大有长进。

虽然有众亲友的接济，但是因为颜家兄妹众多，颜真卿兄妹的日子一直比较贫寒。生在官宦之家，眼中所见俱是大学硕儒，过的却是捉襟见肘的贫寒日子，这让颜真卿兄妹养成了节俭的好习惯。从长安出发，经过诸多的城镇乡村，颜真卿兄妹看到了真实的底层百姓的生活场景，对贫寒日子有着深刻体会的颜真卿，因此更加同情处于社会最底层的普通百姓。

在吴县，颜真卿跟着外祖父学习、拜访亲友的同时，也有更多的机会，体会那些面朝黄土背朝天的老百姓的辛苦和无奈，年少的颜真卿，数次问外祖父："姥爷，为什么那些有钱人那么跋扈，穷人却那么穷呢？"

殷子敬不回答，让他好好读书，多多思考，做一个善良之人，长大了就会明白了。

颜真卿十九岁时，他的兄长颜阙疑和颜允南先后走上了仕途，使得颜家的境遇开始有了改观。

开元二十年（732年）七月，颜元孙因病去世。此时的颜真卿已经二十三岁，跪在伯父的坟前，颜真卿涕泪长流。伯父对自己和兄妹们的教导关切，犹如昨日，而现在，对自己兄妹恩重如山的伯父如同舅舅一样，驾鹤西去，这让颜真卿感到无比的哀伤。

从兄颜杲卿也从任上赶回长安，送别父亲。

丧事之后，颜杲卿在家歇息了几日。此时颜杲卿已经在魏州任录事参军十九年，见识了太多的官场黑暗。但是颜杲卿秉持颜家祖训，做事光明耿直，因此一直无法得到升迁。

时任工部侍郎的贺知章和陆象先等一众好友也参加了颜元孙的葬礼。葬礼完毕后，贺知章特意让人把颜杲卿叫到家里，与他促膝长谈，此行让颜杲卿获益匪浅。

返回任上之前，颜杲卿请阙疑、允南、真卿等兄弟喝酒。阙疑和允南已经凭着自己的学识，稳稳地在仕途中扎下了根。众兄弟边喝酒，边畅谈。颜杲卿与阙疑已经年过四十，皆有了许多的人生经历和官场历练，两人以亲身经历，对一众兄弟现身说法，教育他们做人为官之道。

颜杲卿回到任上不久，便在贺知章的举荐下，升任代常山太守。

第二年（733 年），颜真卿参加了国子监的考试，并顺利通过。此前为了准备考试，颜真卿来到长安福山寺，潜心学习。

在福山寺学习的时候，中书舍人韦迪之妻带着女儿、家仆去寺里上香，见到了在院子里树荫下认真学习的颜真卿。由于读书过于用心，树上的鸟儿拉的屎落在了颜真卿的头上，颜真卿都没有注意到。

偏偏寺里的鸟儿胆子大，索性从树上飞了下来，绕着颜真卿身边转圈，转了一会儿，大概觉得颜真卿是个石头人，索性拍打着翅膀，要落到他的头上。鸟儿的翅膀拍在了颜真卿的头上，把颜真卿吓了一跳，不由得惊叫一声，跳了起来。

这一幕，恰好让走到一边的韦夫人和女儿看到了。韦夫人捂着嘴笑，女儿终究是天真烂漫，不由得笑出了声。

颜真卿看到端庄的韦夫人和清秀天真的韦家女儿，有些尴尬，忙朝着两人躬身施了一礼，拿着书，匆匆走进了房间。

虽然只是一面，但是韦夫人对这位年轻书生的印象非常深刻。她问旁边的僧人："小师父，这位年轻书生是谁家的公子？读书如此认真。"

小和尚告诉韦夫人："是已故中书舍人颜元孙颜大人之侄，颜惟贞大人之子颜真卿。夫人好眼力，每年都有十多名甚至几十名官宦子弟来寺里学习，好学者不少，但是像颜公子如此发愤者却是少见。”

韦夫人点头："原来是颜家公子，果然有颜家风范。"

第二年正月，朝廷举行进士科考试，科试项目有秀才、明经、进士、明法、明字、明算、一史、三史等。诸多项目中，明经和进士比较重要，名臣多从这两科出身。两科相比，进士科尤其重要。考试分初试、二试和三试。初试比较简单，选《礼记》或《左传》之一及《尔雅》，每经帖十条，四条以上通过者为及格。二试比较麻烦，写一篇杂文，题目为《梓材赋》和《武库诗》。其中《梓材赋》以"理材为器，如政之术为韵"。三试是时务策五道。除了试题，书法也是评判优劣的一条比较重要的标准。颜真卿的书法自不必说，让众人惊喜的是，他的各题考试都是优等，最终，他以"经策全通"的优异成绩，被选为甲级进士。

即便是以书香传世的颜家，进士及第也是少数。在朝廷实行科举考试以来，颜家人多以明经入仕，在颜真卿之前，考中进士的只有伯父颜元孙。此番颜真卿进士及第，颜家人自然喜不自禁。

尤其是颜真卿的母亲殷氏，自丈夫颜惟贞去世，带着颜真卿兄弟苦熬了二十余年，她已经从少妇步入老年，颜真卿的几个兄长已经次第进入仕途，但却都没有大的成就，此番颜真卿进士及第，让她终于有了光宗耀祖、足以慰藉死去的丈夫的感觉，自是喜不自禁。

考功员外郎（考官）孙逖与中书舍人韦迪是好友，考试结束后，孙逖去韦迪家做客，提到颜真卿的书法文章，大为赞赏。此事让韦迪的夫人听到后，心有所动。孙逖走后，夫人与韦迪谈到了在寺中看到颜真卿的情景，觉得颜真卿敦厚有修养，如果女儿能嫁给颜真卿，也算是终身有靠了。

韦迪对颜家人自然是赞赏有加。他暗中观察了颜真卿几日，心中对他很是满意。韦迪也是个爽快之人，马上托付孙逖，让他到颜家做媒。

韦家是长安大族。韦迪之父曾任房州刺史，兄韦述为当代著名学者，家有藏书万卷，古董书画更是数不胜数。

考功员外郎亲自来提亲，提的又是温柔贤惠的韦家女儿，殷氏自然欢喜不迭，忙答应下来。孙逖大功告成，又赶忙去韦家回话。韦家也是大喜，韦迪知道颜家的经济状况不佳，便以嫁妆的名义，给了颜家一笔钱。此时颜真卿的五个哥哥和姐妹们俱已成家，未成家的只有颜真卿和弟弟允臧。有了各位哥哥和姐妹的资助，加上韦家的钱，颜家给颜真卿办了一场还算体面的婚礼。

　　洞房花烛夜，韦氏忍不住把她和母亲去福山寺上香，看到颜真卿的事跟颜真卿说了，颜真卿才知道，自己的姻缘竟然是因为一只小鸟，不由得哈哈大笑。

第一章　风云突变

04. 艰难的仕途

736 年，颜真卿参加了吏部依照身、言、书、判的程序进行的铨选考试。最终颜真卿以"三判优"擢拔萃科，被授予朝散郎和掌管官方文件的秘书省著作校书郎，从此进入仕途，踏上了人心叵测的大唐官场。

此时，大唐朝廷因为李林甫入朝为相，开始出现了微妙的转变。著名奸相李林甫已经开始逐步掌握权势。前一年，他被拜为礼部尚书、同中书门下三品，加银青光禄大夫，与侍中裴耀卿、中书令张九龄一同担任宰相。

有了权势的李林甫开始排除异己，拉帮结派。

朔方节度使牛仙客工作勤勉，守边有功，深得唐玄宗赏识。唐玄宗跟群臣商量，想封其为六部尚书。

张九龄极为反对，他认为牛仙客虽然有功，却学识不高，不适合做六部尚书。

唐玄宗无奈，说那就给牛仙客加封个爵位吧。

唐玄宗没有想到，张九龄对于他的折中丝毫不给面子，再次上奏说："圣上，封爵的目的是为奖劝功劳。牛仙客身为边将，充实仓库，修理器械，乃是本职，不足以论功。陛下赏赐金帛即可，封爵实为不妥。"

唐玄宗对张九龄当着群臣反驳他，非常不高兴，但是碍于张九龄德高望重，却又不能当廷发火。

对唐玄宗的反应，李林甫看得清清楚楚。退朝后，他找机会求见唐玄宗，对他说："圣上，我觉得牛仙客可以重用。牛仙客在朔方厉行节俭，赏罚分明，因此才有朔方的兴盛安稳，对之重奖，正可彰显圣上的恩德，给他人做榜样。张九龄是书生意气，实在是不识大体。"

唐玄宗对李林甫的话深以为是，再次朝议的时候，又提此事。张九龄不厌其烦，再次反对。唐玄宗早就准备好了应对之言，怒道："你嫌牛仙客没有学识，难道你出身名门、家学深厚吗？"

张九龄不慌不忙，答道："微臣出身寒门，论出身自然不如牛仙客。但是臣却在中枢多年，执掌文诰。牛仙客此前只是边疆小吏，目不知书，如加以重用，恐难孚众望。"

李林甫出列，躬身说："圣上，微臣倒是觉得，大唐正是用人之际，应重实才，只要有才识，能为圣上分忧，何必满腹经纶？"

唐玄宗对李林甫的表现非常满意，不久，便赐封牛仙客为陇西郡公，食实封三百户。

李林甫又找了个机会，诬陷张九龄结党营私。唐玄宗对张九龄这些正直之臣的"忤逆"早就烦了，趁机撤了他的宰相之位，加封牛仙客为工部尚书、同中书门下三品，并执掌门下省事务。

这个牛仙客也是老实人，他虽然感恩李林甫，成了他的忠实随从，凡事皆由李林甫做主，却与李林甫不一样，他不以权谋利，不贪污受贿，即便是皇帝赏赐的财物，也都如数存放，不敢挥霍享用。

李林甫的势力越来越大，几乎可以说是权倾朝野了。颜真卿在朝中做个小官，虽然极力与李林甫保持距离，却也无法完全独善其身。

颜真卿在秘书省任职两年后，母亲殷氏去世。颜真卿依惯例服孝三年。三年后，他经人举荐，参加博学文词秀逸科制举考试，又以甲等登科，被授醴泉县尉。

在醴泉，颜真卿主管全县的治安防务。颜真卿与以往县尉不同，大力整治官场里弥漫的送礼受贿之风气，清正廉洁，深受百姓爱戴。

醴泉任期届满，新职位还没下来，颜真卿趁此间隙，去洛阳拜访大名鼎鼎的书法家张旭。其时张旭已经书名大盛，不愿轻易收徒，却与颜真卿一见如故，两人长谈书法，颜真卿深受教益，从张旭处回来后，写出了《张长史十二意笔法记》，悟出了"屋漏痕"笔法，从此，颜真卿的书法造诣又上了一个新的台阶。

因为政绩卓著，颜真卿受到了关内道黜陟使王鉷欣赏而举荐，升任长安县尉，并于第二年提拔到朝廷的检察机构——御史台任职监察御史。

王鉷是颜真卿仕途上的贵人，让颜真卿尴尬的是，这个王鉷却是当朝奸臣李林甫的心腹。

王鉷本来是鄠县县尉，他能进入御史台，多亏了其父的表兄、户部侍郎兼御史中丞杨慎矜的引荐。杨慎矜与王家关系密切，加上对王鉷有恩，一直以长辈自居，见到王鉷，都是直呼其名。王鉷却因为投靠了李林甫，觉得背后靠山稳固，对杨慎矜就很有些怠慢。杨慎矜是个正直之人，对李林甫拉帮结派、打击异己很是不满。而杨慎矜因为为官清廉，兢兢业业，因此深受唐玄宗器重。这让李林甫很是嫉妒。

李林甫让王鉷设法陷害杨慎矜。王鉷这个忘恩负义之徒竟然让人散布谣言，说杨慎矜是隋炀帝的玄孙，暗中勾结江湖人士，企图谋反复辟。唐玄宗听到此事后大怒，命人抓了杨慎矜，杨慎矜兄弟三人全部被赐死，受牵连者达五六十人。

当然这是后话。

颜真卿进入御史台的时候，杨慎矜因为父亲亡故，还在老家服丧。王鉷发现了颜真卿这个人才，李林甫非常高兴，以为颜真卿会对王鉷感恩戴德，与王鉷一起成为他的心腹。让他没有想到的是，颜真卿对王鉷虽然毕恭毕敬，对炙手可热的李林甫却丝毫不感兴趣。王鉷几次暗示要带他去拜见李林甫，都被颜真卿拒绝。

李林甫恼怒，把他调出京城，先后任河东、朔方以及河西、陇右军试覆屯交兵使，到各处巡察，处理案件。颜真卿在各处巡察任职期间，凡事皆秉公处理，不畏强权，深受百姓爱戴。

天宝八载（749年）八月，颜真卿因为政绩突出，再次被调回御史台，升为殿中侍御史。

御史的责任是监察官吏，却很少有人敢冒天下之大不韪，去顶撞比自己官职还大的官员。颜真卿是殿中侍御史，看起来很厉害，其实却不过是个七品官，在偌大的朝堂之上，实在是不值一提。

颜真卿刚升任殿中侍御史不久，宫中发生了一件官员无视御史台规矩之事。负责宫中和京城保卫的左金吾卫将军李延业，在家中私自招待吐蕃使臣，为了炫耀其威风，竟然私自动用宫中车马和仪仗。

朝堂之上，御史台向圣上禀告此事，李延业仗着手中的权势，根本不把御史台放在眼里，当廷反诘御史台。御史台的人惧怕李延业的权势，不敢说话了。颜真卿气愤不已，当场责问李延业，据理力争，毫不相让，李延业竟然被颜真卿问得一句完整的话都说不出来了。诸位大臣都看到了李延业的窘相，唐玄宗也不好再袒护下去，只得将李延业贬为济南太守，旬日离京。

此事让颜真卿在朝廷内声名大振，朝堂之上，无人不知这个四十多岁，却宁折不弯的颜真卿。

颜真卿力谏李延业，在朝廷掀起了轩然大波。李林甫让王鉷再次找到颜真卿，让他说服颜真卿，投靠自己，并保证可以给颜真卿高官厚禄，被颜真卿再次拒绝。

王鉷异常恼怒。

户部侍郎杨慎矜遭王鉷和李林甫构陷被抓，天宝六载（747年），颜真卿与殿中侍御史崔寓奉命去关押杨慎矜的地方，赐杨慎矜和其弟杨慎名自尽，杨慎矜大骂王鉷和李林甫。杨慎名痛哭之余，要求给寡居的姐姐写一封信，与姐姐作别。崔寓与颜真卿都同情杨氏一家，崔寓却不敢答应此事。颜真卿毫不犹豫，答应了此事并告诉崔寓，此事如果有人追问，他自会承担责任。

杨氏兄弟对颜真卿感激异常。颜真卿和崔寓眼睁睁看着杨慎矜和杨慎名写完遗书后，悬梁自尽。

御史中丞宋浑是名相宋璟之子，因为得罪御史吉温，被吉温和崔珪诬告，贬去了贺州。宋浑是李林甫的人，也做了不少的浑事。吉温是杨国忠的人，是非常有名的酷吏，做事狠毒，不留后手。宋浑所犯的是一件小事，根本不至于被贬，况且宋璟是一代名相，素有清名。此事让颜真卿非常愤怒，他丝毫不顾忌吉温背后的权势，在朝堂之上，大声斥责吉温等人："奈何以一时之忿，而欲危宋璟裔乎！"（《新唐书》卷一百五十三《颜真卿传》）

颜真卿能有今天，是李林甫的心腹王鉷举荐之功。杨国忠本来就怀疑颜真卿可能倒向李林甫，而对他心怀警惕，此番颜真卿表面是斥责吉温，其实是含沙射影，斥责杨国忠。杨国忠看出来了，这个颜真卿对他是深恶痛绝，很难为其所用，便让崔珪在朝中奏了颜真卿一本，把他贬出京城，担任京都畿采访判官。

05. 排挤出朝

颜真卿自幼受舅父和伯父的影响，喜欢交往博学之人。与当时的著名文人高适、岑参、徐浩、殷寅、柳芳等过从甚密，只要有时间，或两三人，或五六人，便可雅居，众人谈诗论文，畅谈国事，研习书法，是颜真卿在官场生涯之外的唯一乐趣。

颜真卿的书法根基来自舅舅和母亲以及伯父的指点，而舅舅等人的老师，都是颜真卿父亲的舅舅殷仲容。

殷仲容的书法继承了王羲之、王献之父子二人的风格，秀丽典雅，笔法精到庄重。之后，颜真卿又研习褚遂良，并兼取欧阳询、虞世南之长，加之刻苦训练和过人的天赋，颜真卿的书法在大唐慢慢声名远播。

开元二十五年（737年），他应相州刺史张嘉祐之请，为相州后周太师尉迟炯祠堂撰写碑铭。天宝十一载（752年），又应楚金和尚之约，书写了著名的《多宝塔感应碑》。此外，还有《郭虚己碑》《郭揆碑》《夫子庙堂碑》等，均为传世之佳作。

颜真卿在京都畿采访判官任上一年，第二年便又回到了御史台，任殿中侍御史，当年十二月，升任侍御史。

天宝十载（751年），颜真卿升任尚书省兵部员外郎，判南曹，散官加朝议郎，为正六品官员。后兵部改为武部，又称武部员外郎。

这一年，大唐朝廷的局势发生了巨大的变化。其中最主要的，是当朝宰相李林甫的死亡。

最受唐玄宗宠爱的胡将安禄山，是最怕李林甫的。李林甫善于揣测人心，每次见安禄山，他总是摸准了安禄山的心思并先说了出来，安禄山认为他像神仙一样无所不知，每次见到李林甫，即使是隆冬天气也会吓得汗流浃背。

李林甫最会拿捏人。这时候，他就会用温和的语言跟安禄山说话，带领他到中书厅就座，用自己的披袍盖在他的身上。安禄山被感动了，没有顾忌，喊李林甫"十郎"。

安禄山后来想想，知道李林甫这是软硬兼施，对他就更加惧怕。每次，手下刘骆谷从宫中回来向他汇报情况，安禄山会先问："十郎说了些什么？"

安禄山已经是河东节度使，权势膨胀，极力招兵买马。颜真卿与常山太守颜杲卿年底在长安家中团聚，两人谈起安禄山，都顾虑他有谋反的可能。李林甫虽然是当朝佞臣，却没有谋反之心，因此可以说，李林甫是朝廷压住安禄山的一块重石。

然而，李林甫死了。

李林甫之死，与王鉷有关，也与杨国忠有关。

对颜真卿有举荐之功的王鉷，因为其弟户部郎中王銲涉嫌谋反，牵连了王鉷，杨国忠奉旨彻查此事。

王鉷是李林甫心腹，是杨国忠的死敌，杨国忠自然不会放过他。最终，唐玄宗赐王鉷自尽。杨国忠还想趁机把李林甫拉下水，但是没有证据，而且李林甫毕竟是当朝宰相，就只能向玄宗汇报，说李林甫可能也涉及此案。

唐玄宗没有追究李林甫的责任，但是从此以后，就渐渐远离了李林甫。

同年十月，洱海旁小国南诏国侵犯大唐边境，剑南告急。当时，杨国忠兼任剑南节度使。李林甫便奏请玄宗，建议让杨国忠到剑南赴任，想趁机把他调离朝廷，再寻找机会对其下手。

杨国忠与李林甫缠斗数年，自然知道他的套路。他单独求见唐玄宗，哭着对其说道："臣杀了李林甫的心腹王鉷，他必定会报复。此番臣一旦离朝，必为李林甫所害。"

唐玄宗此时已经开始厌恶李林甫，专宠杨国忠了，他安慰杨国忠说："你暂且先到剑南处理军务，朕很快就会召你回来，让你当宰相。"

自从王鉷事件之后，李林甫就已经明显感觉到唐玄宗开始疏远自己了。想到自己当年做的那些缺德事，李林甫天天心惊肉跳。设计除掉杨国忠，是李林甫的最后一谋。然而，他没有想到，自己非但没有除掉他，反而促使皇帝加快了除掉自己的决心。

李林甫得知唐玄宗与杨国忠的谈话内容后，终于抑郁成疾，躺在了床上。

唐玄宗住进华清宫，李林甫病重，但是依然坚持陪着唐玄宗到华清宫住下。李林甫病情加重，李家花重金请人救治，长安一名专门出没于官宦之家的巫师来见李林甫，对他说："只要您能见一下皇帝，病情就会好转。"

李林甫想到了一个办法，派人向圣上禀告自己的病情。唐玄宗有些同情，想去看望他，却被侍臣谏止，唐玄宗便让人将李林甫抬到庭院中，自己则登上降圣阁，举起红巾招手慰问。李林甫已病重不能起身，只能让家人代拜谢恩。

杨国忠刚到剑南，便被唐玄宗派宦官召回朝中，并到华清宫谒见李林甫，拜于床下。此时，李林甫已无力再对付杨国忠，他流着泪对杨国忠道："我很快就要死了，你一定会继任宰相，我的后事就托付给你了。"

杨国忠对李林甫仍非常忌惮，汗流满面，连称不敢。同年十一月二十四日（753 年 1 月 3 日），李林甫病逝，由诸子护灵返回长安，发丧于平康坊府邸。唐玄宗追赠他为太尉、扬州大都督，并赐班剑武士、西园秘器。不久，杨国忠拜相，大唐朝廷成了杨国忠的天下。

杨国忠没有李林甫的吏治才能，嫉贤妒能却甚于李林甫，他对颜真卿等一帮不肯依附自己的大臣，早就看不顺眼了。

天宝十三载（754 年），为了加强郡县治理，唐玄宗下诏，令尚书省派十几人充实到地方。杨国忠假称精择，趁机将颜真卿等一干官员派出京城。

被蒙在鼓里的唐玄宗还挺兴奋，为了表示对新任太守们的器重，唐玄宗在皇宫蓬莱阁大摆筵席，筵席中除了被派出的十几名新任太守外，还请了负责此次"精择"的杨国忠，并让梨园弟子奏乐伴舞，唐玄宗亲自赋诗，看起来热闹非凡。

颜真卿等一干人却心中有数。虽然他们是被"委以重任"，但是这些被"委以重任"的，却没有一个杨国忠的人。很显然，他们是被排挤出去的。所以虽然他们的官职升了，但是远离皇帝，那就是远离权力的中心，现在朝廷中都是杨国忠的人了，他们这些人，很难再有所升迁。众人因此强作欢笑，心中却很是苦涩。

三十年前，朝廷派出源光俗、寇洲等十几人出任各州刺史，唐玄宗也是在蓬莱阁设宴欢送。不过那时候的大唐政治清明，那十几个人是真正的朝中才俊，是唐玄宗亲自遴选出来的干才，前途远大。

两下比较，大唐的危机和隐患显而易见。

颜真卿忧心忡忡，却不得不开始做出行的准备。

此时，著名的边塞诗人岑参从高仙芝幕府罢职赋闲在家，岑参与颜真卿是远亲，又是好友，他特意提了两瓶好酒来见颜真卿。与颜真卿不同，岑参为颜真卿能外任郡守很是兴奋。

他特意带了自己的一首诗，献给颜真卿："吾兄镇河朔，拜命宣皇猷。骊马辞国门，一星东北流。夏云照银印，暑雨随行輈。赤笔仍在箧，炉香惹衣裘。此地临东溟，孤城吊沧州……苍生已望君，黄霸宁久留。"岑参期望颜真卿以西汉著名太守黄霸为榜样，教化百姓，政通人和，造福一方百姓。

颜真卿对于自己的这位远亲来访，自然很是高兴。然而，对于自己的担忧，他却无法跟这位热血澎湃的亲戚说起。

06. 大唐危机

唐玄宗初期励精图治，出现了开元盛世。这段时间，大唐政治清明，经济发达，大唐同周围各国关系融洽，当代诗人王维的"九天阊阖开宫殿，万国衣冠拜冕旒"，描述的就是大唐盛世、万国来朝的情景。

但是在唐玄宗后期，这个曾经开明的皇帝膨胀了、糊涂了，宠信李林甫、杨国忠等奸臣，使得朝廷乌烟瘴气，腐败不堪。

最主要的是，这个时候的唐玄宗开始了与以前截然不同的扩张政策。

天宝八载（749 年），唐玄宗命大将王忠嗣进攻吐蕃石堡城。王忠嗣是大唐边关猛将，曾在对吐蕃的玉川战役中，以三百精兵突袭吐蕃军营，斩敌数千；也曾率十万骑兵，北伐契丹，于桑干河三战三捷，杀得奚和契丹联军全军覆没。天宝初年，他率大军大败突厥叶护部落，取乌苏米施可汗首级送至长安；在对吐蕃的青海湖会战中，大破吐蕃北线主力，吐蕃死伤数万人，两王子阵亡，使吐谷浑降唐。

然而，王忠嗣在侦察了石堡城的局势后，觉得需要牺牲数万人的性命才能拿下这一座小城，不同意进攻此城。他对部下李光弼说："即便是夺下了石头城，却无法制服敌人，拿不下对国家也没有害，我怎么可以为了自己升官，而牺牲数万人的性命！"

王忠嗣把自己的想法上奏给唐玄宗，唐玄宗不高兴，转而命令董延光攻打石堡城，结果没有按期攻下。唐玄宗又用哥舒翰换下了董延光，哥舒翰带着军士猛攻猛打，果然牺牲了数万军士的性命，才拿下了仅有几百人驻守的石堡城。唐玄宗大赏哥舒翰。

王忠嗣虽然对唐玄宗这种穷兵黩武的做法不满意，但还是忠心耿耿，他数次上书奏言安禄山将会作乱，宰相李林甫得知后，诬陷王忠嗣"欲奉太子李亨为帝"，唐玄宗大怒，要杀王忠嗣，后在哥舒翰苦求下，将其贬为汉阳太守。一年后王忠嗣抑郁以终，年仅四十五岁。

唐玄宗还听杨国忠愚弄，命令剑南节度使数次进攻洱海边上的小国南诏，牺牲军士十多万。为了让节度使们效忠自己，唐玄宗放任节度使大权独揽，很多节度使因此掌握着庞大兵力，并且任期无限，有的节度使掌握数镇兵力，比如王忠嗣就曾经兼领河西、陇右、朔方、河东四镇节度使，幸亏王忠嗣是个忠臣，没有造反之心。这种制度，使得许多节度使拥兵自重，野心膨胀，造成了唐朝后期的割据势力叛乱。

叛乱最早、危害最大的，就是唐玄宗时期的安禄山之乱。杨国忠嫉贤妒能，拉帮结派，但是他不希望大唐垮台。杨国忠也预感到安禄山会造反，多次在唐玄宗面前说起此事。说的次数多了，唐玄宗有些烦，就派中官辅璆琳去侦察。辅璆琳带着手下来到范阳安禄山住处，安禄山亲自接待辅璆琳，好吃好喝伺候一番，给辅璆琳安排了价值不菲的金银珠宝，辅璆琳走马观花敷衍了一番，回来后大讲安禄山忠心耿耿，唐玄宗大喜，特意宣杨国忠入宫，让辅璆琳向其汇报。辅璆琳也是个混蛋，因为得了安禄山的钱财，在杨国忠和唐玄宗面前，无中生有，大肆吹嘘安禄山的忠诚。

杨国忠自然不肯相信。他对唐玄宗说："圣上，您如果召安禄山进京，他有了谋反之心，肯定不会来。"

唐玄宗听了杨国忠的话，传圣旨让安禄山进宫。

安禄山与手下众人商量，众人都怕朝廷会有阴谋，不同意安禄山去。安禄山的心腹高尚却劝他去："将军如果不去，那就是谋逆之罪，而我们现在准备尚且不足，不可与朝廷翻脸。唐玄宗一贯宠爱将军，此番应该是试探之举，将军不必顾虑。"

安禄山表面憨厚，其实非常有谋略。他力排众议，听了高尚的话，带着高尚等一干人马，日夜兼程赶到长安，拜见唐玄宗。

天宝十三载（754年）正月，安禄山到华清宫拜见唐玄宗，哭着说："臣是外族人，不识汉字，但是臣对圣上忠心耿耿。宰相在朝中素有威仪，但是臣专心守边，不肯与朝中权臣来往，而且圣上对臣越是宠爱，宰相就越是恨我，以至于想杀我泄恨，请圣上明察。"

唐玄宗被安禄山感动，马上下旨，任命他为左仆射。当月，安禄山又呈奏章请求任命自己为闲厩使、陇右群牧等都使，任命吉温为武部侍郎兼中丞，当他的副手，又请求主持总监事务，唐玄宗一律应允。安禄山当了闲厩使、群牧等都使之后，上等好马都暗地挑选出来，夺得了楼烦的监牧之后接着夺取张文俨的马牧，掌管了大唐一半的军马大权。这年三月一日，他离开长安回范阳，怕唐玄宗幡然醒悟，也怕杨国忠害他，出了潼关后，每天赶路三四百里，直奔范阳。

　　其实安禄山想错了，唐玄宗根本就没有怀疑他，反而对他无比信任。只要有人说安禄山要造反，唐玄宗一定会大发雷霆，把他捆绑起来送交安禄山。

07. 平原上任

天宝十二载（753 年），颜真卿带着妻儿，一路长途跋涉，来到了平原郡，出任太守。颜真卿时年四十五岁，正值壮年。

平原郡属河北道，正是平卢（现辽宁朝阳）、范阳、河东三镇节度使安禄山管辖范围之内。颜真卿在处理政务、发现人才之余，最主要的精力，都用在修筑城墙、疏浚壕水、赶制兵器上。他有预感，安禄山早晚必反。

为了麻痹安禄山，颜真卿召集当地文人封绍、高筼，族弟颜浑等重新开始编修《韵海镜源》。颜真卿早在任校书郎时，就开始此书的编纂，此番来到平原，各种资源俱备，他正好利用此事麻痹安禄山，让他以为自己沉溺于书文之事，对自己不做防备。工作之余，颜真卿带着一帮文人泛舟湖上，吟诗作对，还带着家人到琅琊寻根问祖，登临泰山，瞻仰摩崖石刻，对外造成一种不修兵革的假象。

即便这样，安禄山对颜真卿还不是很放心。

第二年冬天，安禄山派亲信平洌、阎宽、李史鱼、曹宋謇四人，以河北采访使判官的身份来平原视察，窥视动静。

平洌现在的身份是殿中侍御史，是颜真卿任监察御史时的同僚，略有些交情。颜真卿利用这层关系，带着任淄川郡司马的堂兄颜曜卿，族弟颜浑，任朝城县主簿的韦夏有、内弟韦宅相，以及本郡大小官员、文人雅士，出城迎接。

平洌虽为安禄山亲信，却也略有文名。与颜真卿同僚之时，便对颜真卿很是敬佩。阎宽文名比平洌略胜，以五律闻名，诗作有《松滋江北阻风》："江风久未歇，山雨复相仍。巨浪天涯起，馀寒川上凝。忧人劳夕惕，乡事怠晨兴。远听知音骏，诚哉不可陵。"

李史鱼和曹宋謇文名不如平洌和阎宽，却也素仰颜真卿名号，所以这四人，倒也并非一般蝇营狗苟之徒。

四人见太守颜真卿带着一众亲友属下，亲自到城外迎接，很是感动。

平洌下了马车，老远朝着颜真卿抱拳："平洌与诸位见过颜大人。颜大人出城迎接，我等实在汗颜。"

颜真卿拱手："平大人见外了，我与大人当年共事御史台，现在大人贵为河北采访使，能与各位大人一起来平原，老友相见，真卿喜不自胜，怎能不早早出城迎接？"

平洌与颜曜卿、韦宅相等人也都认识，众人互相施礼打招呼，最后平原郡的官吏们拜见了平洌等人，众人便入城。

为了让平洌等人带着一份颜真卿期望的答卷回去，颜真卿首先大摆筵席，歌舞美酒，盛情款待。

宴席之后，平洌等人休息了半天。第二天早饭后，颜真卿带着颜曜卿、颜浑、韦宅相等人陪着平洌四人参观东方朔庙。东方朔是平原厌次人，西汉时期名人，官至常侍郎中，以诙谐狂放闻名，善于占卜，瞽者视其为始祖。

庙中原有一块石碑，是开元八年（720年）德州刺史韩思复命人所刻，晋代夏侯湛所作《东方先生画赞》，因为风吹雨淋，加上石材的问题，石碑上苔藓覆盖，字迹已经模糊不清了。

颜真卿对这个睿智狂放、关心百姓的东方朔很是佩服，便把《东方先生画赞》一文重写了，让人刻在了石碑上。同时，他又亲自写了两块碑文：其一记叙他们十几个人同时出任郡守之事；其二记录颜氏家族，前有曹魏时期的颜斐，继有北齐的颜之推，后有现在的颜真卿，三人皆任平原太守之事。

三块石碑皆还未完全刻好，平洌之人瞻仰了东方朔庙中塑像之后，又对颜真卿的书法赞赏不已。

参观完东方朔庙，午饭之后，颜真卿又安排当地文人雅士与平洌等人赋诗唱乐，研习书法。颜真卿一副乐在其中的样子，与诸人喝酒吟诗，凡求字者，来者不拒。平洌等四人各自索要了一幅书法，皆很高兴。

阎宽能喝酒，喜欢酒后作诗。平洌和曹宋謇不胜酒力，喝了一会儿，就不能喝了。颜真卿拉着两人与阎宽对喝，最后自己先喝多了，被颜浑扶着找地方休息去了。

平冽等人在平原住了八天，见到平原郡商铺林立，百姓安居乐业。颜真卿处理公务之余，便是带着一帮文人编修《韵海镜源》，初稿二百卷，即将完成。当然，作为当代著名的书法家，颜真卿还要遍访当地书法名家，与之吟诗作对，研习书法。

平冽等人吃饱喝足，对颜真卿也有了一个定义。这个颜真卿虽然刚正不阿，却也不过是一个书生，最关心的是诗词书法，毫无兵革意识。

他们回到范阳，向安禄山汇报，安禄山这才对颜真卿放心了。

平冽等人走后，颜真卿意识到离安禄山反叛的时间越来越近了，现在圣上又不相信安禄山会反，给圣上上表毫无作用。他能做的就是尽量做好防卫准备。

不久，颜真卿收到颜杲卿来信，请他去常山，有要事商量。

颜真卿已经多年没有见到曾经对自己倍加关怀的堂兄了。见到颜杲卿的信后，颜真卿安排好了郡中事务，便只带着族弟颜浑，两人乘坐一辆马车，带了一些平原当地特产，直奔常山。

平原到常山约有五百里路，他们快马加鞭，于第三天傍晚城门关闭之前，赶到了常山。

颜杲卿没有想到颜真卿会来得这么快，喜出望外。

颜真卿拜见了嫂子，与颜杲卿一家人简单吃了点饭后，便被颜杲卿拉到了书房。

颜杲卿问他："真卿兄弟，你知道我为何让你来见我吗？"

颜真卿说："我猜是为安禄山之事吧？"

颜杲卿点头，说："知我者，兄弟也。安禄山向朝廷请求献马之事，兄弟知道吧？"

颜真卿点头，说："只是略知一二，详细不知。"

颜杲卿把安禄山欲向唐玄宗献马的事，详细向颜真卿说了。

前不久，安禄山向朝廷上了一个奏折，要献三千匹马给朝廷。这三千匹马，需要六千名马夫牵送，二十二名蕃将带队。这些兵马都是安禄山精心挑选的，如果真的让他们进入长安，那长安就会随时处于极度危险之中。奇葩的是，唐玄宗还是一如既往地相信安禄山，准备批准安禄山的请求。在这关键时刻，唐玄宗接到河南尹达奚珣的密奏，达奚珣说："安禄山包藏祸心，不可不防。"虽然唐玄宗依然很相信安禄山，但是很多人冒着被他送到安禄山那儿受死的威胁，还是一再上奏说安禄山要反，这让唐玄宗不得不有些思量。

唐玄宗便改了主意，答复："献马可待冬季，十月间，你可自己来京，朕在华清宫特凿的汤池内，与卿洗尘。"

宦官远赴范阳，宣读圣旨。安禄山竟然坐在床上一动不动，更别说跪拜接旨了。

他冷冷地说："不让献马，没有什么关系，何必召我去?!"

安禄山命人安排宦官歇息，再不露面。过了几日后，安禄山让人送宦官回去，连回奏的书信都没有。宦官回到长安，把安禄山很明显的反叛意味细细上奏给唐玄宗，唐玄宗依然将信将疑。

颜杲卿摇头叹气："安禄山之反十有八九，我把此事与周围郡守商量，却没有一人拿此事当回事。大家都是攀比富贵，蝇营狗苟，竟然没有人肯为大唐想一想，实在是让人哀伤。"

颜真卿点头，说："平原郡周围也是如此，不过我早就暗中准备，防备安禄山造反了。"

颜杲卿叹气，说："安禄山大军几十万，都是英勇善战之士，我们郡守这点儿兵，怎么能挡得住人家的大军? 何况真到了那种时候，山河陷落，百姓罹难，说什么都晚了。此事只有圣上出手，或许会有办法解决。"

颜真卿摇头，说："圣上如此相信安禄山，怎么会相信我们?"

颜杲卿说："现在圣上也开始怀疑安禄山了。但是他只是怀疑，我们需要上奏圣上，让圣上采取行动，节制安禄山的权力!"

颜真卿拱手，说："请大哥指点。"

颜杲卿说："你来平原已满三年，按照规矩，你应该回长安向圣上禀奏郡政了，你回去的时候，一定要设法单独向圣上陈述此事。我也会写奏折，这几日派人送到长安，我们两人一起冒死上本，圣上必定会有所觉醒。"

颜真卿拱手，说："真卿一定不负大哥所望，尽自己所能劝诫圣上。"

o8. 渔阳鼙鼓动地来

颜真卿回到平原，开始酌写奏章，准备向圣上揭发安禄山叛乱的阴谋。

眨眼间到了冬天，颜真卿正在做随时起行的准备，安禄山派人送来信函，信函中说如果没有他的允许，颜真卿不能离开平原半步。

颜真卿不死心，写了进京请求，让人送给安禄山。安禄山让使者带着回信回来，拒绝了颜真卿进京述职的请求。到了这个时候，安禄山的反叛之心已经昭然若揭，颜真卿写了奏折，暗中派人把自己所见所闻和推断详细汇报给了唐玄宗。但是，奏折进入宫中后，却没有回音。

颜真卿不知道唐玄宗是否看到了奏折，但是对于这种结果，他是早就预料到了。

从兄颜曜卿从淄川来到平原，看望颜真卿。看到颜真卿情绪低落，颜曜卿问其原因。

颜真卿叹气说："如今安禄山反叛在即，朝廷却还无动于衷，安禄山有几十万大军，如果他真的造反了，天下百姓怎么办？大唐怎么办？河北之地是安禄山属地，如果安禄山造反，必定会先进攻河北，很多郡守还不当回事，如此局面，你让我如何安心?!"

颜曜卿本来是拿着一幅书法，来与颜真卿探讨书法的。看到颜真卿心情忧郁，就没把书法拿出来。他说："清臣，事已至此，就不要如此忧虑了，我看不如先把弟妹和孩子送回长安，也少了一份担忧。我听说，早就有官员开始把妻儿送到安全的地方去了。"

颜真卿摇头，说："此事不可。现在正是需要军民齐心，抵抗安禄山大军之际，我把妻儿送走，定会扰乱民心，动摇军心，我还如何带领平原百姓抵抗安禄山的大军？"

颜曜卿点头，说："贤弟如此大义，为兄很是惭愧。兄弟每天想的是国家之大事，为兄却每日只琢磨书法，两下比较，为兄惭愧至极。"

颜真卿听到颜曜卿说到书法，来了精神，问："兄长又有好作品了？"

颜曜卿把手里拿的书法摊在地上，说："昨天刚刚写了一幅，请兄弟赐教。"

颜曜卿写的是一幅草书，颜真卿仔细看了看，点头说："不错，沉着雄毅，骨体健劲，不过布局略显拘谨，如果能更随性一些，就更好了。"

颜曜卿兴奋了，说："多谢贤弟赐教。这些年忙于政务，对书法生疏了，我写完之后，也是有些不满，贤弟一语中的，为兄受教了。贤弟，我突然想起一件事儿来，不知对你有用否？"

颜真卿抬起头："呃，是防敌之策吗？"

颜曜卿笑了笑，神秘地说："虽然不能防敌，却也有些作用。"

颜真卿拱手，说："请兄长快说，我现在最需要的，就是防敌之策啊！"

颜曜卿说："平原无石，我在淄川听到一种御敌之法，可用作抵御骑兵。此法比较简单，就是用黏土烧制成大小不一的陶块，放在骑兵活动之处，可以放慢骑兵的速度，甚至绊倒马匹……"

颜曜卿还没有说完，颜真卿就大声赞赏说："好！真是一个好主意！"

颜曜卿笑了笑，说："我还没说完呢。我由此想到，如果烧制一些略微小些的陶块，可以放在城墙上反击攻城之敌。此物可以代替弓箭，更不必拉弓，拿起即可扔下御敌。"

颜真卿朝着颜曜卿鞠躬："兄长今日来，帮我解决了困扰我多日的问题。愚弟替平原百姓向您表示感谢。"

颜曜卿忙拦住颜真卿："使不得！我不过是拾人牙慧而已，贤弟不要如此。"

颜真卿喊夫人拿酒，对颜曜卿说："平原郡只有几千军士，兵器不足，弓箭更是缺乏，此计可以解决困扰我许久的一个大问题，必须好好喝上几杯！"

第二日，颜真卿便命人去各处砖瓦窑、陶窑烧制陶块。

颜真卿这边加紧部署御敌，安禄山也积极准备反叛，天宝十四载（755年）十一月，安禄山终于扯下了遮羞布，以声称有玄宗密旨，令其讨伐杨国忠的名义，率所部兵马以及同罗、奚、契丹、室韦等部族共计十五万将士，号称二十五万，从范阳起兵，直取洛阳。

河北诸郡属安禄山管辖，安禄山大军所过之地，没有人敢于反抗，地方官或开门迎接，或弃城逃窜。一时之间，燕赵大地金戈铁马，百姓惶悚。

颜真卿得知安禄山造反的时候，正是傍晚。太阳还未落山，但是在冬日的冷风中，太阳的光芒好像被冻住了，瑟缩在西边天际，一动不动。

疲惫的颜真卿刚进家门坐下不久，双手放在火炉上烤着。韦氏给他端来一杯泡好的热茶，颜真卿刚喝了一口，司兵参军李平突然跑进来，急得话都说不囫囵："太守，安……安……安禄山……"

颜真卿愣了一会儿，手中的茶杯落在地上，他手指着李平："是不是安禄山反叛了?!"

李平点头："反了! 反叛了! 我们的线人回报，安禄山带着二十五万军马，一路直取洛阳，所过州县，无人敢抵抗。"

颜真卿说："速速召集大小官员，到郡衙议事!"

韦氏过来，收拾碎在地上的水杯。颜真卿戴上帽子，匆匆走出家门，走进前面的郡衙。

颜真卿走得急，差点被院子里有点突起的石头给绊倒，旁边的随从忙扶住了他。颜浑恰好来到，问颜真卿："兄长如此匆忙，所为何事?"

颜真卿朝他挥手，示意让他回家，也顾不得跟他说话，匆匆朝前走。

颜真卿来到郡衙大堂。空阔的大堂非常安静，还没有官员来到。颜真卿在大堂后面坐下，脑子里盘算着安禄山的行军路线。

从范阳到洛阳，需要走河间府，经过一些州县，却不经过平原郡。但是谁知道狡诈的安禄山，会不会派出一支兵马进攻平原呢? 无论如何，他们要做好防范的准备。

颜浑进来，提着一个食盒。他把食盒放在颜真卿面前的桌子上，从里面端出颜真卿喜欢吃的大饼和一碟青菜。

颜真卿朝他摆手："放进去，我不想吃饭。"

颜浑说："嫂子说你忙活半天了，得吃点儿东西，否则……"

颜真卿毋庸置疑地说："收起来! 等我忙完了这阵。"

颜浑无奈，只得把大饼和青菜装进食盒。

官员们陆陆续续来到，李平最后进来，拱手说："太守大人，除了主簿王大人因为回家探望生病的老母，其他人都通知到了。"

颜真卿站起来，走到众官员面前，说："诸位，安禄山反叛朝廷，已经拿下数个府县，不知诸位知道否？"

众人一片惊讶之声。

颜真卿扫视了众人一眼，说："安禄山之反，本郡早就料到。这三年来，本郡加固城墙，疏通壕沟，铸造兵器，就是为了这一天。但是，本郡实在是不愿意看到这一天来临。二十五万兵马肆虐，生灵涂炭，国土破碎，是大唐之难啊！昨天晚上我跟夫人谈起此事，夫人说她听说有人说我愿意看到安禄山反叛，以此证明我的预见之高明，说此话的人实在是浅薄至极，我颜真卿宁愿自己猜测错误，也不愿意看到这么多人死在安禄山的刀下！有人如此猜测人心，真是可怕至极！"

众人低头，不说话。

颜真卿说："无论安禄山军队是否能进攻平原，我等皆须严阵以待，做好防御之策！"

众人齐声答应："请郡守吩咐！我等跟随郡守，愿与平原共存亡！"

颜真卿点头，说："我等所作所为，皆为大唐江山，为平原的黎民百姓！众人听令！"

一众官员，皆朝着颜真卿低头拱手。

颜真卿说："从今夜起，平原城进入战时戒备，大家按照原先计划，日夜坚守。诸位都是平原百姓的父母官，食朝廷俸禄，喝平原之水，本郡期望诸位能够恪尽职守，上对得起圣上恩典，下对得起平原百姓，决不能让叛军进入平原，祸害平原的百姓！"

众官员齐声回答："请郡守放心！"

颜真卿朝着众人抱拳还礼："我等务必勠力同心，拒敌于外！"

众人齐声："我等务必勠力同心，拒敌于外！"

09. 颜杲卿恭迎安禄山

安禄山一路南下，大军来到常山城外。颜杲卿听说后，一面派人通知长史袁履谦，一面调兵遣将，准备迎敌。

袁履谦匆匆来到郡衙，看到颜杲卿一身戎装，正在与属下商量如何拒敌。袁履谦与颜杲卿关系交好，看到此番情景，袁履谦径直走到颜杲卿面前，说："太守，你这是准备要把常山三千将士和几万百姓的性命，送给安禄山的虎狼之师吗？"

颜杲卿看着怒气冲冲的袁履谦，很惊讶："袁长史，我这是要带着将士们迎敌，为大唐尽忠，怎么能是把常山将士和百姓的性命送给他们？！"

袁履谦问："那请问太守，安禄山有猛将上千，虎狼之师二十多万，其中近十万是能打能冲的胡人。安禄山常年征战，有边军五万余，攻城器械无数，弓箭发射起来，遮天蔽日，你只区区三千军士，而且这三千军士平常就是守守大门，在城里巡逻一下，从来都没有上过战场，其中还有老弱近千，你靠这点人能守住常山城吗？"

颜杲卿闭上眼："长史大人，我们守不住常山，本太守早就知道。但是我们身为朝廷命官，总不能与逆贼为伍吧？"

袁履谦点头："此是自然。不过死是易事，能为朝廷守住一方城池，才是当下最难之事。请太守大人想一想，我们是应该战死，然后让大军进来烧杀抢掠好，还是委屈一时，从长计议为好？"

颜杲卿摇头："长史是想让我与叛贼同流合污？！"

袁履谦慢慢摇头："不！太守，这不叫同流合污，这叫从长计议！这叫太守低头，百姓活命！即便将士愿意以身殉国，那这全城百姓怎么办？现在疏散百姓已经来不及了，我们总不能为了自己的所谓名节，而不顾百姓安危吧？既有以身殉国之决心，还怕朝着叛贼低头吗？"

颜杲卿缓缓点了点头，问："长史大人，您说我们该怎么办？"

袁履谦果断地说："速速脱下战袍，换上官服，出城迎接！"

颜杲卿叹了一口气，下令将士们准备迎接安禄山，自己也换上了官服，出城迎接安禄山。

安禄山把大军安扎在城外，自己带了随从和护卫几百人来到城门口。按照颜杲卿的嘱咐，守城的军士本来已经关上了城门，扯起了吊桥。安禄山带着几百人站在城外，看着面前紧紧关闭的大门，安禄山的脸色阴沉得能拧出水来。

旁边的高尚说："郡王，这个颜杲卿看来要与您为敌啊！"

安禄山哼了一声，说："颜杲卿本来是魏州一个小小的录事参军，是我上奏，擢拔他为常山判官，并代任太守，他要是敢违逆于我，我必要将他碎尸万段！"

安禄山正要派人过去喊开城门，城门突然洞开，吊桥放下，颜杲卿带着郡中官员，浩浩荡荡，从城门走出来。

安禄山按兵不动，一直看着颜杲卿等人走到面前。

颜杲卿拱手施礼，对着安坐在马上的安禄山鞠躬说："颜杲卿率常山大小官员恭迎郡王！"

安禄山歪着头，看了一眼颜杲卿，说："颜杲卿，你先告诉本郡王，为何这大白天的城门关得这么严实，是不是听说本郡王来了，你颜杲卿要谋反啊？！"

颜杲卿低着头说："颜杲卿不敢。颜杲卿不过是奉郡王命令，严守城池。今日大门关闭，不过是军士演习，最近半月以来，常山四个城门循环关闭，守城军士进行防备演习，只是不知道是郡王驾到，颜杲卿该死，请郡王恕罪。"

颜杲卿说的也算是实情，最近这些日子来，为了防备安禄山，颜杲卿组织了多次针对敌人攻城的演练，今天也确实应该是轮到南大门进行演练了。不过这次关城门，起了吊桥，确实针对的是他安禄山。

安禄山哼了一声，挥手，说："进城！"

颜杲卿等人赶紧站到一旁，安禄山带着几百铁骑率先进城，铁蹄铿锵，颜杲卿等一众官员被笼罩在尘土里。

颜杲卿不敢怠慢，带着一众官员，小跑跟在后面。

颜杲卿等人进入衙门大堂，安禄山已经坐在大堂正位上，他的几十个将领和心腹分列两旁。颜杲卿带着众官员站在安禄山面前。

安禄山的口气变得柔和了一些，说："颜太守，此番本郡王奉圣上密旨进京讨伐奸臣杨国忠，责任重大，困难重重。尔等也都知道，这个杨国忠这些年来把持朝政，欺君罔上，打击异己，多次陷害本郡王。本郡王深受圣上恩宠，那是因为本郡王对圣上忠心耿耿，粉身碎骨在所不惜。颜太守，尔等要支持本郡王的义举，按照本郡王军需官的调拨令，筹集军粮，征召军士。"

颜杲卿拱手："郡王放心，下官与郡中官员，定会竭尽全力，保障军需。"

安禄山点了点头，说："颜太守是本郡王的人，我相信颜太守不会让本郡王失望，会为众人做一个表率。来人，把我给颜太守准备的紫袍呈上来！"

高尚从旁边的一名随从手里接过紫袍，恭恭敬敬地呈给了安禄山。

安禄山接过，说："颜太守，这件紫袍，是本郡王让人在长安定做的，本来是本郡王自己留着穿的，今日匆匆而来，没有别的礼物，就把此物送给太守吧。期望太守不要辜负本郡王好意。"

颜杲卿走过来，低着头，双手接过紫袍，说："多谢郡王。"

安禄山朝着高尚招手，高尚又捧着一件绯色长袍，来到安禄山面前。

安禄山接过长袍，说："长史袁履谦何在！"

袁履谦忙走到安禄山面前，拱手低头："下官在此。"

安禄山说："袁长史，你在常山多年，是常山的有功之臣，这件袍子赐给你，望你与颜太守一起，为本郡王此次出征效力。"

袁履谦接过绯色长袍："多谢郡王，下官定会全力协助颜太守，效忠郡王。"

安禄山又对颜杲卿说："土门关是兵家重地，三省通衢，扼守东西，我派李钦凑带七千军士驻守，所用钱粮，暂时由常山供应。颜太守，这个不会有问题吧？"

颜杲卿犹豫了一下，长史袁履谦赶紧说："太守大人对常山粮仓经济不太了解，下官分管粮仓经济。我们粮仓存粮充足，因此粮食请郡王放心，常山可以保证供应，至于钱财，只可供应一时，恐难以长久。"

安禄山笑了笑，说："好，我安禄山就喜欢实话实说。那你们常山负责粮食供应即可。颜大人，听说你有两个儿子，这样吧，你送一个到我身边，我负责培养，肯定会将他培养成国家之栋梁，你意下如何？"

颜杲卿一愣："这……郡王……"

安禄山冷笑两声，打断颜杲卿的话，说："怎么了？颜太守，你是不相信我安禄山，还是另有隐情，不敢把儿子送到我身边？"

颜杲卿颤抖着拱手："郡王明鉴，我这两个儿子俱是顽劣之辈，我怕送到郡王身边，惹得郡王心烦。况且……下官之妻身体多病，却视这两个儿子如同心肝，如果送走一个，恐怕……"

安禄山哼了一声："颜杲卿，恐怕你是心中有鬼吧？"

颜杲卿扑通跪下："下官对郡王忠心耿耿，绝无二心。"

安禄山说："好，既然如此，那本王限你三天之内，把贵公子送过来。颜杲卿，有问题吗？"

颜杲卿跪伏在地："下官……遵命！"

10. 平原起义

颜真卿一面安排御敌，一面写了奏表，派遣平原郡司马参军李平从小道奔赴京城上奏。

李平快马加鞭，不日到达洛阳。在洛阳，他见到了安西节度使封常清。唐玄宗在得知安禄山叛乱后，迅速派封常清进驻洛阳，并让之代替安禄山，为范阳、平卢节度使，讨伐叛军。

封常清亲自接见李平，得知颜真卿的举动后，大为赞赏，亲笔写信给颜真卿，附悬赏捉拿逆贼通牒数十件，并鼓励颜真卿固守平原，等待救援。

李平藏好封常清的书信后，继续快马加鞭，直奔长安。

此时，长安宫殿内，唐玄宗如热锅上的蚂蚁，坐立不安。安禄山大军一路挺进，所过州县，望风而降，这让朝廷上下一片哀声，惶恐不已。

杨国忠掩饰住自己的得意，禀奏道："圣上，素日不听老臣忠言，今日悔之晚矣。不过圣上切莫惊慌，现在有高仙芝和封常清这两位边关大将镇守洛阳潼关一线，由朔方节度使郭子仪镇守九原，羽林将军王承业镇守太原，金吾将军程千里镇守潞州，这三路军可调度三十万军马。安禄山之军号称二十五万，老臣估计，不会超过二十万，何况他们鞍马劳顿，长途奔袭，加上有封常清、哥舒翰、郭子仪这些老将，安禄山绝对不会越过潼关的，请圣上放心。"

唐玄宗现在是心乱如麻，不知如何是好，对杨国忠的话，也听不进去。因为他太了解安禄山所率边军的战斗力了。这十多天，他经历了最初的震惊和不相信，到最终相信，并迅速调兵遣将后，现在进入了等待的无奈和绝望之中。

因为这些日子以来，他听到的都是各州县投降的消息。

唐玄宗被一个又一个的坏消息打击得无限绝望："河北二十四郡，竟然没有一个郡守能够为国效忠？"

唐玄宗正在叹息，有管事太监报告，说平原郡太守颜真卿派人来朝廷上表。唐玄宗大喜，忙派人迎接，并下令李平破例骑马直奔寝殿门，由管事太监带着李平上殿。

李平一路鞍马劳顿，从马上跳下来的时候，因为腿脚发麻，直接摔倒在地上。迎接李平的中使赶紧上前扶着李平，一路搀扶他来到唐玄宗面前。

李平见到唐玄宗坐在龙椅上，赶紧下跪磕头："平原郡司马参军李平参见陛下。"

唐玄宗早就急了，他招手示意李平站起来："李平，听说你是奉你家郡守之命来书信，平原郡如今可安乎？"

李平拱手："启禀陛下，郡守颜真卿早就暗中做好了防备安禄山的准备，现在平原郡上下同心，决心跟安禄山决一死战！"

唐玄宗点头，说："真是没有想到啊，朕所熟知的郡守中，竟无一人敢与安禄山一战。这个颜真卿朕素未听闻，却如此忠心，实在是让朕感动！"

唐玄宗读了颜真卿的奏折后，对当前的形势又有了一些希望。看来，天下不只有望风而降的太守，还有挺身而出，愿意为大唐江山社稷、为大唐朝廷不惜粉身碎骨之人。

唐玄宗亲自给颜真卿写信，表彰他的忠勇精神，然后重赏李平，让他回平原复命。

李平回到平原，把唐玄宗亲自接见他的事跟颜真卿说了，又拿出了封常清的通牒。颜真卿看了后，立即派人去附近的郡县张贴通牒。

颜真卿为了给周围惶恐犹疑的郡守们做个榜样，给陷入绝望的百姓以希望，准备明旗举义，扛起公开反对安禄山的大旗。

正在此时，安禄山突然派人给颜真卿送来一封密信，让他率平原以及博平两郡七千人在黄河一线布防。

颜真卿趁机把出发前往平卢的三千五百静塞兵召回，充实到自己的队伍中。为了扩充兵力，颜真卿命人扩充兵员，招募郡内壮丁。颜真卿将下属的安德、平原、平昌、将陵、安陵、蓨县、长河七县的武举生员以及猎人等召集在一起，得人马万余，由录事参军李择交统领，又选出了勇猛之士刁万岁、和琳、徐皓、马相如、高抗朗等人为千夫长，分统各部，准备应敌。

经过一番准备后，颜真卿于城门外犒赏军士，举旗起义，讨伐叛贼。

看着面前意气风发的两万军士，想到在皇宫里惶恐不安的唐玄宗，想到无数被杀的平民百姓和军士，颜真卿觉得自己肩负万斤重担。

他举起酒碗，对着两万军士说："安禄山本来是营州的一名牙郎，是皇恩浩荡，使得他从一名小小的牙郎，成为一名手握重兵的节度使，过着锦衣玉食、万众仰慕的好日子。但是就是这个忘恩负义的牙郎，现在带着二十五万铁骑，在本来他应该护卫的国土上肆虐、杀人！他们所过之处，烧杀抢掠，无恶不作，我颜真卿作为平原郡守，为了保护平原百姓，效命国家，决心不惜性命，与之决一死战，诸位可有此心?！"

众将士齐声呼喊："我等愿追随太守，誓死保卫平原！"

平原首义，就像一道阳光，照耀了被安禄山之乱笼罩的河北各地，让各地官员百姓看到了希望，周边各郡县纷纷响应。

饶阳太守卢全诚、济南太守李随、邺郡太守王焘等十多个郡县的长官纷纷举起义旗响应，这些举义的官员带人赶到平原，与颜真卿商量平叛大计。

常山颜杲卿在安禄山走后，派外甥卢逖与颜真卿联系，商量举义之事。颜真卿举义之后，派卢逖北上，联系颜杲卿。

颜杲卿因为儿子颜季明被安禄山做了人质，心情低落了一段日子。但是其后安禄山多次派人来调兵，颜杲卿知道，安禄山对自己还是不太放心，他派其义子李钦凑带七千兵士守土门，肯定还有监视自己的意思。

颜杲卿幡然醒悟。即便把儿子送给安禄山做人质，安禄山也不会放过自己。他面前只有两条路：一条是死心塌地，完全沦为安禄山的走狗；一条就是起义，与安禄山彻底决裂。

卢逖从平原回来，带回平原郡起义的消息和颜真卿的亲笔信。颜杲卿心潮澎湃，想要起义，又担忧儿子的安全。无奈之下，他让人喊来长史袁履谦，与之商量。

袁履谦正直侠义，在常山多年，颜杲卿初来常山的时候，袁履谦对其帮助不少，因此两人是莫逆之交。

袁履谦来到颜杲卿书房，对他说："太守大人，我了解你，我们只有一条路可走。此路是什么路，你我心知肚明。"

颜杲卿点头，说："我没想到，安禄山竟然要我儿子当人质！夫人在家日夜啼哭，长史大人，我该如何是好？"

袁履谦缓缓地说："安禄山此计甚毒。不过，太守大人，起义本来就是押上全家人身家性命之事。安禄山将公子掳走，本意就是以此为威胁，逼迫太守就范，太守如果不想反抗，那只有一条路，成为安禄山叛贼之走狗。"

颜杲卿摇摇头："颜家世代受圣上恩典，此路断不可走！"

袁履谦拱手说："既如此，那只能祈求公子多福了。"

颜杲卿长叹："长史大人就没有别的办法了？"

袁履谦说："没有别的办法！"

颜杲卿闭目，长长地出了几口气，猛然睁开双眼："也罢！我颜杲卿宁可舍上全家性命，也不可辜负皇恩，不做逆臣贼子！袁长史，请你马上起草檄文，常山郡明天起义！"

袁履谦拱手说："在下有一计，请太守大人定夺。"

颜杲卿一挥手，说："说吧。"

袁履谦说："土门离常山不过二十多里路，安禄山在土门安排七千军士，其中必有监视常山之意。既然要起义，太守大人何不设计拿下土门，如此更能振奋人心，提振军士和百姓的心气。"

颜杲卿点头："不知长史有何妙计？"

袁履谦小声说："我刚得到消息，李钦凑副将高邈和何千年奉命去见安禄山了，此时土门主将，只剩下李钦凑一人。安禄山临走之时，让常山为土门守军提供军粮，此时如果我们以移交军粮的名义请李钦凑来常山，他必然不会推辞。只要他来到常山，我们就可以将他拿下！"

11. 牛刀小试

颜杲卿派人给李钦凑送信，李钦凑果然没有犹豫，带着随从来到了常山。袁履谦设宴款待李钦凑，在李钦凑与一众随从喝得正欢时，颜杲卿命早就挑选出的壮汉冲进宴会厅，李钦凑等一众随从还没来得及反抗，便全部被消灭了。

颜杲卿估计高邈和何千年很快就会回来，他们必经的路是藁城，颜杲卿让袁履谦赶到藁城，与县尉崔安石设计擒之。不日，高邈、何千年一行人便抵达藁城，崔安石依袁履谦计谋，带着参军冯虔、壮士翟万德等十多人到驿站设宴接风，高邈及何千年刚一入席，就被冯虔等人生擒，他们带的几个随从要反抗，便被翟万德带的人杀死。

然后，颜杲卿带着几百壮汉，以运送粮食的名义进入土门关。入关后，他告诉管事将领，说李钦凑有要事见安禄山去了，他手里有一封李钦凑的密信，需要当着众将领的面宣读。

管事的将领召集了大小将领几十人，来到议事厅。颜杲卿一声令下，埋伏的壮汉们冲进来，一会儿工夫，这几十名叛将便全部被消灭。颜杲卿让人打开关门，早就等在外面的卢逖和颜泉明带着两千军士进入关内，控制了土门，原守军军士大部分投降，一小部分反抗被杀，还有一部分被颜杲卿遣散，扼东西之咽喉的土门关，完全被颜杲卿控制。

拿下土门关后，颜杲卿派人宣告各郡："朝廷大军已下井陉，朝夕当至，先平河北诸郡。先下者赏，后下者诛！"

附近各郡只知道安禄山的心腹大将李钦凑被杀，高邈和何千年被抓，不知其中详情，还以为真的是朝廷大军突然杀到了呢。他们本来就对安禄山反叛心怀忐忑，听到大军来到，看到颜杲卿先动手了，也都急了，纷纷响应颜杲卿号召，宣布起义。

由此，从常山到平原，计有十七郡复归朝廷，各路义军合兵有二十万余众。众郡守共推颜真卿为盟主，立志匡扶朝廷，平定叛乱。

自从起义后，颜真卿的主要工作就是处理军务。要汇总各地细作送来的情报，与各地郡守商量如何防御安禄山的进攻。

冀州郡武邑县县尉李铣带着一百多勇士，专程从武邑来投奔颜真卿，因为其善于处理各种公文杂务，颜真卿就把他留在身边，负责与各处郡守联系。

李铣投奔颜真卿十多天后，突然在一个傍晚跑到了颜真卿家，看到颜真卿，扑通就跪了下来。

颜真卿正在看张旭的书帖，被李铣吓了一跳，忙放下帖子，过来把李铣扶起来："李铣，这是怎么了？"

李铣抬起头，脸上都是泪："颜大人，您帮帮我吧！我老母亲被庞宣远抓进了大牢里！我听从武邑来的人说，庞宣远准备把我老母的人头送给安禄山，以此邀功！"

颜真卿大惊："这个庞宣远，竟然抓一个年逾古稀的老人，岂有此理！李铣，你别急，既然我颜真卿知道了此事，绝不会坐视不理！"

颜真卿连夜派人把住在平原的饶阳太守卢全诚、邺郡太守王焘，以及本郡几个重要官员请到颜家客厅，商量李铣之事。

卢全诚不同意救人，他说："颜太守，武邑属于冀州，离平原二百余里，如今冀州太守彷徨不定，如果发兵救人，恐怕会无端惹起是非，我们刚起义不久，诸事要万分小心才是。"

邺郡太守王焘也同意，说："我等军士都是守城军士，不善于攻城略地，况且附近还有不少安禄山的爪牙，如果战败，我等可就是万劫不复了。"

众人大都同意卢全诚和王焘的意见，颜真卿一时没了主意，只得让众人各自回去。李铣做县尉多年，懂得颜真卿的难处，看到众人散去，向颜真卿鞠躬后，也转身要走。

颜真卿喊住了他，让他跟着自己来到书房。颜真卿在书房坐下，说："李铣，你都听到了，攻打平邑救人是行不通的，我们只有另想他策。"

李铣低着头，小声说："那还有什么办法？"

颜真卿微微一笑，说："我一开始就没想派兵攻打武邑，我召集众人过来，不过是想让他们帮我想一个对策，既然他们没有好办法，那我也就不必与他们商量了。李铣，我先问你，你带来的一百多人，是不是都效忠于你？"

李铣点头，说："可以这么说吧，很多都是我的好朋友，都很讲义气。"

颜真卿点头，问："这些人中，有多少高手？"

李铣想了想说："会点功夫的倒是不少，高手……两三个吧。"

颜真卿点头，说："好。我再让颜浑在常山找十个高手，明天我们商量一下如何行动，后天就动身去武邑救人。你回去睡个好觉，放心，我们一定会把你的老母亲救出来！不过此事不要张扬，要让武邑和冀州的官员们觉得，是你李铣自己找人救出了老母亲，至于怎么救人，我自有计较。"

颜真卿让韦氏拿出一部分首饰，让颜浑出去变卖，花钱雇了十个武功高手。颜真卿则让李铣画出县衙和大牢的地形图，商量营救办法。

经过一天准备后，第二天辰时，李铣戴上胡子，化装成一个商人，十三人中三人骑马，剩下十人分乘两辆马车，直奔武邑。

他们留下两个人，在城外的客栈里看着马车，剩下的十一人赶在城门关闭前进入城内。李铣带着众人来到大牢门外，这些武林好汉翻墙进入大牢，按照李铣的嘱咐，他们没有杀人，而是打晕了大牢里的看守，闯进大牢，救出了李铣的母亲。

然后，众人兵分两路，一路先设法把李铣老母亲用早就备好的布兜缒城而出，一路由李铣带领，去杀那个作恶多端的县令庞宣远。

李铣进县衙轻车熟路，他带着两名壮汉从后门翻墙进入，径入庞宣远居住的后院。李铣等人冲进庞宣远屋子的时候，庞宣远还搂着夫人呼呼大睡。

李铣把光着屁股的庞宣远从床上揪下来，庞宣远吓得连连求饶。李铣不理他，宣布他"杀害良民，欺压忠义，奸人妻子"等几大罪状，话音刚落，旁边的壮汉便挥刀抹了庞宣远的脖子。

李铣等人缒城而出，与母亲以及先前出城的众人会合，李铣带路，众人一路快马加鞭，第二天下午便早早回到了平原。

颜真卿看到众人平安回来，大喜，让夫人安排老人住下，并送了换洗衣服。

李铣母亲安全归来，作恶多端的庞宣远被诛，此事让颜真卿声名大振。

第二章

平原拒敵

01. 腰斩段子光

　　唐玄宗调安西节度使封常清为范阳、平卢节度使，镇守洛阳，任命朔方右厢节度使、九原太守郭子仪为朔方节度使，兼御史中丞，率朔方军征讨安禄山。

　　叛军连下陈留、荥阳后，猛攻洛阳。封常清率新募之军迎战叛军，连连战败，封常清不得不放弃洛阳，率部退守潼关。东都洛阳失陷，留守李憕、御史中丞卢奕、采访判官蒋清不肯逃亡，壮烈殉国。

　　安禄山得知颜真卿起义的消息，非常愤怒。为了震慑河北诸郡，安禄山命令亲信段子光带着李憕、卢奕、蒋清三人首级巡行河北诸郡。每到一处州府郡县，段子光都要强逼当地官员观瞻三人首级，威胁众人。段子光所到之处，官府瑟瑟，百姓不安，以颜真卿为盟主的反叛联盟出现了危机。

　　不几日，段子光带着十多名随从，来到平原城外。颜真卿对段子光的行程了如指掌，早就在城门口安排了人，"接待"段子光一行。

　　段子光被人接到郡守衙门，看到颜真卿端坐在宽大的桌子后面，面相威严，大堂两侧，站着几个身披铠甲的武将，众人对他也不理不睬，丝毫没有去别的郡时官员们唯唯诺诺，对自己毕恭毕敬的样子。

　　段子光虽然肚子里乱嘀咕，但还是带着人大摇大摆走进了大堂。

　　段子光看到颜真卿对自己很是不敬，决定先给颜真卿来个下马威，他略一抱拳，说："颜太守，在下段子光，奉郡王之命来平原巡察，郡王听说颜太守带头造反，不知颜太守打算怎么跟郡王解释啊?!"

　　颜真卿哈哈一笑，说："本太守怎么跟郡王解释，不必你操心。段子光，我听说你这一路挺威风，竟敢随便用三颗人头冒充李憕大人和卢奕大人、蒋清三人，吓唬众人。段子光，你也算是朝廷命官，应该知道这是什么罪吧?"

段子光"哼"了一声，亲手把盛了人头的三个木盒子，放在颜真卿面前的桌子上，他亲自打开盒子，在众目睽睽之下，把三颗人头拿了出来。

众人看着桌子上的三颗苍白肮脏的人头，都不由得惊叫一声，下意识地朝后退了一步。

段子光看到众人眼中的怯意，有些得意了，说："诸位大人，大家都好好看看，这三颗人头，是东都留守李憕、御史中丞卢奕，还有判官蒋清，好好看看啊，这就是跟郡王作对的下场。我来的时候呢，郡王说了，谁要是知道自己错了，后悔了，可以写悔过书，由我代交给郡王，郡王即可既往不咎。否则的话，诸位大人，这三颗人头，就是你们将来的下场。"

颜真卿看到站在两旁的官员们目光闪烁，知道他们是害怕了。安禄山的这一招果然厉害，怪不得那些郡县的官员都胆战心惊。

颜真卿站起来，来到众人面前。

他指着这三颗人头，问段子光："段将军，你敢肯定这三颗人头就是李憕、卢奕还有蒋清三人的吗?"

段子光一愣："我当然敢保证了!"

颜真卿问："那我问你，你原先认识这三位大人吗?"

段子光是安禄山的亲信，一向紧跟在安禄山身边，李憕三人则是洛阳官员，段子光根本就没法跟他们认识。

因此段子光说："我不认识这三位大人。"

颜真卿点头，说："段将军，这三人是你亲自杀的吗?"

众人都抬头，看着段子光。

段子光摇头，说："不是。是负责行刑的刽子手所杀。"

颜真卿点头，说："也许段将军说的是真的，李憕等三位大人确实已经遇害，不过我可以告诉段将军，这三颗人头，却不是这三位大人的。我颜真卿与李憕大人和卢奕大人都认识很久，蒋清大人更是我的书友，我与这三位大人一起喝酒多次，我不会认错他们。"

段子光愣了："颜太守，您……您什么意思? 那这三颗人头……是谁的?"

颜真卿声音猛然严肃起来："段将军，这个就需要你来说清楚了! 平原之地，可不是你段子光可以随意撒野行骗之地! 来人，把段子光给我抓起来!"

段子光想抽刀，被旁边一拥而上的将士们摁在了地上。

段子光的随从们想过来救人，从两边的屋子里涌出了一队人马，把这些人团团包围起来。

颜真卿对这些人说："段子光跟着安禄山反叛朝廷，屠戮百姓，我颜真卿今天要替天行道，杀了这只恶狗！你们要是想活命，就把刀扔下，待会儿我让人把你们送出去，回家孝顺父母，好好种地过日子去，要是想跟着段子光一起去见阎王，那你们随意。"

段子光的手下们看看围着自己的这些杀气腾腾的军士，都把刀扔下了。段子光被人反绑了起来，颜真卿的手下厌恶这个段子光，下手狠，绳子勒得紧，段子光疼得头上冒汗，他跳着脚高声大骂颜真卿："颜真卿，你今天要是敢动我一指头，将来你会后悔死！"

颜真卿冷冷笑了一声，说："那我就不动你指头了！众将士，听我命令，把段子光拖到院子里，当场腰斩！"

将士们一听，精神振奋，拖着段子光就朝外走。

段子光硬撑着大骂颜真卿，眼看就要被拖出大堂外了，看到旁边银光闪闪的大刀，他突然崩溃了，喊道："颜太守，颜大人，您大人大量，就饶了我这一回吧，颜大人，我求求您……"

颜真卿不理他，亲手把桌子上李憕等人的脑袋放在盒子里，示意颜浑拿到一边去。

段子光喊叫着被拖到院子里，当场被腰斩。段子光的连声惨叫，吓得他的那些随从靠在一起，瑟瑟发抖。

颜真卿对这些随从说："段子光罪有应得，此事跟你们没有关系，你们去驿站吃饭，吃饱饭就回去吧。"

其中一个站出来，拱手说："颜大人，我们都不饿，就不叨扰大人了。您既然让我们走，那我们还是赶紧走吧。"

颜真卿点头，说："行，来人，把他们送出城门。"

颜真卿挥手，有人过来，带着这些随从朝外走。段子光的尸体已经被搬走了，他们看到院子里的一摊血水，几个人皆小心翼翼，尽量远离血水。

颜真卿让众人都出去，他颤抖着手，从木箱里把李憕、卢奕、蒋清三人的头一一捧了出来，放在桌子上。

三人之中，颜真卿与李憕最熟。李憕之父为当朝监察御史李希倩，颜真卿在长安时，就与李憕和卢奕有交情。颜真卿看着清癯的李憕、一脸正气的卢奕和视死如归的蒋清，不由得泪如雨下。

在大唐大厦将倾、人人望风而降的时候，这三人用自己的生命，为大唐百官树立了官员应该具有的忠勇典范，颜真卿绝不允许有人再用他们的头颅做文章，震慑州县诸官，这是对三位大人的羞辱。

卢奕心宽体胖，清心寡欲，为官清正，做人正直，颜真卿早就有拜见之心，却没有想到，他们竟然是以这种方式见面，他更没有想到，生性疏淡的卢奕竟然如此刚义。

颜真卿发现，卢奕的脸上还有滴滴血迹，他走过去，用舌头把卢奕脸上的血迹舔舐干净，喃喃地说："卢公，颜真卿素仰你清名，今日相见，竟然如此让人心碎。颜真卿舔舐卢公脸上血迹，只是想表示我对卢公的无限敬意，如有得罪，请卢公见谅。"

颜真卿朝着三人鞠躬行礼之后，让人找了匠人，用蒲草和树枝、木头，给三人补上了身子，里外穿了新衣、官服。然后，颜真卿让人通知各郡县官员，来平原给三位大人送葬。

为了鼓舞士气，颜真卿把丧葬仪式举办得非常隆重。颜真卿亲任执事，带着十七郡上百名官员，一万多名军士百姓，给三位大人磕头送行。

颜真卿流着眼泪，读完悼词后，一万多名百姓军士皆热血沸腾，群情激昂。有人带头大喊："消灭叛贼，还我大唐河山！"

众人皆跟着振臂大喊，声震九天。

02. 唐玄宗临阵斩将

边关大将封常清原为北庭都护、伊西节度使，英勇善战，爱兵如子。安禄山叛乱开始后，唐玄宗封其为范阳、平卢节度使，在洛阳招募新兵，平定安史之乱。

封常清以六万新兵，对阵安禄山十万边塞老兵，没等打仗，便一溃千里。封常清率残部逃往陕郡。此时陕郡太守窦廷芝已经逃亡，封常清的老上司、原安西节度使高仙芝现为征讨副元帅，镇守陕郡。

封常清见到高仙芝后，对他说："高将军，常清近些日子与叛军血战，对叛军有所了解，叛军非常勇猛，如果叛军进攻潼关，潼关守军肯定无法抵挡，潼关如破，那关陕之地就无险可守，长安势必危险，因此我等应该放弃此地，退守潼关。"

高仙芝手下只有五万军马，这五万军马有朔方、河西、陇右各部总计两万多人，招募新兵两万多人，这几处人马打着各自的小算盘，善于内耗，战斗力极低。久经沙场的高仙芝早就顾虑，如果安禄山率部进攻陕郡，他的这点兵马很难与之抗衡。因此，他听了封常清的劝告后，终于下定决心，撤兵潼关。

唐玄宗在高仙芝军中安排了一名太监做监军。这名太监叫边令诚，边令诚不懂军事，却阴狠自私。他看到高仙芝大权在握，军资充沛，多次示意高仙芝向他行贿，边军出身的高仙芝根本就没把这个阉人放在眼里，毫不留情地拒绝了他。

高仙芝率部退到潼关后，迅速整顿队伍，加固城墙。高仙芝和封常清的到来，使得潼关军有了主心骨，稳定了军心。

封常清因为兵败，被唐玄宗下旨降为普通士兵，在高仙芝手下效力。高仙芝知道封常清之才，让他负责与陇右诸军联系，处理一般事务，这让边令诚更加不满。

边令诚从潼关回长安见唐玄宗，封常清就觉得这个太监恐怕要坏事，他对高仙芝说："将军，这个监军巧舌如簧，善于搬弄是非，你平常对他略有些刻薄，他见到圣上，必有谗言。"

高仙芝哼了一声，说："这种小人，我高仙芝根本就没把他放在眼里。圣上虽然有些愚钝，不过大敌当前，正是用人之际，圣上必然不会降罪我等。等我们找机会挫败叛军，有了功劳，将功抵过，即便我等有败兵之责，功过相抵，谅圣上也不会为难我们，封将军安心助我守城即可。"

封常清虽然内心有些忐忑，但是几十年边军生活养成的习惯，还是让他没有太把边令诚放在心上。

边令诚到了长安，见了唐玄宗，向唐玄宗造谣说封常清因为兵败而怯战，东都失败后，又逃到陕郡，煽动高仙芝，使得高仙芝军心动摇，高因此放弃陕郡，导致陕郡至潼关几百里地，为叛军所占。副元帅高仙芝贪财好色，贪污军饷，早已没有为大唐拒敌的忠心了。

"陛下，这个高仙芝贪功自大，当年要不是他贸然进攻石国，石国怎么会背叛大唐，与大食人暗中结盟，导致怛罗斯之战的失败？也因此使得大唐失去了在西域的影响力。奴才暗中观察，高仙芝已经不是当年进攻小勃律时的高仙芝了，他傲慢自大，奴才是陛下所派之监军，在军中那是代表着皇家，但是高仙芝根本就不把我放在眼里，大肆搜刮钱财，这样的将领怎么能为大唐尽忠，打败安禄山?！"边令诚对圣上说。

唐玄宗气得乱哆嗦，问边令诚："那你觉得如何处置他们为好？"

边令诚说："要想振奋军心，必须斩此二人！否则，潼关难保！"

昏聩的唐玄宗竟然听信了这个阉人的谗言，为了防止手握重兵的高仙芝造反，唐玄宗让人选了一百虎贲，跟随边令诚一起回到潼关。

边令诚回到潼关，还带了一百虎贲的消息，封常清在第一时间就知道了。封常清正在官署与陇右、河西两部兵马将领商量布防事宜，他的心腹崔彤跑进来，对封常清耳语了几句。

封常清怕这两部兵马将士对他有误解，因此推开了崔彤，朗声说："这几位将军都是自家兄弟，我等肝胆相照，没有秘密之事，有事大声说，也让几位将军听一听。"

崔彤无奈，说："大人，监军回来了。我巡防到城门，看到了监军，监军还带了一百名虎贲，这一百人皆手持陌刀，一脸杀气。大人，恐怕来者不善啊！"

封常清听到这里，脸色都变了："一百虎贲？你看清楚了吗？"

崔彤躬身："看得清清楚楚。"

旁边的将军说："封大人，这个阉人平常就与高将军不和，此番带这么多人回来，肯定不会有好事，我们是不是要跟高将军说一声，让将军做一些防备？"

封常清摇头，说："此事我知道了，高将军肯定也知道了。常清与将军如同一人，监军要对将军动手，必会先杀我。诸位待会儿不要动手，如果监军有圣旨，我与将军皆可俯首就戮。大唐正处危急之时，我与将军如果此时与朝廷发生冲突，则朝廷危矣。"

崔彤问："大人，如果这个监军向圣上诬告您和将军，您和将军也愿意俯首就戮吗？"

封常清点头，说："我与将军没有选择。如果我们杀了边监军，圣上肯定会派兵围剿我等，大唐如今岌岌可危，已经经不起折腾了。如果我与将军之死，能够换来大唐安稳，我与将军皆愿一死。"

封常清让众人退下，他自己坐在屋子里，等着边令诚。

边令诚到了潼关后，直接带人来到封常清处理军务的地方。果如崔彤所说，边令诚所带的一百陌刀手盛气凌人，把等在门口的将士们驱赶到了一边，边令诚带着二十人冲进屋子，包围了封常清，剩下的在屋外严阵以待，把崔彤等撵到了远处。

边令诚看了一眼坐在案几旁边的封常清，冷冷地说："封大人，圣上有旨，接旨吧。"

封常清跪下，边令诚宣读圣旨："封常清败于洛阳，损兵折将，且惶惑军心，导致大军放弃陕郡，二罪归一，当立斩。"

封常清磕头："封常清领旨，谢恩。"

边令诚把圣旨卷起来，满脸的得意："封将军，你也算是有功之臣，你有什么要对圣上说的，可以告诉咱家，咱家一定一字不落地告诉圣上。"

封常清从桌子上拿了一份表文递给边令诚，说："常清兵败洛阳，所以不死者，不忍污国家旌麾，受戮贼手。此番讨逆无效，圣上赐死，常清甘愿赴死。请监军把此表文上交圣上，或许对剿灭叛贼略有助益。"

封常清说完，引颈受戮。边令诚怕事情有变，命令手下把封常清推出屋外，当场斩首。

高仙芝听说边令诚带着人马回来，并且在官署外杀了封常清，大惊，带着手下匆匆赶回官署。

高仙芝看到在官署外，带着一百名虎贲的是皇帝身边亲率千牛卫中郎将，他就知道此番事情不妙。

中郎将走上前，挡住了高仙芝身边的护卫，让高仙芝自己走进官署内。

边令诚对高仙芝宣读了圣旨，高仙芝大喊冤枉："我退兵至潼关，不是惧怕叛军的势力，我高仙芝当年轻兵直取小勃律，千里奔袭突厥，尚且没有怕过，我现在手握六万大军，怎么会怕一个安禄山?! 我从陕郡退守潼关，是怕潼关有失，威胁长安! 说我退兵是真，说我偷偷克扣赏赐和军粮，是诬蔑!"

高仙芝不知道，说他克扣赏赐和军粮，正是边令诚诬告，边令诚怎么会听他喊冤?

高仙芝继续说："监军，上有天下有地，我的兵将都在外面，军需官也有账目，我是否克扣军粮，一查便知，临阵杀将，监军难道就不为朝廷想想吗?"

边令诚冷冷地说："咱家今日回潼关，是奉圣上旨意取尔等性命的，高仙芝，难道你想造反吗?!"

高仙芝两眼一闭，流出了眼泪："我后悔不听封将军劝告，导致今日。我高仙芝累受皇恩，即便冤枉，我也不会造反。"

边令诚一挥手，两个陌刀手过来，摘下了高仙芝的官帽，把他从屋子内推了出去。

官署外面众军士看到边令诚要杀高仙芝，皆大呼冤枉。

边令诚看到众军群情激奋，有些害怕了，对高仙芝说："高仙芝，你死后还想留下个怂恿造反的恶名吗?"

高仙芝对众军士喊道："各位兄弟，大家听我高仙芝一言，今日我高仙芝含冤而亡，如果尔等想为我高仙芝平反，就要努力杀敌，效忠朝廷，圣上眼下糊涂，日后必会明白，如果尔等今日反了，那我高仙芝可就不止这两项罪名了！请诸位兄弟听我最后一言，守住潼关，剿灭叛贼！"

远处众人泪如雨下。

高仙芝引颈就戮。

唐玄宗派大将哥舒翰镇守潼关。

颜真卿此时正欲派人与高仙芝联系，联合御敌，听说高仙芝和封常清被唐玄宗杀了。颜真卿愣了半天，方喃喃地说了一句话："圣上糊涂也。"

03. 大唐佞臣王承业

天宝十五载（756 年）正月初，安禄山在洛阳称帝，国号大燕，达奚珣等人任宰相，封史思明为范阳节度使，经略河北。

此时河东节度使李光弼已经东出井陉，扼住了安禄山的退路。安禄山不敢贸然进攻潼关，一番斟酌后，安禄山决定进攻常山，杀了颜杲卿等人，收复河北诸郡。

史思明与手下大将蔡希德率大军一万两千人，从洛阳城外军营出发，直奔常山。

此时，常山只有兵马不到三千人，而且因为资金短缺，常山城墙年久失修，根本无法抵御史思明一万多精锐的进攻。

不过颜杲卿倒是没有多惊慌，他一面让人临时加固城防，运送用以守城的石头，制造箭矢，一面派人向驻扎在太原的节度使王承业求援。

生性纯厚的颜杲卿不知道的是，这个王承业是个懦弱且卑劣之徒。

颜杲卿杀了李钦凑，生擒何千年和高邈后，派人把这一颗人头、两个大活人押送长安，颜杲卿派他的儿子颜泉明、真定县令贾深负责此事。两人临行前，内丘县丞张通幽找到颜杲卿，说他哥哥张通儒因为原在安禄山手下为官，现在不得不跟着安禄山一起造反，张家因此遭受奇耻大辱，他想趁此机会赶往长安，向圣上表明心迹，与张通儒一刀两断。

颜杲卿本来对张通幽另有安排，但是张通幽痛哭流涕，哀求不断，颜杲卿想到他的处境，就答应了他，安排他与颜泉明、贾深一起赶往长安。

颜杲卿没有想到，这个张通幽另有算计。

颜泉明等一行人来到太原，张通幽见到与张家素有来往的王承业后，力劝王承业设法把颜杲卿破土门的功劳弄到自己身上。

他对王承业说："王大人啊，您想想，颜杲卿职位比您低，兵马比您少，当年他破土门之时，害怕自己兵马不够，让您协助进攻土门，您怕得罪安禄山，没动一兵一卒，现在颜杲卿大功告成，杀了李钦凑，活捉了何千年和高邈，我等到了长安后，颜杲卿必然会受到奖赏，而您却有抗敌不力之嫌。现在圣上正盯着这事呢，封常清和高仙芝那都是功高盖世的主，他们的脑袋掉地上，还不是因为抗敌不力？"

王承业哼了一声，说："封常清之死，是因为洛阳之败，高仙芝则是因为丢了陕郡，圣上杀他们，除了边令诚的诬告，还有一个原因，就是圣上想杀人立威，给那些动辄弃城的官员一个震慑。圣上杀人，是不会看他的功劳的，只是看杀了这人，对他的皇位是否有好处。"

张通幽说："大人说得没错，圣上杀封和高，自有其原因。大人没有弃城，没有失败，自然不会有杀头之虞，但是如果圣上知道当初颜杲卿请大人同破土门，大人却一兵未出，即便圣上不杀您，恐怕也不会轻饶了大人吧？"

王承业听张通幽这么说，吓出了一身冷汗，忙问："不知张大人有何妙计？"

张通幽说："颜杲卿是个忠厚之人，他决计想不到他的所作所为已经危害到了大人，这是好事。大人明天可设宴款待我等，然后就说向长安禀告圣上之事，你会派人去，留下我自己则可，让颜泉明和贾深带人回去。贾深也是个糊涂虫，颜泉明精明一些，为了不让他回去乱说，大人可派人半路把他们杀了，此事就算结了。"

王承业问："那上表之事呢？"

张通幽笑了笑，说："这是重点。大人只消扣下颜杲卿的上表，自己另上一表，那攻下土门，杀了判将李钦凑、高邈和何千年的功劳，就都成了大人的了。"

王承业说："不是杀了一个，活捉了两个吗？"

张通幽说："活着的人不好办，死了就什么都不能说了。大人，这个活着的也不能留活口。"

王承业按照张通幽的计谋，第二天设宴款待颜泉明等人，大力表彰颜杲卿的英勇，说他会派人把颜杲卿的上表送到长安，让颜泉明和贾深回去，可留下张通幽作为颜太守的信使，与他的人同行，王家与张家通好，他与张通幽也是十多年没见了，他则可趁此机会与张通幽再叙叙旧。

王承业这么说，颜泉明和贾深不敢说什么，只得收拾行李，第二天与王承业和张通幽告辞，返回常山。

王承业派人半路埋伏，准备杀了颜泉明等人。王承业派去的这个人叫翟乔，翟乔曾经去过常山，认识颜泉明，更知道颜家的为人。他带人去埋伏杀人之前，就让心腹兄弟迅速通知了颜泉明，让他们别走官道，走小路，颜泉明和贾深因此保住一命。

王承业杀了何千年和高邈后，派使者与张通幽一起，带着三人首级和上表到长安邀功。王承业因此擢升为羽林大将军，张通幽以及王承业手下百名将军皆受奖赏。张通幽不敢回到常山，用玄宗奖励的金银在长安买了房子，过起了锦衣玉食的好日子，而真正建功立业者颜杲卿，却无人理会。

王承业窃取功名，本来就心虚，听到颜杲卿这个名字就害怕，听说史思明率精兵攻打常山，心里有些窃喜，盼望史思明能帮他除掉这个隐患，颜杲卿派人来求救，他怎么能答应？

当然，作为一方节度使，王承业也不能拒绝，他只能以各种理由推托，拒绝发兵营救常山。

04. 常山之危

颜杲卿没有等来王承业的援军，却等来了史思明所率一万多虎狼。

史思明来到常山城外驻扎下后，先派人给颜杲卿送来一封劝降信，颜杲卿看也没看，直接撕了。

颜杲卿与长史袁履谦、颜泉明、贾深等人安排布防，巡视城墙加固情况，回到官署后，又与众人商量如何抵御史思明的进攻。其实无论是颜杲卿还是袁履谦，他们都很明白，他们的这点几乎没有什么训练的老弱士兵，是没有办法抵御史思明的精锐的，如果没有奇迹发生，等待他们的，只有城破还有死亡。

但是众人都不去提这个话题。他们认真地做着防御工作，似乎他们的防御会卓有成效，会挡住史思明。

深夜，众人都走了，官署里只剩下了颜杲卿与儿子颜泉明，颜杲卿看着颜泉明年轻却坚毅的脸，突然有些心疼，眼泪差点涌出来，他忙转头走到一边。

颜泉明依然看着面前用砚台和书本堆起来的简易沙盘发呆，他对颜杲卿说："父亲，北门六百军士是不是少了？我们可以在北门放八百，机动军士减少六百，这样……"

颜杲卿走过来，把颜泉明面前的"城墙"推倒，说："泉儿，没有必要浪费精力了，加上老弱病残，我们还不到三千军士，根本挡不住史思明的一万多虎狼之师。"

颜泉明看着突然枯槁了的父亲，愣住了："父亲，您刚刚不是说，您还派人去给郭子仪将军送信，让他救援常山吗？即便王承业不救援常山，那郭子仪还能见死不救吗？"

颜杲卿摇头说："我对众军士如此说，不过是为了提振军心而已。我确实派人去向郭子仪将军求救去了，不过郭子仪将军现在何处，我也不知道。我派的人是否能找到郭子仪将军，更是没法说。而且即便找到了郭子仪将军，常山早就落入叛军之手了，这是一盘死棋啊！但是我如果放弃常山，会成为国之罪人，坚守常山，则会成为常山百姓之罪人，成为颜家之罪人。当今正是国家存亡关键之际，安禄山一路上势如破竹，诸郡望风而降，如此下去，大唐颜面何在？我颜杲卿发誓与常山共存亡！可是你们太年轻，连累了你们，为父真是于心不忍啊！还有常山城的上万百姓，我颜杲卿对不起你们啊！"

颜杲卿说到这里，泪如雨下。

这几天他所承受的各种压力太大，现在终于倾诉而出，颜杲卿一屁股坐在太师椅上，涕泪滂沱。

他知道，城破之际，就是在常山的颜家三十余口死亡之日。还有幼子颜季明，他在安禄山手里做人质，他选择了对抗安禄山，安禄山是不会放过自己的儿子的。想到稚嫩的孙子、孙女，想到贤淑的妻子，想到要遭受叛军屠戮的百姓，颜杲卿觉得自己是罪孽深重的罪人。

但是他是常山太守，守土有责，他不能放弃常山。哪怕战到最后一兵一卒，他也要站在常山的城墙上。

颜泉明靠着墙站了一会儿，说："父亲既然决定了，孩儿甘愿与父亲一起为国家赴死。我唯一一个请求，就是派人把您的孙子送出去，给颜家留一个后，请父亲恩准。"

颜杲卿缓缓摇头，说："泉儿啊，我早就想到过此事。不过我作为常山太守，待民如子，我颜杲卿没有先救百姓出去，倒是先把自己的孙子救出去了，我会更加惭愧！《颜氏家训》云，'上士忘名，中士立名，下士窃名'，我颜杲卿做官不为名利，但要问心无愧！如果我带着常山军士赴死，而把自己的孙子送出去，我与窃名者有什么不同？泉儿，你是一县之主，是我颜杲卿的儿子，为父往日教你为官之法、做人之道，你应该理解为父的苦处。"

颜泉明跪下："泉儿明白。"

颜杲卿把儿子扶起来，说："泉儿，你弟弟现在在安禄山老贼处，颜家的男儿，除了我，就是你了，我们要给颜家人做一个表率。如果我们回到家中，还是如此哀凄的样子，你的妻儿更会惶恐。"

颜泉明站起来，擦了擦眼泪，说："儿子知道了。"

颜杲卿和颜泉明回到家，各自回屋。

颜杲卿之妻颜氏坐在桌子旁，正暗自垂泪。听到颜杲卿进屋，颜氏站起来，颜杲卿朝她笑了笑，颜氏看着颜杲卿，眼珠子都不转一下，把颜杲卿看慌了："夫人，你这是怎么了？"

颜氏略微笑了笑，眼泪却流了下来："夫君，这里没有外人，常山到底能不能守得住，你得告诉我真话，无论生死，我都要有所准备。"

颜杲卿问："夫人，你是否听说什么了？"

颜氏说："我跟夫君结为夫妻，也有四十余年了，夫君的脾气我还是了解的。这几十年来经历过不少的事，夫君从来没有睡不着觉，昨天晚上夫君一夜没睡，如果不是事情紧急，夫君是不会如此的。我今天无意中听到泉儿说了，太原的王承业不肯发兵救常山，常山老弱加起来不到三千兵力，史思明却带着一万多精锐来攻城，常山城墙又矮又破，怎么能挡得住史思明一万多虎狼的进攻？孩子们不知安危，我岂能不知?!"

颜杲卿走到桌子旁坐下，颜氏给他倒了一碗热水。

颜杲卿喝了几口水，说："不瞒夫人，这次我们恐怕真的没有活路了。"

颜氏愣了一会儿，小心翼翼地问："真的没有了？"

颜杲卿点头，说："对不起夫人，恐怕是真的没有了。"

颜氏擦了一下眼泪，说："说开了就好，知道了怎么回事，心里也就踏实了。我们年龄大了，就是娃儿们可怜……"

颜杲卿走过来，抱着夫人，说："夫人，颜杲卿对不起你了，也对不起孩子们。"

05. 颜杲卿之死

第二天一早天还没亮，史思明便下令兵分三路，分别从南门、东门、西门三处，对常山发起了进攻。

颜杲卿与袁履谦、颜泉明三人分值夜班，叛军发起进攻的时候，颜杲卿刚好在南门城楼上。他让人敲锣喊人，自己带着军士，与叛军展开了浴血奋战。

战斗从清晨开始，一直打到日落西山。傍晚，太阳落山，西边天际一片血红，史思明在城外留下了一地尸体后，鸣金收兵。此时的城墙上，躺着的、坐着的、趴在城墙上的，到处都是尸体，活着的疲惫不堪的军士们在搬运尸体，血色的夕阳照在血迹斑斑的城墙上，似乎天地间皆变成了红色。

袁履谦和颜泉明带着几个人，找到了正在发呆的颜杲卿。

颜泉明问他："父亲，您没有受伤吧？"

颜杲卿摇头："没有。你们那边怎么样？"

袁履谦说："东门守军六百人，死了一百多，受伤一百多，能继续打的，只剩下一半了。"

颜泉明说："我们那边死伤不到一半，但是弓箭和石头不多了。"

袁履谦说："我们那边也不多了。明天最多能支撑半天。"

颜杲卿说："走，我们下去想办法。"

颜泉明扶着颜杲卿，三人顺着台阶，避开躺着的死人朝下走。下了城墙后，颜杲卿突然看到面前一所废弃的房子。他对颜泉明说："找人去问问这所房子的主人哪儿去了，要是找不到人，就先拆了，把石头运到城墙上御敌。等房主来了，我们按房价给人家钱。"

袁履谦眼睛一亮："东门那边也有旧房子，可以先拆了御敌。"

颜杲卿说："对。不要让百姓吃亏，给他们折价即可。"

袁履谦抱拳说："太守大人，那我先去安排一下。"

颜杲卿说："要让士兵轮流休息，可以发动百姓帮忙运石头。"

颜泉明也抱拳说："父亲，那我也去找一所旧房子，设法运一些石头上去。"

颜杲卿说："好。记住了，要征得老百姓同意。"

颜杲卿让身边的人安排拆房子运石头，他则带着几个手下，回到官署。

让他没有想到的是，官署外面，站着不少老百姓。老百姓们有的带着猪羊肉，有的带着酒水，有的带着鸡蛋，一堆一堆地放在衙门外面。

衙门口的差人面对这些来送东西的老百姓，正不知如何是好，颜杲卿走了过来。

老百姓看到疲惫不堪的颜杲卿，都跪了下来。

颜杲卿吓了一跳，忙说："大家都起来，起来，有什么事可以直接说，大敌当前，颜杲卿有做得不周全的地方，请各位父老乡亲原谅。"

一个老人拱手说："颜大人，您在常山为官几十年，您的品德我们这些上年纪的都知道，但是您是一个文人啊！您不能亲自上去打仗啊！刀枪是不长眼的，万一您伤了，谁来给我们常山老百姓主持公道啊！"

颜杲卿有些激动，忙把老人扶起来，说："老人家，您放心，这些叛军还没有本事杀得了我颜杲卿。多谢各位父老乡亲了，你们带着自己的东西请回去吧，守城军士暂时不缺吃喝，颜杲卿代替他们多谢各位父老乡亲了。"

另一个老人说："颜大人，您带着这些娃娃为了常山流血流汗，我们没别的，上去打仗也不行了，这点东西是我们的一点心意，请颜大人收下。"

颜杲卿拱手，说："好。那我就代将士们感谢父老乡亲了。请大家赶紧回吧。"

第一个问话的老人问："颜大人，你们能打败外面的这些叛军吗？"

颜杲卿迟疑着，还没有回答，旁边的一个老人说："有颜大人这样的当官的，我们还有什么害怕的？放心，颜太守肯定会保护好我们老百姓的。大家走吧，颜太守忙活一天了，他得好好休息了。"

众人朝着颜杲卿鞠躬，纷纷离去。颜杲卿朝着他们的背影鞠躬，好长时间没有直起腰来。

为了不给叛军留下屠城的借口，颜杲卿严禁老百姓上城墙与叛军交锋。老百姓可以帮忙运吃的用的，但是不可以持刀上阵。很多年轻人带着刀枪，要上城墙帮忙御敌，都被士兵们驱赶了下去。

第二天，史思明继续架起云梯攻城。颜杲卿率领军士死守，数次把攻进城的叛军杀光。颜杲卿的军士折损严重，到了第二天傍晚，他的三千军士，只剩下不到六百能战的了。而且他们没有了弓箭，很多军士的刀都砍得卷刃了，还得继续使用。

第三天，颜杲卿发动百姓继续朝城墙上运石头御敌，然而，因为能战军士太少，第三天中午时分，史思明的军队还是冲进了常山城，颜杲卿和袁履谦力竭被抓，颜氏一家三十余口还有外甥卢逖皆被俘虏。

幸运的是，长子颜泉明因为受伤昏迷，被手下藏到一个老百姓家中，一直等到后来李光弼从叛军手里夺回常山，颜泉明因此才保住性命。

史思明派人把颜杲卿和长史袁履谦押到洛阳，带上宫殿。

安禄山怒斥颜杲卿忘恩负义，竟然背叛提携他的人。颜杲卿针锋相对，大骂安禄山背叛大唐，是真正的忘恩负义。

安禄山大怒，让人割掉了颜杲卿的舌头。颜杲卿置生死于度外，双目喷火，舌头没有了，喉咙里响声如雷，依然在咒骂安禄山。

安禄山恼了，下令把颜杲卿和袁履谦绑在天津桥的石柱上，凌迟处死。

颜杲卿和袁履谦在刽子手的尖刀下，血肉横飞，但是一直到死，他们都没有停止咒骂。

两人血溅桥面，豪气冲天。

颜杲卿一家三十余口以及被作为质子的颜季明，也相继遭到杀害。

攻下常山后，史思明留下部分留守人马，他带着部分兵马继续朝着常山附近的州县发起进攻，邺县、广平郡、巨鹿郡、赵郡、上谷郡、博陵县、文安县、魏郡、信都郡等郡县相继陷落，河北大部分地区，重新落入了安禄山的手里。

06. 李萼来访

颜真卿得知常山陷落、兄长一家被害的消息，悲痛欲绝，多日茶饭不思。唐玄宗派使者来到平原，加封颜真卿为户部侍郎兼本郡防御使。

此时的颜真卿对于官职已经没有了欲望，他对使者说，他最希望的，是圣上能派人收复常山，为兄长一家和常山的官员百姓报仇。使者告诉颜真卿，圣上已经封大将李光弼为河东节度使征讨叛军，李光弼将军的第一个目标，就是常山。

果然，两个月后，李光弼将军便率领大军，进攻常山。

常山守军大部为史思明攻下常山后从常山新招募的团练，本来就不情愿加入叛军，他们看到李光弼所率领的大唐军队来到常山城外，暗中组织了起来，先把负责常山守卫的叛军头目安思义抓了起来，然后打开城门，迎接唐军入城。

颜真卿得知常山回归唐军手里，大喜，召集众人商量，如何协助李光弼将军，收复河北诸地。此时颜真卿府中有咸阳尉王延昌为判官、清河县主簿张澹为支使，集前殿中侍御史沈震、盐山尉穆宁、武邑尉李铣、清池尉贾载、景城长史李炜等人于幕下，也算是人才济济。

平原郡西邻清河郡，是一处富庶繁华之地，大隋开凿的运河永济渠贯穿全境，商船鳞次栉比，南北客商云集。最主要的是，朝廷将大量钱粮布帛聚集于此，以备军队供给，人称"天下北库"。

颜真卿正与僚属们商量如何配合李光弼将军应敌，突然有人来报，说清河郡郡守派人来见颜真卿。

颜真卿让众人先解散，他让人把清河来人请到客厅。

让颜真卿没有想到的是，清河郡派来的人，是一名二十岁上下的年轻人。这名年轻人举止彬彬有礼，器宇不凡，却不是官府中人，这让颜真卿觉得很是好奇。

年轻人鞠躬："颜大人在上，在下李萼，在清河组织义军抵抗叛军，今受郡守之托，给颜大人送来手书一封，请大人过目。"

颜真卿接过书信看了看，苦笑了一下，说："现在战事吃紧，我前两天还派了本郡两千兵马支援饶阳去了，清河郡跟我借兵，我真是不敢再借了，得罪了。"

年轻人拱手说："颜大人，清河虽不曾与平原结盟，但是清河在您首义之时，便首先响应起义，对朝廷同样忠心耿耿。清河紧邻平原，为平原郡西南屏障，而叛军对清河早就垂涎不已，郡守已经得到消息，叛军不日便将发兵进攻清河。大人应该知道，清河为'天下北库'，现存布三百余万匹，帛八十余万匹，钱三十余万贯，粮三十余万斛，兵甲五十余万件，清河财力三倍于平原，兵力两倍于平原，如果被叛军攻下，这些军用物资就全归叛贼也！而平原不但失去了西南屏障，而且多了一个劲敌，何去何从，请颜公定夺！"

颜真卿知道，清河应该救，但前提是他有营救清河的能力。现在结盟的诸郡都面临危险，结盟之郡饶阳情形不明，跟叛军处于胶着状态，如果分散兵力，叛军来袭，那他们就很可能陷入危险境地。

颜真卿对李萼说："先生的话很有道理，颜真卿带领众郡起义，并不是为了一人或一城之利益，我等的愿望，是消灭叛军，振兴大唐。如果平原的兵马够用，别说救援清河，我颜真卿愿意带兵进攻洛阳，可惜啊，平原兵马有限，不过请先生稍等，我与众位将士商量一下。"

颜真卿召集沈震、李择交、李铣等人商量借兵之事，众人皆不同意。

颜真卿回到客厅，告诉李萼，平原郡实在挪不出兵马，实在抱歉。颜真卿安排人带李萼去驿站休息，他则继续与众人商量军情。

李萼回到驿站，太阳已经落山。他吃了饭，洗漱完毕，坐在床上前思后想，心有不甘，就提笔给颜真卿写了一封信，信中说："清河去逆效顺，奉粟帛器械以资军，公乃不纳而疑之。仆回辕之后，清河不能孤立，必有所系托，将为公西面之强敌，公能无悔乎？……"

李萼的意思很明白，清河郡愿意拿出所有的布匹、器械、粮草，支援颜真卿的兵马。但是颜真卿却只是看到与自己结盟的十七郡的得失，不想管清河，其实这是个根本的错误。清河得不到颜真卿的协助，自己一郡的兵马无法与叛军抗衡，只能向叛军投降，到那个时候，叛军必然会利用清河郡的优势，布置重兵对付平原郡，到那个时候，后悔就晚了。

李萼写完信后，马上穿衣出门，来到颜真卿住处，让人把信送给了颜真卿。当时颜真卿正在官署中处理各种事务，家人收了信，就打发李萼走了。颜真卿回到家中，看到了李萼的信，吃了一惊。这个李萼说得非常有道理，现在安禄山对平原郡虎视眈眈，如眼中钉肉中刺，清河如果落入安禄山手里，那这安禄山必定会在清河设重兵，随时准备进攻平原，到那个时候，平原郡的日子就难过了。

颜真卿顾不得睡觉，忙带人来到驿站，与李萼坐在床上，商讨对敌之策。

李萼告诉他，朝廷派镇守上党的程千里率兵十万从太行山的崞口出发讨伐叛军，却被叛军挡在太行山里，官兵前进不得。而他们，则应该趁此时进攻叛军，接应朝廷兵马出山。

颜真卿来了精神："那你说说，我们应该怎么策应朝廷军马呢？"

李萼侃侃而谈："我们只要有足够的兵马，就可以进攻清河南部之魏郡，魏郡兵马不多，城墙年久失修，因此魏郡很快就可以攻下。攻下魏郡之后，我们可以分一部分兵马朝西进军，打通崞口，迎接程千里将军大军东出，并与程千里将军一起，就近拿下汲郡、邺郡，再向北进军，攻取范阳以南郡县。平原和清河则可以合兵十万，向西进军，直到黄河以北的孟津，据守黄河沿岸，使得叛军不能渡过黄河。我打听过了，朝廷东征洛阳的军马不下二十万，河南诸郡义军不下十万，这样，只要上表请朝廷坚守潼关，叛军是由各胡兵马组成，如果遇到危机，必定各自算计，发生内乱，到那个时候，洛阳可以一鼓而下，洛阳拿下，各处叛军就可一击而溃。"

颜真卿边听边不断颔首，李萼说完，颜真卿说："先生年纪轻轻，没想到竟然有此高见！好，我颜真卿答应你，马上出兵！"

07. 贺兰进明抢功

颜真卿力排众议，命李择交率六千军士，与李萼同行，前去清河。

大军来到清河，清河太守率民众夹道欢迎，并大宴军士。几日后，博平郡的一千军士也来到清河，三方合兵一处，共计一万一千人，出兵魏郡。

大军在离堂邑十多里的地方驻扎下来，一边进行三方协调演练，一边伺机攻城。

魏郡太守袁知泰得知三郡合兵一万驻扎于城外，大怒，派白嗣深、乙舒蒙率两万军马，进攻城外军马。

李萼早有准备，他与李择交等人商量，让李择交副将范东馥率四千兵马前去诱敌，李择交与清河军首领王通各率三千军士埋伏在军营后面的山坡上，山坡上早就准备好了滚木礌石，以迎敌军。

范东馥率四千军马，迎战敌军。敌军声势浩大，范东馥不敌，率部逃跑。白嗣深不知是计，率部追赶。范东馥率部逃至李择交等人埋伏处，两边滚木巨石遮天蔽日落下，魏郡兵马人仰马翻，惨叫之声震天动地。

滚木礌石之后，范东馥率部回身掩杀，李择交与王通各率兵马，从两边山坡杀下来，魏郡军士此时已经崩溃，毫无斗志，人人只顾逃命，白嗣深和乙舒蒙拦阻不住，只能率小部分精兵掩护众人逃跑。李择交等人率部猛追猛杀，战场上血肉横飞，尸体遍地。

此战魏郡兵马大败，死伤一万两千余人，被擒一千三百余人，三方联军缴获战马一千一百多匹、军资器械无数。

李萼率军乘胜继续进攻魏郡，袁知泰眼看魏郡不保，不敢恋战，带着妻儿老小，逃到邻近的汲郡去了。李萼率部进驻魏郡，张榜安民，修筑城墙，安排守卫。

堂邑大捷的消息传到平原，颜真卿大喜。这是自他起义以来发起的第一次战斗，可以说意义重大，极大地鼓舞了河北诸郡的信心。程千里顺利出关，可惜不久被唐玄宗派往上党，镇守上党去了。

李萼和颜真卿正准备继续他们的下一步计划，颜真卿得到情报，史思明得安禄山之命，准备朝平原郡发起进攻。颜真卿只得停止继续进攻叛军的计划，一面让李萼等人准备应敌，一面让沈震负责招募新军，扩充军队，并寻求援军。

此时史思明部还在进攻饶阳，饶阳太守卢全诚在颜真卿的支持下，率兵坚守。史思明军队作战勇猛，饶阳守军损失太大，不断向颜真卿求救。颜真卿派李择交率六千兵马支援清河，平原郡守军已经捉襟见肘，但是饶阳是结盟十七郡之一，颜真卿不能不救，他只得派李铣催促各郡县出些军马，共同营救饶阳。

李铣带着颜真卿的手书，去各处筹集人马，经过一番努力，总共凑了两千军马，颜真卿派徐皓带这两千杂牌军匆匆上阵，支援饶阳。

因为昼夜忙碌，压力过大，休息不好，颜真卿积劳成疾，他在巡防城墙的时候，突然晕倒在地，众人大惊，颜浑把颜真卿背回家，找郎中诊治。

郎中把脉后，告诉站在一旁的韦氏，颜真卿之晕倒是劳累过度、心神疲乏所致，休养几天即可恢复，无须烦忧。众人长出一口气。

颜真卿只在床上躺了一天，便爬了起来，继续处理公务。颜浑劝他休息，颜真卿摇头，说："叛军嚣张，平原周围，虎狼环伺，稍有不慎，这十七郡联盟便可不保，我作为十七郡盟主，怎敢休息？"

颜浑无语。现在这个时候，颜真卿身上有万斤重担，稍有不慎，平原以及这十七郡加上清河，便陷入万劫不复之境地，颜真卿确实是不敢休息啊。

颜真卿派人四处求援，收到求救信的郡守大都推辞不来，只有北海太守贺兰进明答应带着人马支援平原。

北海太守贺兰进明是颜真卿任监察御史时的同僚，与颜真卿交好。收到颜真卿求援信的时候，他正处于很尴尬的境地。因为抵御叛乱不力，贺兰进明被唐玄宗斥责，情形危急，贺兰进明因而急欲立功。他看到颜真卿的手书后，大喜，马上率五千军马渡过黄河，来到平原。

贺兰进明好古博雅，经纶满腹，颜真卿非常佩服其学问，且为故旧，颜真卿对于贺兰进明的到来，非常激动，他亲自骑马，远出十里迎接。见到贺兰进明后，颜真卿握着贺兰进明的手，两人谈到昔日情怀，谈到现在山河破碎，都不由得泪湿衣襟，旁边的众人皆深受感动。

　　颜真卿其实是一个纯粹的文人。他有大胸怀、大气魄，敢爱敢恨，却又具有纯粹文人所具有的偏执的一面。贺兰进明博学多才，人品却有问题，颜真卿却没有察觉。颜真卿与贺兰进明谈学问，谈书法，也谈军事，对贺兰进明的提议言听计从，此事沈震和李铣等人看在眼里，暗中发急，却不敢在颜真卿面前提及。

　　颜真卿的内弟韦宅相和族侄颜浑与沈震交好，沈震把众人议论和自己的看法告诉了两人，两人商量了一下，先由韦宅相把此事跟姐姐说了。韦氏告诫弟弟，不得干预颜真卿的事，说颜真卿如此做，必然有自己的原因，韦宅相无奈。

　　为了帮助贺兰进明改变玄宗对他的印象，颜真卿竟然把堂邑之战的功绩让给了贺兰进明，并由他自行上表请功。此举果然改变了玄宗对贺兰进明的印象。玄宗接到报表后，很快下旨，封贺兰进明为河北招讨使，贺兰进明大喜。而在战场杀敌的李择交、范东馥等人只略有微功，清河、博平等浴血杀敌者寸功未有，此事使得众人对颜真卿颇有微词。李萼愤怒不已，不辞而别。颜真卿数次派人去找李萼，却都没有找到。

08. 胜利的曙光

　　史思明带兵进攻饶阳，久攻不下，得知李光弼趁机拿下了常山之后，史思明大怒，留下部分士兵继续围攻饶阳，他带两万军马，进攻常山。

　　李光弼进入常山后，放了被叛军抓起来的老百姓，动员他们参军保卫常山。众百姓受颜杲卿影响，也见到了城破后叛军的凶残，皆发誓保卫常山，不让常山落入叛军之手。李光弼也力排众议，放了已被打入死牢的安思义。

　　李光弼在常山只有五千将士，大多都是刚招募的新军，而史思明带着两万骑兵来攻常山，他的这两万人都是历经战事的精兵强将，很不好对付。李光弼明白，现在大唐的希望都在郭子仪和他身上了，他不能败，甚至不能冒险。如何用这五千新兵，打败史思明的两万精兵，而且不能兵行险着，这让李光弼实在头疼不已。

　　以少胜多的唯一办法，就是出其不意攻其不备，李光弼与众将商量后，决定三更出城，在城外设伏。但是即便是设伏，五千新兵能否战胜史思明的两万骑兵，李光弼依然心中没数。

　　众人走了后，李光弼正要歇息，突然有军士报告，说安思义求见。李光弼虽然觉得有些奇怪，还是让人把安思义带进他的屋子。

　　安思义进来后，鞠躬说："打扰将军休息了。不过我此时求见，却是为了将军。"

　　李光弼有些好奇："为了我？此话怎讲？"

　　安思义说："常山兵马无法与史思明抗衡，我猜李将军肯定会在半路设伏，以奇兵取胜，不知在下说得对不对？"

　　李光弼点头，说："正是如此。"

安思义说:"李将军,您的这招对付别人也许有用,但是对史思明没用。半路设伏,必须有险可据,或者出其不意,或者早有布置。这路上无险可据,史思明最擅长远出哨探,您出城设伏,不是早有布置,很难做到了无痕迹,很有可能让史思明的细作探知,何况就您的这点军马,要是在野外跟史思明的两万骑兵冲突起来,您觉得能有胜算吗?"

李光弼一愣,问:"安将军可有计谋教我?"

安思义说:"史思明的骑兵善于野战,不善于攻坚。史思明所率军队势头正劲,来到常山之后,必定会趁势强攻,我们不如以逸待劳,多准备弓箭,只要能挡下他的第一波攻击,史思明军队的士气必然低落下来。到那个时候,我们乘胜出击,方有获胜之望。"

李光弼犹豫着。

安思义鞠躬,说:"将军救我一命,并教我为官做人之道,将军在在下眼里,犹如再生父母。两军对垒,除了将士实力之外,就是将军之间的较量,所谓知己知彼,百战百胜,在下与史思明相交十多年,他如何指挥作战,没有人比在下更熟悉,在下如今心甘情愿投降将军,所以,在下现在与将军一样,只想打败史思明,重振大唐,请将军勿疑!"

李光弼最终采纳了安思义的建议,决定打防卫战。

他让人加固城墙,把所有的弓箭都集中到城墙上。

史思明的骑兵到了城墙下,开始攻城,李光弼命令弓箭手一齐射箭,无数的弓箭犹如连天飞蝗,落入骑兵阵中。骑兵损失严重,史思明只得让骑兵暂时后退。

李光弼趁机出兵。用长枪摆成方阵,弓弩掩护。史思明几次发起进攻,都被李光弼专门对付骑兵的这种阵法击退。

史思明让军队再次后退,让人从饶阳再调五千兵马协助进攻常山。

此事让李光弼得知后,他与安思义商量,派人带两千精兵半路埋伏,偷袭这五千军士。

史思明的援军一路急行,到达逢壁后,疲惫不堪,带队的将领下令歇息。援军都累得不行,或卧或坐于地上,唐军突然从埋伏处杀出,援军大乱,五千将士被这两千勇士全部歼灭。

史思明得知援军被歼,又得知李光弼派人去向周围郡县调兵了,不敢恋战，带人撤退至九门县，闭门不出。

李光弼坚守常山，并伺机进攻史思明。

两个月后（天宝十五载四月），郭子仪率部出土门关，与李光弼合兵一处，进攻九门。

史思明自忖叛军英勇，且以骑兵为主，决定与唐军主力一搏。他下令打开城门，率部突袭郭子仪部。李光弼在安思义的提醒下，早就想到了史思明的这一招，两军合围，把史思明的骑兵包围了起来。史思明的骑兵是安禄山叛军中的精锐，是边塞老兵，久经沙场。史思明指挥骑兵突围，让他没有想到的是，郭子仪的军队虽然新兵很多，却是训练有素，作战勇猛，他们用长枪加弓箭互相配合，对付史思明的骑兵，几个回合下来，史思明的骑兵就阵法大乱了。

几番绞杀后，郭子仪指挥精锐骑兵猛冲已经毫无斗志的叛军，史思明大败，带着部分残兵败将逃到了博陵。

博陵守军看到史思明来了，拼命抵抗，却不是这帮虎狼之徒的对手。史思明的军队，用了半天的时间，便攻进了博陵。因为博陵官员军士的抵抗，史思明下令杀了所有的官员和军士，并将部分带头与之抵抗的官员满门抄斩。凡参加过抵抗的百姓，也全部杀光。史思明还专门派出探子，打扮成老百姓的样子，四处打探消息，只要听到有百姓对叛军不满，便要将之抓起来，轻者投入大牢，重者当场斩首。

一时间，博陵城内风声鹤唳，血流成河。重压之下的老百姓不甘心成为待宰的羔羊，纷纷设法逃出，投奔唐军。

郭子仪和李光弼略加休整后，带着唐军猛攻博陵。史思明带着叛军固守，唐军奋勇攻城，打了十多天，伤亡不少，却没有打下来。郭子仪与李光弼商量，决定采取诱敌之策。两人率部向常山撤退，史思明留下一部分人守博陵，带着万余人马一路追击。

郭子仪选骁骑五百人在后面，与史思明部边打边退。三天后，叛军抵达行唐，史思明怕前面有埋伏，率部撤退。郭子仪与李光弼早就算计到了这一步，趁机率大军回击。叛军殿后军队一触即溃，史思明得知后再率部反击，已经晚了，兵败如山倒，史思明大军大败。

安禄山听说史思明战败，非常惊愕。他们自从叛乱开始，一路过关斩将。多年没有打仗的大唐军士，看到他的勇猛边军几乎是望风而降，边关大将高仙芝和封常清都败在他的手下，他觉得大唐似乎是唾手可得了。郭子仪竟然大败叛军精锐，这让安禄山坐卧不安。

安禄山知道，现在正是关键时刻，如果让唐军占了上风，那就会有很多归顺于他的郡守反叛。大唐的主力就剩下郭子仪和李光弼的军队，如果打败了他们两个，那大唐只能等着完蛋了。

安禄山经过一番思量后，命大将蔡希德率步骑两万去救史思明，又命范阳守将牛廷玠发范阳等郡兵万余人南下，配合史思明夹击唐军。史思明收集逃散士卒两万人，与援军合兵五万余人，进攻常山。郭子仪下令深沟高垒，不与叛军直接交锋。他们采取疲劳战术，贼来则守，贼去则追，白天耀兵扬威，夜晚偷袭贼营，使叛军忙于应付，无法休息，人困马乏。

史思明眼看不能取胜，下令退兵。郭子仪与李光弼趁机出兵，与史思明大战于嘉山。唐军在常山养足了锐气，以精锐之兵对付史思明的疲乏之军，一番大战后，唐军大获全胜，斩首叛军四万余人，俘虏一千多人，缴获战马五千匹。史思明在溃败逃亡路上摔下战马，披发赤足，狼狈逃回军营，带着守营军士逃回博陵。

郭子仪与李光弼兵分两路，李光弼率部继续围攻博陵，郭子仪整顿军马，准备北征范阳。

唐军嘉山大捷，声威大震，河北十余郡的地方官吏和军民纷纷起来杀死叛军守将，归顺唐军。自颜杲卿常山举义以来，安禄山老巢范阳的叛军与洛阳的通道再次被切断，叛军中往来联络的人，只能轻装简从，偷偷过境，很多被唐军俘获。家在范阳的叛军将士，无不军心动摇。

安禄山如热锅上的蚂蚁，不敢再在洛阳待下去，盘算着退守范阳。

09. 送子为质

　　颜真卿得知李光弼率军围攻博陵，大喜，派李铣带人给李光弼部送去一部分给养，慰劳大军。

　　此时已是六月，天气开始炎热，而李光弼大军还穿着冬天的衣服。军士们受不了燥热，有的光着膀子，有的把冬衣里面的棉花掏出来，当秋衣穿。李铣回来后，把大军还穿着冬衣的事向颜真卿汇报，颜真卿非常不安，马上命令收集布帛共计五万余匹，命令各级官吏层层分工，务必于半月内赶制三万套军服，送到李光弼大军中。

　　颜真卿为了这三万套军服，也是忙个不停。他每天上午马不停蹄，于各处巡视督促缝制之事，下午在官署中处理各种事务，忙得不可开交。

　　此时天气闷热，颜真卿在外面奔波一上午，回到官署后，都是先略微洗漱一番，才开始下午的工作。六月上旬的一个中午，颜真卿刚洗漱完毕，正在吃饭，突然有人来报，说有个叫刘客奴的平卢人派人来见颜真卿。

　　平卢是安禄山的发迹之地，颜真卿听说平卢有人来访，很是意外，让人赶紧把来人请进官署。

　　来人瘦削，一身黑衣。见到颜真卿后，此人磕头便拜："颜大人，在下是平卢游奕使刘客奴大人的使者，奉刘大人之命，有要事来见颜大人，请颜大人先看刘大人的亲笔书信。"

　　来人递上书信，颜真卿接过，仔细看了看。

　　原来这刘客奴是平卢节度使吕知诲手下，安禄山叛乱后，吕知诲随之反叛。刘客奴与先锋使董秦等人忠于朝廷，不想与吕知诲一起追随安禄山，因此想杀死吕知诲，复归朝廷，可是平卢附近没有可共事之人。刘客奴得知平原颜真卿率部抵抗安禄山，声势浩大，便派人来联系，希望获得颜真卿的支持。

颜真卿大喜。平卢是安禄山的大后方，如果刘客奴真的能够杀了吕知诲，率部归顺朝廷，那不啻于在安禄山的背后捅一刀子。

颜真卿答应了刘客奴的请求，筹集了部分钱粮，派人渡海送到平卢。颜真卿为了让刘客奴充分相信自己，决定把自己的长子颜颇送给刘客奴做人质。

颜真卿把此事与妻子韦氏商量，韦氏大哭，不肯同意。

颜真卿和韦氏都把年仅十岁的颜颇视为掌上明珠，谁愿意把儿子送到隔海相望但却千里之外的辽东之地呢？

颜真卿看妻子哭得伤心，也不由得流下了眼泪。他说："儿子也是我的骨肉，是我颜家的后人，虎毒都不食子，我颜真卿又岂是那种没心没肺的虎狼之徒？但是现在大唐江山支离破碎，圣上惴惴不安，百姓流离失所，有多少人家家破人亡！我颜真卿现在身负十七郡百姓官员的期望，更身负大唐圣上的殷殷期望，我怎敢不全身全力，呕心沥血？！况且这刘客奴是真心效忠圣上，颇儿去了平卢，刘客奴必然会诚心相待，我们约好了，等他杀了吕知诲后，他带人来到平原，与我并肩作战，到那个时候，颇儿自然会跟他一起回来。"

韦氏是个贤惠妻子，她知道，颜真卿的决断自有其道理，而且他做了决定后，是没人能改变他的主意的。但是一个女人，怎么会舍得自己刚刚十岁的儿子参与到这场厮杀中去啊？韦氏只是哭，抱着儿子不肯松手。

颜真卿的内弟韦宅相、侄子颜浑，部下李铣、沈震等人听说此事后，都来找颜真卿，提出不可让一个十岁的孩子参与到如此险恶之事中去。

颜真卿对众人说："刘客奴派人千里渡海来找我颜真卿，这是对我多大的信任啊！他把身家性命托付于我，我如果不敢相信他，那我怎么让他再相信我？怎么让他效忠大唐？！"

李铣拱手说："大人啊，您当年为了救我母亲，敢派十多人冒着生命危险潜入城中劫狱，我母亲不过是一个老人，您都如此珍惜，公子才十岁啊，天真烂漫，对这世间的危险尚完全不知，大人怎么舍得把公子送到那么远且前途不明的地方去？"

沈震也说："请大人三思啊！刘客奴到底能不能成事，尚不敢说，而且人的心思是最难琢磨透的东西，万一这刘客奴又转换心思，那小公子可就危险了。"

颜真卿挥手，对众人说："大家都不必多说了！刘客奴既然敢相信我，我颜真卿就要相信他！我让小儿到刘客奴处，不过是给他增加信心，我颜真卿如此诚以待人，我相信刘客奴必不负我！"

颜浑看颜真卿脸色灰暗，眼窝深陷，知道为此事他也深受折磨，他不忍让这个十岁的孩子受此磨难，因此拱手说："颜大人，我愿意替颜颎到平卢做人质，请大人恩准。颜颎尚年幼，请大人把他留在身边，好好培养。"

颜真卿摇头，说："不行！此事必须是我颜真卿的儿子，方可有效。颜浑，此事跟你无关，你不要乱掺和。"

众人没想到颜真卿如此固执，一齐跪在颜真卿面前，求他不要把颜颎送出去。颜真卿恼怒，气得站起来，手指颤抖，指着众人骂道："尔等实在迂腐至极！愚蠢至极！"

正在此时，韦氏带着颜颎从外面走进来。韦氏眼圈红肿，她强忍眼泪，对众人说："诸位大人，请起来吧，我想通了。国之不存，哪里有家？别说颎儿尚且没有生命之忧，即便颎儿真的为大唐而死，如果能换来大唐安稳，我……我……我……"

韦氏说到这里，已经泣不成声，说不出话来了。

颜真卿走到夫人旁边，对着夫人鞠躬，说："知我者，夫人也！"

第三章

急转直下

01. 潼关失守

    安史之乱前，哥舒翰与杨国忠交好，安禄山与李林甫交好。安禄山的弟弟安思顺在安禄山叛乱之前，曾向唐玄宗谏言，说安禄山有叛乱之嫌。唐玄宗那时候视安禄山为大唐柱石，根本不相信安思顺的话。安禄山叛乱之后，因为安思顺的这一举动，唐玄宗没有向安思顺问罪。

    但是驻扎在潼关的大将哥舒翰一向讨厌安思顺，他让人伪造了一封安禄山写给安思顺的信，并派人伪装成送信人，他则派人抓住了此人。伪造的信中，以安禄山的名义，让安思顺多搜集皇帝以及诸位大将的行踪决议，设法送给安禄山。唐玄宗看到信后大怒，下旨处死了安思顺和他弟弟安元贞。此事的来龙去脉，杨国忠看得明明白白，这让他对自己的盟友哥舒翰有了戒心。

    正在此时，哥舒翰的部下王思礼建议除掉杨国忠。他对哥舒翰说："将军，安禄山造反，是因为杨国忠逼迫太甚，况且他造反的名义就是请杀杨国忠。不如我们杀了这杨国忠，这样安禄山就没了造反的借口，很多支持安禄山的人就会动摇，很多人就可能离开安禄山或者产生内讧，此为当年汉帝挫败七国的计策，不知将军意下如何？"

    哥舒翰此时已患中风之症，根本无法带兵打仗，而唐玄宗对他却寄予厚望。如果潼关失守，他很明白，高仙芝的下场基本就是他的将来。可以说，他非常盼望早日打败安禄山，自己就能回到长安过好日子。

    哥舒翰因此就有些心动，问王思礼："你有什么计策？"

    王思礼说："我们可以留守三万精兵镇守潼关，其余精锐回师京城，杀了杨国忠！然后向圣上禀明其中缘由。只要我们兵权在握，圣上无法对我们下手，等日后打败安禄山，圣上必然会宽宥将军。"

哥舒翰沉吟良久，才说："我也有意除掉此人，但是此举不妥，后果难以预料，请不要再提此事。"

哥舒翰虽然没有听王思礼的话，但是两人的对话，很快通过杨国忠安插在哥舒翰身边的人，传到了杨国忠的耳朵里。哥舒翰的话吓得杨国忠出了一身冷汗，忙寻思对策。他先启奏唐玄宗，以保护皇宫的名义，招募三千精兵，由自己的心腹统领，日夜训练，又招募一万人屯兵灞上，由心腹将领杜乾运统领，防备哥舒翰。

哥舒翰也是久经官场之人，自然明白杨国忠的用意。他上表玄宗，请求将灞上的军队由自己统一指挥，唐玄宗同意后，他下令杜乾运到潼关商讨军情，杜乾运不知是计，马上赶到了哥舒翰的大营，被哥舒翰埋伏的刀斧手当场斩首。

哥舒翰虽然工于心计，但是他依然精研军事，经他苦心经营，潼关固若金汤。叛军主力对潼关发起无数次进攻，白白扔下了一地的尸体，皆无功而返。

哥舒翰向唐玄宗上表，说安禄山虽然占据了河北等众多地方，但是胡人将士杀戮成性，每到一处，都是烧杀抢掠，民众痛恨，因此很不得人心，只要唐军守住了潼关，潼关以西无碍，郭子仪和李光弼两位将军在河北之地收复失地，扼守住叛军北上之路，时间久了，叛军中的诸多胡人部落必然会因看不到希望而内乱，到那时，唐军杀出潼关，与郭子仪等将军会合，则大局可定。

唐玄宗是很相信哥舒翰的，也相信哥舒翰的话。但是半年过去了，哥舒翰还是按兵不动，加上不断有人送信，说在潼关的叛军皆是老弱病残，唐军若主动攻击，叛军必然不敌，但是哥舒翰沉迷酒色，不肯出兵，延误了战机。这让唐玄宗有些不高兴，有些怀疑了。

杨国忠趁机上奏，说哥舒翰不出兵，是在坐收渔翁之利。言下之意，是哥舒翰拥兵自重，不肯效力，是在看郭子仪和安禄山到底谁能胜。谁胜，哥舒翰就很可能带兵拥护谁。

这几句话，点中了唐玄宗的死穴。何况唐玄宗早就觉得，哥舒翰在潼关躺了半年，潼关兵强马壮，早就应该开关迎敌了。唐玄宗于是下诏，命哥舒翰主动出击。

哥舒翰向唐玄宗上表："安禄山久在军中，精通兵法，有备而来，叛军利在速战。叛军中暗藏精锐，却以老弱病残引诱我军，肯定有诡计。如果我军轻出，必然落入敌军的圈套，到时悔之晚矣。"

唐玄宗看了哥舒翰的奏表，以为他还是在找理由不肯出兵。加上杨国忠不断地在唐玄宗耳边进谗言，唐玄宗忍不住了，以"贼方无备"的名义，一再下诏，逼迫哥舒翰出兵。

到了这个时候，哥舒翰面临两个选择。如果他一直不出兵，很可能会面临跟高仙芝同样的下场；如果出兵，那就非常可能被对方歼灭。

当然，还有一个选择，那就是掉转枪头，挥师杀进长安，杀了杨国忠。这是谋逆，是一条很难回头的路。

哥舒翰思虑再三，决定出兵。

天宝十五载（756年）六月四日，哥舒翰率领军队，挥泪出关，驻扎于灵宝。

灵宝南面靠山，北临黄河，中间是一条七十里长的狭窄山道。

叛军统帅崔乾佑依山靠水布下了大阵，专等唐军入瓮。唐军一番准备后，王思礼率五万精锐出击，大将庞忠等人率十万大军紧随其后。叛军故意示弱，与唐军一触即溃，王思礼中计，率军猛追。唐军进入峡谷后，山上无数滚木礌石如冰雹般砸下，唐军几万人堵在狭窄的峡谷里，根本没有躲藏周转的余地，一时间哀号震天，血肉横飞，唐军死伤无数。

哥舒翰眼见大势不好，急令毡车在前面开路。他没有想到，叛军早有后手，把数十辆点燃的草车推下山谷，毡车被点燃，烈焰冲天，唐军看不清目标，只知道胡乱放箭，直到日落时分，弩箭用尽，才发现没伤到敌人分毫。

此时，叛军统帅崔乾佑命令精锐骑兵从唐军背后杀出，唐军根本发挥不了人多的威力，加上早已丧失了斗志，乱作一团，溃散逃命。叛军在黄河边没有布置人马，大量唐军争先恐后，朝黄河边跑。黄河里有唐军的运粮船，唐军争相挤上运粮船，由于超载，几百艘运粮船最后都沉入了黄河河底，被黄河淹死的唐军有四五万人。剩余的唐军把军械捆绑在一起，以枪当桨，划向黄河对岸，最终上岸的士兵仅有十分之一二。

潼关城外挖有三条堑壕，均宽二丈，深一丈，逃回的唐军坠落其中，很快就填满深沟，后面的人踏着他们的尸体，才跑回潼关。哥舒翰清点人数，二十万大军，仅仅剩下八千人。叛军潜锋蓄锐，引诱唐军弃险出战，决战之际，又假装不敌，引诱唐军进入埋伏圈。哥舒翰大败，他收拾残兵败将，重新守住关口，想继续与叛军周旋。崔乾佑眼看唐军大势已去，一鼓作气，继续攻关。哥舒翰率几千兵马，对阵对方几万大军，潼关危如累卵。

哥舒翰提拔起来的蕃将火拔归仁等人眼见大势已去，他们略一合计，便劫持了哥舒翰，将哥舒翰的双脚绑在马腹上，打开关门，连同其他不肯投降的将领一起，送给了叛军，潼关失守。

02. 长安失陷

　　唐玄宗得知潼关失守后，惊慌失措，杨贵妃的歌舞也顾不得看了。杨国忠劝他移驾蜀地避难，唐玄宗无奈，只得答应。

　　为了减少累赘，唐玄宗没有告诉百官，他将要逃往蜀地，而是正常上朝。这个时候，很多官员都已经知道潼关失守，因此上朝的人很少，只有十几个人。唐玄宗告诉上朝官员，说他要亲自率兵征讨安禄山，任命京兆尹魏方进为御史大夫兼置顿使，京兆少尹崔光远为京兆尹，兼西京留守，让宦官边令诚掌管宫殿的钥匙。当天，玄宗移居大明宫，待天黑以后，玄宗命令龙武大将军陈玄礼集合禁军六军，重赏他们金钱布帛，又挑选了闲厩中的骏马九百余匹，做好了出发的准备。

　　唐玄宗早就让随他一起逃亡的人做好了准备，第二天天刚亮，玄宗便与杨贵妃姊妹、皇子、皇妃、公主、皇孙、杨国忠、韦见素、魏方进、陈玄礼及亲信宦官、宫人从延秋门出发，开始了逃亡之路。

　　这一天，百官还有入朝的，到了宫门口，还能听到漏壶滴水的声音，仪仗队的卫士们仍然整齐地站在那里。宫门打开后，众人看到宫人乱哄哄地出逃，宫里宫外一片混乱，都不知道皇帝在哪里。大家这才知道，皇帝应该是扔下他们先跑了，众人这才慌了。

　　王公贵族争相逃命。有不少穷苦百姓则趁机进入皇宫及王公贵族的宅第，盗抢金银财宝，有人推着小车子，还有人赶着驴车，进入宫殿。有人放火烧了皇宫的仓库，崔光远与边令诚带人赶来救火，又招募人代理府、县长官分别守护各处，抢红了眼的老百姓不肯罢休，与官军发生了冲突，官军杀了十多个人，局势才稳定下来。

安禄山大军进入长安后，刚刚被封的大唐京兆尹崔光远派他的儿子去见安禄山，边令诚也把宫殿各门的钥匙献给了安禄山。

长安陷落。

唐玄宗一行到了马嵬驿，随从的将士们一路上吃树叶野草，王侯公子也不过是粗饭果腹。因为饥饿疲劳，将士们心中怨恨愤怒，龙武大将军陈玄礼弹压不住，他让东宫宦官李辅国转告太子李亨，天下大乱都是杨国忠一手造成的，想要圣上太平，士兵们不暴乱，只有杀掉杨国忠。李亨犹豫不决，陈玄礼只得自己行动。

这时有吐蕃使节二十余人拦住杨国忠的马，向他要吃的，杨国忠还没有来得及回答，士卒们突然喊道："杨国忠与胡人谋反！"

这一路上，军士们背着一向尊贵的杨国忠嘀嘀咕咕，杨国忠就暗中怀疑，他们有事瞒着自己。现在有人突然说他谋反，杨国忠知道事情不好，赶紧骑马逃命。士兵们边朝他射箭，边一路追击。杨国忠的马中箭，跑到马嵬驿西门内，马跑不动了，杨国忠跳下马，还想继续跑，被暴怒的士兵追上杀死，并肢解了尸体，把头颅挂在矛上，插于西门外示众。

杀红了眼的军士们把杨国忠的儿子、户部侍郎杨暄与韩国夫人、秦国夫人都杀了，御史大夫魏方进大骂行凶的军士："你们胆大妄为，竟敢谋害宰相！"

魏方进错了，人到了绝境之时，相信的是力量，什么宰相皇帝，手中没有了兵，那就等于没有力量。

相信力量的士兵们没有犹豫，直接把平日高高在上的御史大夫给杀了。

韦见素听见外面大乱，跑出驿门察看，被乱兵用鞭子抽打得头破血流。

好在韦见素平时人缘不错，陈玄礼让人拦下了士兵们，他才免于一死。

士兵们又包围了驿站，玄宗听见外面的喧哗之声，忙问是怎么回事，左右侍从回答说是杨国忠谋反被杀。到这个时候，唐玄宗已经明白是怎么回事了。他让手下下令，让外面的军士撤走，军士不走。没有办法，唐玄宗亲自走出驿门，慰劳军士，命令他们撤走，但军士不答应。玄宗又让高力士去问话，陈玄礼回答说："杨国忠谋反被诛，杨贵妃不应该再侍奉陛下，愿陛下能够割爱，把杨贵妃处死。"

唐玄宗看到面前的情形，知道众怒难犯，却又无可奈何，他转身进入驿站，拄着拐杖侧首而立。

过了一会儿，京兆府司录参军韦谔上前说道："陛下，现在陈玄礼带着军士们发动兵变，他们见人就杀，形势十分危急啊！安危在片刻之间，希望陛下赶快作出决断，否则后果不堪设想。"

韦谔边说边跪下叩头，以致血流满面。

唐玄宗说："杨国忠谋反是否是真事，尚有待查证，杨贵妃居住在戒备森严的宫中，不与外人交结，怎么能知道杨国忠谋反呢？"

高力士说："陛下，这杨贵妃确实是没有罪，但将士们已经杀了杨国忠，而杨贵妃还在陛下的左右侍奉，他们怎么能够安心呢？！希望陛下好好地考虑一下，将士安宁，陛下就会安全。"

唐玄宗无奈，他边流泪，边答应了高力士。

高力士把杨贵妃引到佛堂内，用绳子勒死了她，然后把尸体抬到驿站的庭中，召陈玄礼等人入驿站察看。

陈玄礼目的达到，脱去甲胄叩头谢罪，玄宗安慰他们，并告谕其他的军士，他们是保卫圣上的功臣，杨国忠等人谋反该死，陈玄礼等军士无罪。

陈玄礼等人高喊万岁，拜了两拜而出，整顿军队，准备继续行进。

安禄山叛乱时，玄宗本想禅让太子李亨。但此次兵变，唐玄宗以为太子李亨是主谋，使玄宗大受打击。玄宗与李亨于马嵬驿分道，玄宗向南赴四川，李亨向北收拾残兵败将，直奔朔方节度使治所灵武（李亨兼朔方节度使）。此后不久，李亨就在灵武自行宣布即帝位，是为唐肃宗，改元至德，遥尊玄宗为太上皇。

安禄山进入长安后，命令搜捕文武百官、宦官、宫女、乐工等数百人，送往洛阳。朝官以宰相陈希烈为首，大都投降了安禄山。安禄山在凝碧池设宴庆功，令新俘获乐官弹奏琵琶宫乐，宫娥妃嫔歌舞助兴。

宫廷乐师雷海青手抱琵琶，义愤填膺，与梨园旧人相对黯泣，久久不肯动手演奏，又痛斥安禄山之罪恶，安禄山恼羞成怒，喝令手下用刀剜雷海青的嘴唇，雷海青仍骂不绝口，安禄山急令将其舌头割掉。雷海青口含鲜血，忍着剧痛，拼尽全力将手中琵琶对准安禄山的头部掷去，安禄山当殿受辱，气急败坏，立命刀斧手把雷海青绑到戏马殿前，凌迟处死。

大唐长安落入叛军之手，唯有一名普通乐工正气凛然，以身报国，用自己的生命，为长安的陷落奏响了一曲壮烈挽歌。

03. 焦虑的颜真卿

话说颜真卿满腹希望，正带着众人昼夜不停地给李光弼军队缝制军衣，细作来报，潼关失守，哥舒翰被俘。

颜真卿大惊，他太了解哥舒翰了。这个哥舒翰文武双全，仗义重诺，当年在河西军营中，屡次打败吐蕃，开疆拓土，他是一名靠武功一步步晋升上来的名将。他也知道，哥舒翰对于潼关的防守策略就是严防死守，绝不主动出击。这么一名大将，还有近二十万军士，加上潼关高大城墙，他怎么会把长安的东面门户潼关给葬送了呢？

颜真卿不敢相信，派人继续打听，两日后，另一个细作带来了详细消息，他这才得知，哥舒翰被玄宗所逼，不得不出关迎战叛军，大败于灵宝。在同一天，他也得到了因为潼关失守，李光弼和郭子仪将军率军退入土门，准备西上勤王的消息。

这个时候，颜真卿为李光弼所制作的三万套军服已经完成了大半，再有三五日，军服即可装车发往李光弼军营中，大军退走，不但让这些军服无法送给李光弼大军，更将颜真卿的满腹希望，浇上了一盆冷水。

几日后，颜真卿收到了长安陷入叛军之手、唐玄宗逃亡的消息。担心之事成了事实，颜真卿目瞪口呆，不由得泪水双流。我的大唐啊，您难道真的要陷入万劫不复之境地了吗？

颜真卿还没有从哀伤和担忧中回过神来，有人来报，史思明趁机又拿下了常山，并朝着附近郡县发起了进攻。结盟的十七郡中，相继有六个郡县派人送信求救，颜真卿不敢再萎靡下去，打起精神，与众将士调兵遣将，抵御叛军。然而，叛军来势凶猛，与常山邻近的郡县相继落入叛军之手，颜真卿等人虽竭力抵抗，却已经无法挽回颓势。

这是颜真卿最为彷徨无助的一段日子，每当深夜，他从官署回到家中，都是躲进书房里，好长时间不肯出来。

韦氏虽然每日沉浸在对儿子的思念和担忧中，但是看到颜真卿如此消沉，也只得压下自己的痛苦，来安慰颜真卿。

韦氏忍住对儿子的挂念，对颜真卿说："夫君，平原百姓的希望都在您身上呢，您千万要保重身体。"

颜真卿苦笑着摇头，说："十多天前，大唐还复兴有望，现在潼关和长安陷落，圣上失踪，郭子仪和李光弼将军退回井陉，我等能坚持多长时间尚不可知，大唐风雨飘摇，我怎么能不心急如焚？夫人，你说的这些，我都明白，你放心，我颜真卿即便身负万斤重担，也不会被压垮。不但平原百姓需要我，你和颀儿都需要我，我把颀儿送到了平卢，我就要把他安全接回来，把他送到夫人身边。"

韦氏双目噙着泪，庄重地点头："我就盼着这一天呢。我相信夫君，一定会把颀儿送到我身边的。"

韦氏的贤淑殷勤，让处于绝望中的颜真卿感受到了些许温暖。

苦苦坚持十多天后，颜真卿的细作送来消息，说太子李亨率部到达灵武，受裴冕、杜鸿渐、宦官李辅国等拥戴即位，大赦天下。

颜真卿听后大喜，忙写了奏表，用蜡丸密封好，派心腹送往灵武。从平原到灵武来回四千多里路，要经过多处叛军控制的州县，颜真卿的信使乔装打扮，经过无数的艰难困苦，终于到达灵武，见到了肃宗，并带回了肃宗的敕书。肃宗下诏，封颜真卿为工部尚书兼御史大夫，保留河北招讨采访使，散官加银青光禄大夫。颜真卿看到肃宗的敕书，终于看到了希望，他把肃宗的敕书传谕河北各郡以及河南、江淮等地，众郡得知新皇即位后，也都深受鼓舞。

知道唐玄宗的下落后，颜真卿也马上上表，贺太子即位改元，并贺玄宗尊为上皇天帝。

平卢刘客奴在颜真卿的支持下，与手下董秦等人暗中策划，寻找机会杀掉吕知诲，率部起义。吕知诲从逆后，曾经听从安禄山之命，杀害了大唐忠臣、安东都护马灵詧，因而为刘客奴等人所憎恨。

史思明在河北作战失利，安禄山从范阳等地调兵驰援史思明，又从各处调集兵马，护卫范阳。吕知诲命刘客奴率三千人马去范阳，临行前，吕知诲到军营中慰问军士，被刘客奴布下人马，趁机除掉。杀了吕知诲后，刘客奴与部下董秦、安东都护王玄志等人迅速除掉了忠于吕知诲的官员，控制了局势，宣布反正，并派人给唐肃宗上表，告知举义之事。

唐肃宗大喜，封刘客奴为平卢节度使，并赐名正臣。刘客奴名正言顺成了平卢节度使，开始谋划进攻范阳。

当他得知安禄山调集军马进攻潼关，范阳只留下部分老弱残兵后，大喜，迅速集结军队，朝着范阳进发。然而，他没有想到的是，史思明早就得知他进攻范阳的消息，派了一支人马埋伏在半路。刘客奴的军队走到半路，突然箭如雨下，军队被打得蒙头转向，损失大半。两边伏兵冲出，刘客奴率部勉强迎战，却是大势已去，一万多人马，死伤七千，剩下三千四散逃亡，刘客奴力战不敌，受伤被俘，被押往范阳，后被鸩杀。

颜真卿得知刘客奴兵败的消息，欲哭无泪。他其实也曾经想到这一天的到来，但是当这一天来临的时候，他还是觉得心如刀割。他心痛刘客奴的忠心付诸东流，更惦念在刘客奴处为人质的儿子，不知儿子是否安全。

颜真卿怕韦氏惦记，不许周围人把刘客奴兵败的消息告诉韦氏。但是回到家，看到韦氏忧虑却强作欢颜的样子，颜真卿的眼泪差点流出来。

儿子啊，你现在在哪里？你还好吗？

颜真卿在心里呐喊着，怕眼泪流出来，仰头看天。

韦氏走过来，也抬起头："夫君，你看什么啊？"

颜真卿拍了拍韦氏柔弱的肩膀，说："没什么，我看看天，是否会下雨。"

04. 李萼隐居

饶阳太守卢全诚拜访颜真卿，两人谈及当前军事，皆忧心忡忡。饶阳与史思明军鏖战两个多月，将士死伤无数，经济上更是困难。卢全诚来向颜真卿借钱粮，颜真卿问及平原库存，这才知道，平原的钱粮也将告罄。

颜真卿举兵半年有余，加之增援过李光弼、刘客奴，半年耗费几乎等于过去两三年。

平原自顾不暇，卢全诚无奈，空手而归。临走之前，他告诉颜真卿，博平、信都等几个郡经济也都很艰难，他们不只要抵御叛军，现在最主要的，是要解决上万军士的吃饭穿衣问题。

颜真卿召集沈震，判官穆宁、张澹等商量如何解决当前面临的钱粮问题，沈震建议增加新税，穆宁则反对，说现在不只是官府困难，老百姓也不敢耕种，不敢出门贸易，生活更是困难，而且现在是非常时期，百姓本来就惶恐不安，陡然增加新税，弄不好会让惶恐的百姓反叛。

张澹提议向平原以及所属县中的富豪募捐，然而，这种办法只能解决一时的困难，非长久之计。

议事完毕，颜真卿没有得到理想的谋略，更加愁眉不展。内弟韦宅相建议颜真卿寻找李萼，或许他有办法解决此事。

颜真卿叹气，说："李萼是难得之人才，也有忠心报国之志，可惜当年堂邑之战，我把李萼等人的功劳皆让给了贺兰进明，李萼因此不辞而别。这个年轻人是对我有怨啊，现在我遇到了难题，想找他帮忙，只怕他记恨于我，不肯出山。况且他现在下落不明，想找到他恐怕很困难。"

韦宅相说："我与李萼略有交往，以我对他之了解，李萼是一个忧国忧民之人，我觉得，像他这种人，即便藏匿于乡野，也会想尽办法了解当前之局势。您的义举他肯定会知道，他也会明白，您是一个忠心为国、不计较之人，以他的性格，他会原谅您的。"

颜真卿点头，说："但愿如此。宅相，我让沈震帮你，你负责此事，务必尽快找到李萼。"

韦宅相拱手答应："请大人放心，宅相一定尽力。"

沈震派了几个人，与韦宅相一起走访李萼的亲戚朋友，四处打探寻找李萼，找了四五天，却毫无成绩。颜真卿每天都要让韦宅相向他汇报李萼之事，听说一直没有音信，颜真卿急了，让韦宅相写了寻人告示，让沈震多派些人，到附近郡县、乡村张贴，寻找李萼。

李萼其实也没有走远，就躲在离平原城不远的乡下。他断绝与以前朋友的关系，解散了义军，在乡下一处旧友的屋子里，读书访友。当然，他最关心的，还是当前的局势。颜真卿与附近郡县的一举一动，他都看在眼里。

叛军的凶恶，唐军的无奈，颜真卿所率郡县的奋勇抵抗，让这个胸有大志的年轻人时而愤怒，时而击节长叹。

韦宅相到清河郡寻访他的朋友的时候，李萼其实就在朋友家里。但是颜真卿那次执拗地相信贺兰进明，使他看到了颜真卿的缺陷。颜真卿确实是个忠心无私之人，但是他有些迂腐，不会照顾全局，因此在李萼看来，颜真卿其实是一个纯粹的文人，这让李萼有些失望，因此他没有现身，而是让朋友说他再没见到李萼。

乡下的朋友看到颜真卿寻找李萼的布告后，揭了一张带回家，给李萼看。李萼看了看，苦笑一声，说："颜公确实是一个至诚至善之人，可惜啊，这乱世之中，是需要一个全才的。安禄山这种人能成事，就是因为这大唐朝廷，奸臣当道，佞臣得意，而有才能的忠臣却受到排挤。其实历朝历代都有奸臣有忠臣，但是像大唐这般偏爱奸臣和佞臣的朝代实在不多，颜公是一个大忠臣，他有担当有权威，但是谋略差了一些，不会用人。我离开颜公，最重要的一方面，是我看这大唐似乎没有什么希望了，我也就别跟着折腾了。"

朋友说："可我听人说，这颜真卿为了抗击叛军，把自己十岁的儿子都送出去当人质了，不管怎么说，这人确实是个好人。他在平原，可是替老百姓做了不少的好事呢。"

李萼摇头，说："这正是我敬重他的一点啊！若论人品，颜公确实难找，我李萼佩服，要不当年我怎么会去平原找他呢？"

朋友说："既然如此，颜公找你，肯定是遇到难题了，这样的好官你不帮，难道你去帮奸臣？人无完人，颜公如果什么都能干，还满天星地贴告示找你做甚？李萼，我们这些人都很佩服你，但是如果今天你不去帮颜大人，我们都瞧不起你。"

李萼苦笑摇头："实话跟你们说，跟颜公一起做事，确实很痛快。颜公为人坦荡，重情重义，那么大的官，一点架子都没有。但是他就是不会拉帮结派，不会为身边的人谋官职。奸臣跟颜公正相反，他们善于拉帮结派，会为身边的人谋利益，唉……我现在算是明白了，既然想做一个好人，就不要考虑什么功名利禄了。我这样的人，要是到了安禄山那里，肯定是要什么有什么，但是我是大唐臣民，怎么会做忤逆之事？罢，罢，事无两全，我李萼既然想做一个忧国忧民的好人，那就别考虑什么功利了，你去找颜公吧，把我住的地方告诉他。"

朋友惊讶："告诉颜大人？你自己去找他不就得了?！为什么还要我去告诉他?！"

李萼摆手说："当年因为贺兰进明争功，我与颜大人是不辞而别，走的时候，我是打定主意，此生再也不要见这个人了。虽然现在我改变主意了，但是我就这么自己走着回去，那多没有面子啊！我李萼好歹也算当地名士，我帮颜公做了那么多的事儿，他把我们的功劳都送给了贺兰进明，我这气还没顺过来呢。我可以出去帮他，但必须是颜公亲自上门来请我，这才算个事儿。"

朋友皱着眉："恐怕够呛吧。人家颜大人那么大的官，天天那么多的事，他能亲自来请你？你是不是在这做梦啊？"

李萼挥手："你要是想让我出去帮助颜公，你就按我说的去做。否则，那就算了，我在这里有吃有喝，读书写字，多悠闲快活！"

朋友无奈转身朝外走，李萼又喊道："等等……等等……算了，你别去找颜公了，你去找一个叫韦宅相的吧，让他来请我即可。"

05. 见到李萼

韦宅相在平原、清河两地郡县乡村贴了七八天布告，马不停蹄，疲惫不堪。倒是有不少叫李萼的来报到，却都是重名的，让他数次惊喜，又数次失望。

颜浑也被颜真卿派来，参与此事，颜浑以为贴个两三天布告，一传十十传百，很快就会传到李萼耳朵里，李萼应该很快就骑着马到平原官署或者找他们报到，但是七八天过去了，他们要找的那个李萼的消息一点都没有，颜浑泄气了，说："这兵荒马乱的，李萼是不是投太原的亲戚家去了啊？我听说他在太原有个做官的亲戚。我看咱别费这力气了，都贴了这么多天的布告了，要是在平原或者清河，他早就知道了。"

韦宅相笑了笑，说："以我对李萼的了解，他不会走远。李萼这个人，虽有功名之念，却也是个性情中人。平原和清河之事，他了解的不会比你我少，而且据我估计，他肯定也知道了颜大人在寻他。"

颜浑有些不明白："既然知道了，那他为什么还不赶紧出来呢？你刚才说他是性情中人，现在大人有难处了，费这么大劲找他，他还不出来，这算什么性情中人?!"

韦宅相哈哈一笑，说："如果我是李萼，我也不会看到布告后自己跑出来。当年他不辞而别，是对颜大人有意见。现在颜大人找他，他肯定得设法给自己找回点面子，才肯出来。有才能的人都是有些傲气的，不信你就等着看吧。"

颜浑和韦宅相来到清河一处乡下，检查手下人贴的布告。

天气炎热，两人看到路边有卖茶水的地方，各买了一碗茶水解渴。两人正坐着喝茶，突然看到不远处有人骑着一头驴，朝两人不快不慢地跑过来。

驴脾气大，跑到茶摊前面，骑在驴身上的人想要驴停住，这驴不肯，还是想驮着继续跑。骑在驴身上的人急了，勒住缰绳，驴也急了，猛尥后蹄，把骑在驴身上的人掀了下来。

颜浑和韦宅相赶紧站起来，想把摔在地上的人扶起来。那人却很健壮，自己爬起来，过去用缰绳抽驴。

颜浑和韦宅相看那人没事，返身回来，继续坐着喝茶。

那人抽了几下驴，解了气，把驴拴在旁边的树上，也过来买茶喝。

卖茶的人认识他，问他这大热天的，骑着驴要到哪里去。

这人把一碗凉茶喝光，说："我找从平原来的一个当官的，这几天带着人下来贴布告的那个人，听说叫韦宅相还是什么的。我骑着这驴，跑了五六个村子了，好多人都说见过他们，又都不知道他们在哪儿，这破驴脾气又臭，这可累死我了。"

颜浑要说话，被韦宅相用脚踩了一下。

卖茶的人哼了一声，说："当官的都在城里屋里躲着呢，谁这大热天的跑到乡下晒太阳？"

韦宅相拱手，说："这位兄台，您找韦宅相有何贵干？"

此人正是李萼的朋友。他扭头看了看韦宅相，说："我找他没事，是我的一个朋友要找他。"

韦宅相笑了笑，问："您的朋友找他？您这朋友为什么不亲自找他呢？"

李萼的朋友哼了一声，说："我这朋友矫情，没办法。"

李萼的朋友朝着韦宅相拱了拱手，转身要走。颜浑急了，说："你不是找韦宅相吗？韦宅相就站在你面前，你怎么就这么走了？"

那人转身，两只眼珠子打量了一会儿颜浑和韦宅相，拱手说："请两位海涵，在下有眼不识泰山，不知哪位是韦宅相韦大人。"

韦宅相拱手："在下就是韦宅相。不过我不是什么大人，就是一介平民百姓。听先生说话，应该是读书之人，不知先生找在下有何贵干？"

李萼的朋友笑了笑，说："真是巧了，我跑了大半天，没找到人，幸亏喝了一碗茶水，竟然遇到了韦大人。李萼啊李萼，你躲在屋子清静，倒让我替你到处找人。"

颜浑一愣："李尊？先生说的可是曾经的义军首领李尊？"

李尊的朋友拱手："正是他，他……"

韦宅相怕有些事泄露出去，让颜浑付茶水钱，他把李尊的朋友拽到一边，问："李尊现在何处？离此地远否？"

李尊的朋友呵呵一笑说："不远，最多有十里路。"

颜浑付完茶水钱，走过来，说："既然找到了李尊，那我们赶紧走吧，颜大人等着见他呢。"

韦宅相不理颜浑，对李尊的朋友说："这位先生，能否跟我们去一趟平原城？容我把此事告诉颜大人，看颜大人如何处置。"

颜浑急了，说："韦宅相，你怎么如此迂腐？既然这李尊离此地不远，我们起码也应该去看一看啊！看完了之后，再向颜大人汇报也不迟。"

李尊的朋友也说："对对，李尊这人矫情，但是也是性情中人，两位既然专程来找李尊，自然应该先去看一看。"

韦宅相同意了李尊朋友的意见，和颜浑各骑了一匹马，李尊的朋友骑驴，三人一阵疾驰，一会儿便来到李尊的朋友家。

李尊的朋友下驴，替两人把马和自己的驴拴在门外，他便推门，带着颜浑和韦宅相走进院子。

院子是用青砖砌起来的，很显然，李尊的这位朋友，也是殷实人家。院子角落里种着各种青菜，西北角还有一个简陋的小凉亭，李尊正坐在凉亭里读书。

韦宅相看到李尊，惊喜不已，赶紧拱手："韦宅相见过李兄！李兄啊，您让我找得好苦！"

李尊看到韦宅相和颜浑，略微惊愕了一下，忙放下书，拱手说："惭愧，惭愧，李尊何德何能，让两位兄弟鞍马劳顿？两位兄弟请屋里坐。"

颜浑哈哈一笑，说："李兄啊，我们到处贴告示找您，您不是不知道吧？"

李尊说："昨天才知道，我因为身体不适，没有及时去拜见颜大人，因此才让我的这位兄弟去找两位，我想先问一问，不知颜大人找我区区一个小老百姓，有何赐教？"

韦宅相哈哈大笑，说："李兄啊，您我交往时日不多，但是韦宅相对您还是非常敬仰的，您的想法，韦宅相心中明白。不瞒李兄，颜大人确实有大事，需要李兄出山相助。既然找到您了，我们也就放心了。我和颜浑马上赶回去，向大人汇报，至于大人如何请您，那就看颜大人了。"

李萼说："无论如何，两位兄长既然来了，务必进屋一坐，喝口茶再走不迟。"

06. 李萼献计

当天傍晚，韦宅相和颜浑回到平原，把找到李萼的事向颜真卿说了。颜真卿非常兴奋，当天就要两人带着他，去请李萼出山，被两人劝住。

第二天一早，颜真卿早早起来，派人喊醒了韦宅相和颜浑，三人草草吃了点儿饭，颜真卿正要带着两人出发，去寻找李萼，突然有人报，说李萼来到。颜真卿不敢相信，亲自跑出门外迎接。果然，李萼穿着一身青衣，站在门外，身边还放着一个装满了书的木箱。

李萼看到颜真卿，忙躬身施礼："李萼拜见大人。李萼来迟，请大人恕罪。"

颜真卿忙走到李萼面前，拱手说："先生言重了！颜真卿处事不周，得罪了先生，我先给先生赔礼。"

李萼见颜真卿先谈到此事，反而不好意思了，忙说："惭愧，惭愧，李萼年少不更事，望大人不要再提了。"

颜浑和韦宅相也跑出来，两人看到颜真卿和李萼之间在互相客气，不由得笑了。韦宅相说："李兄，我们正要和颜大人去拜访您呢，没想到，您这么早就来了。"

李萼说："昨天晚上我几乎一宿没睡，颜大人为了国家兢兢业业，不惜把年仅十岁的儿子送往千里之外做人质，我却因为一点虚名不辞而别。想起此事，我只能感叹，我之心胸与颜大人心胸，实在是无法相比。更可笑的是，我竟然为了所谓的面子，还在等大人亲自上门，真是滑稽至极。因此，我早早就爬了起来，央朋友找了一辆马车，把我送到城外，城门开了之后，我便早早来到颜大人家门口。凡此种种，请颜大人别与我计较，我愿追随颜大人，造福清河和平原百姓。"

颜真卿拉着李萼的手，说："既如此，以前之事，我们都不提了。李先生应该还没吃早饭吧，走，咱回家吃饭。"

李萼在颜家吃了饭，颜真卿让韦宅相给他安排了住处，李萼收拾了一下，便与韦宅相一起来到官署。

此时颜真卿已经与大家议完当日之事，韦宅相带着李萼来到颜真卿在官署中的书房，颜真卿与李萼详细诉说了平原当前的局势。当然，最主要的还是现在面临的军费问题，颜真卿把沈震和张澹的提议都跟李萼说了，李萼说："现在是非常时期，向百姓摊税，会无端增加百姓负担，让百姓与官府产生矛盾；逼捐富户也不合适，很多富户为了向官府示好，都多少捐过钱粮，这时候逼捐他们，影响也不好。"

颜真卿问："先生可有好的建议？"

李萼说："昨天我与韦宅相和颜浑探讨过当前局势，我昨夜为此事想了很长时间，也想到过几个方案，我觉得最好的办法，就是由官府出面，做盐业生意。盐铁专营古已有之，但是大唐却体谅民众疾苦，一直未用此策。现在是非常时期，大人可以实行盐业专营，由官府设置盐官，由官府出钱收购景城之盐，加入盐税批给商人，在各郡县销售。盐为大宗用品，人人皆用，略微加点价，对老百姓生活影响不大。当然，大人须在各地设置检查官员，不许商人随意加价，管制价格。这样既可以管控盐业市场，也会增加官府收入，这些收入，足够军费之用。"

颜真卿听了之后，目瞪口呆了好长时间，方说："先生真是天下奇才！颜真卿佩服，我手下这么多人，怎么就没人想到这一招呢？先生，你愿意暂管此事否？等有合适机会，我会向圣上上奏此事，再给先生功名。"

李萼拱手，说："在下愿意协助大人管理此事，不过功名之事，还是先别提了，等天下太平，百姓安居乐业，李萼再求大人赏一碗饭吃。"

颜真卿再次拱手致谢，遂下令，由沈震和熟悉景城事务的原景城长史李炜具体负责此事，李萼协助，马上赶往景城收盐。

官府控制了景城盐业后，在各县设置盐官，负责食盐的运输批发。一些小商人不肯就范，偷偷跑到景城买盐，李萼建议在各路口设置哨卡，专门打击那些贩运私盐的不法盐贩，并在县乡各处贴出布告，说明设置盐税之缘由。这两种举措，打击了那些不法商贩，也获得了老百姓的支持，官盐之举很顺利地执行了下去。

果然，不到一个月时间，盐业的利润便滚滚而来，把一直横在颜真卿心头的军费大事彻底解决了，颜真卿长出了一口气。

韦氏一直牵挂颏儿，经过商量，颜真卿派颜浑带了三个人，渡海北上，去平卢打探颜颏的下落。

颜浑等人经过近一个月的颠簸后，来到平卢。此时平卢重新成了叛军的天下，非常危险。颜浑他们设法找到了曾经一直与平原有联系的刘客奴的一个手下，得知刘客奴在率部攻打范阳之前，就派人把颜颏保护了起来，但是谁负责此事，现在颜颏在何处，他也不知道。

此人带着颜浑在平卢各处打探寻找，被叛军的细作发现，报告给了当地叛军，叛军认为他们几个是唐军的细作，派人追杀。

颜浑等人逃到一处山上，筋疲力尽，刘客奴的手下让他们几个藏身在一处山洞里，他则引着叛军走远了。颜浑等人方从山上下来，重新找地方住下来。

他们躲了几天后，等风声过去，颜浑一个人乔装打扮，去找刘客奴的这个手下，他却没有回来。颜浑把带来的钱，分了一大半给了这人的妻女，让她们赶紧投亲去。

两天后，颜浑去平卢城，听说平卢要杀一批"叛逆"，他混在人群中观看，看到了刘客奴的那个手下。他被打得遍体鳞伤，脸上血迹斑斑，头都抬不起来了。

颜浑不敢再待下去，带着三人辗转回到了平原。

颜真卿和韦氏听颜浑讲述了经历，有喜有忧。喜的是颜颏很有可能还在人世，忧的是这孩子下落不明。

韦氏每日烧香拜佛，祈求孩子平安。颜真卿看着韦氏憔悴的样子，也是暗自叹息。

07. 抉择

自年前兴兵以来，安禄山一直处于兴奋、暴躁、忧虑之间。起兵之初，叛军一路过关斩将，很顺利地杀到了洛阳。手下将领兴奋至极，以为很快就能杀到长安，夺取大唐天下。对大唐非常了解的安禄山，却心知肚明，大唐能打的将领比如郭子仪、哥舒翰、高仙芝等人都还没出来正儿八经跟自己过招呢。他在洛阳称帝，大封群臣，犒劳诸将，其实不过是给众人吃个定心丸，让他们提前享受一下自己君临天下后的荣华富贵。

他明白，自己离真正推翻大唐、君临天下的日子还很远。所以洛阳称帝后，他便一面派兵围攻潼关，一面派史思明率精锐部队扫荡河北。史思明顺利拿下常山之后，突然遭到李光弼和郭子仪的阻击，史思明大败于嘉山，叛军控制的河北各州郡中有十多个归降朝廷，而潼关被老将哥舒翰防守得固若金汤，这个时候的安禄山如坐针毡，心情暴躁，身上因此长满了毒疮。

安禄山召集谋士严庄、高尚、张通儒等商量，打算退兵回范阳。

严庄和高尚反对，张通儒同意，安禄山犹豫了几天，让他没有想到的是，唐玄宗自毁长城，逼迫哥舒翰出关迎战，给了叛军一个翻身的机会。哥舒翰率部出关，被包围潼关的大将崔乾佑一阵猛锤，唐兵几乎全军覆没，哥舒翰成了叛军的俘虏。

潼关失守，郭子仪和李光弼奉旨撤回土门，安禄山终于长出一口气。

叛军一路西行，拿下长安后，安禄山派遣张通儒任西京长安留守，田乾真任京兆尹，安守忠在唐廷禁苑里驻兵守卫。

史思明趁机率部在河北地界收复地盘，常山、信都、易州接连被叛军拿下。

安禄山大喜，与众谋士商量下一步的行动计划。

谋士高尚建议发兵颜真卿部："陛下，臣以为应该发兵攻打平原、清河之地了。当初陛下发兵，颜真卿作为陛下臣子，首先起兵造反，实为大逆不道！前段时间，陛下派史思明将军扫荡河北，因为郭子仪和李光弼部出兵干涉，使得史将军败于嘉山，现在史将军已经收复了常山等地，臣下认为，陛下应该命史将军马上派兵攻打平原，杀了颜真卿，给各郡守一个震慑。"

安禄山点头，说："尹子奇率部攻打河间，久攻不下，我已经命令史思明增援，等他打下河间，我就让他进兵平原，捉拿颜真卿！"

安禄山部将尹子奇率一万军队攻打河间，河间太守闭关自守，尹子奇攻打四十多天，损失惨重，史思明接到安禄山命令后，亲率大军增援。

河间太守派人送信给颜真卿，请求颜真卿发兵救援。

此时颜真卿手中能调动的军队不过两万多人。颜真卿与众人商量，是否派兵增援，如果派兵，派多少人合适。

沈震、李铣等人都不同意派兵，颜真卿希望李萼能赞同他派兵，问李萼的意见。李萼说："颜大人，请恕在下直言，以我们现在的兵力，即便把平原的兵马都派过去，也很难打过史思明和尹子奇的联军，现在唐军主力已经撤出河北境内，即便我们打败了增援的史思明，安禄山的军马可以随时增援过来，我们这点人马，怎么能是安禄山主力的对手？"

颜真卿没有想到李萼会这么说，愣了。

李萼叹了一口气，说："河北诸郡，已经有一多半都归顺了叛军，当年十七郡联盟，也有一半被叛军击破了，如果唐军主力不肯救援，我们这些郡县兵马，根本就不是史思明叛军的对手。颜大人，河间之战，我们恐怕很难取胜。"

颜真卿问："那怎么办？难道我们就眼睁睁看着河间军马落入叛军之手？先生当年到平原搬救兵，可是胸有谋略，心怀天下，现在就一点办法都没有了吗？"

李萼摇头，说："颜大人，现在郭子仪和李光弼将军已经率唐军主力赶往灵武，拜见新君去了，别说河北之地，附近千里之内，都没有唐军主力，当年我来平原拜见颜大人，是因为郭子仪和李光弼两位将军已经率唐军主力兵出井陉，程千里也率部要进入河北之地，我们不是孤军作战。现在我们势单力孤，怎么能是叛军的对手呢？"

颜真卿仰天长叹："那我们只能等死了？"

李萼拱手说："我们只能收缩兵力，把能调集的兵马都调集进平原，然后设法囤积粮草，修筑城墙，多制作绊马石，固守待援。郭子仪和李光弼见过新皇后，圣上肯定会让他们率部平叛，只要我们能坚持住，就能等到他们到来的那一天。当然，这种做法也有一些冒险，万一坚持不到那一天，叛军攻进平原，平原官员和百姓都会遭到屠杀。"

颜真卿从官署回到家，坐在书房里看着挂在墙上的地图发呆，韦宅相蹑手蹑脚走了进来，颜真卿看了他一眼，问："宅相，你有事吗？"

韦宅相拱手说："大人……"

颜真卿说："在家里叫我姐夫即可。"

韦宅相说："姐夫，我有个朋友在河间当差，托人给我送来了一封信。"

韦宅相要把信给颜真卿，颜真卿摆手，说："你想说什么就说吧。"

韦宅相说："姐夫，河间在将军李奂的率领下，军民一心，无论男女老幼，皆上城墙御敌。当年您派我去诸郡召集军马，增援饶阳，河间守将李奂曾率七千军士奔赴饶阳救援。现在李奂孤军奋战，即将破城，您怎么能坐视不管呢？"

颜真卿说："李奂是唐朝宗室，我与李奂也有一些交情。但是兵马之事，如果稍有不慎，就很可能万劫不复。李萼说得对啊，我们这点兵马，即使去援救河间，恐怕也是杯水车薪，只能白白送了众将士的性命。万一河间被破，叛军进攻平原，平原没有军队，我等拿什么抵御叛军？"

韦宅相说："现在河北之地没有落入叛军手里的几个郡县，都是当年跟您一起举义的，姐夫，您可是十七郡联盟之盟主，当年这些郡县相信您，就是因为您重情重义，忠心报国，所以，当年饶阳被围，您号召各郡县出兵相救，只要能分出兵马的郡县，都派兵增援，现在河间被围，平原要是不出兵，以后谁还敢相信您呢？现在叛军猖狂，当年十七个郡，现在只剩下不到十个了，要想打败叛军，只有把这些郡县团结在一起，互相协助，才能打败叛军，如果大家各自为政，谁也不管谁，叛军各个击破，即便平原有两万军士，外无援兵，恐怕也很难是叛军的对手。"

颜真卿想了想，点头说："李萼的话有道理，但是我颜真卿不是个见死不救之人，明天我就派兵，增援河间！"

08. 河间郡陷落

第二天，颜真卿便调兵遣将，命大将和琳率一万两千精锐，奔赴河间。和琳是除了李择交之外平原战功最为显赫的将领，智勇双全，曾十多次率部救援各郡，皆有功勋，并几乎全身而退。此番颜真卿派和琳率部增援，显然是做了通盘的考虑。

史思明得报，得知颜真卿派来了援兵，不敢怠慢，命尹子奇亲率两万兵马，于半路设伏。

和琳则远派哨探，大军后行。

大军行至离河间还有二十多里路的时候，原本晴朗的天空突然变得昏暗，太阳被黑压压的乌云遮住，狂风骤起，一时之间，天地为之一色，飞沙走石，让众人睁不开眼。

和琳忙下马，命令军士就地蹲下，不要乱了队形。

尹子奇军队埋伏之地离和琳部还有一里多路，尹子奇登高，看到唐军的狼狈形状，命骑兵猛冲，杀进了惊慌失措的唐军队伍。

和琳大惊，忙整顿兵马应敌。但是这些被风沙吹得晕头转向的步兵，怎么能是这些精锐骑兵的对手？几个回合下来，唐军大败，四散而逃。到了这个时候，和琳知道，救援河间已经不可能了，他想聚拢军队，把他们带回平原。叛军的骑兵到了风沙中，也只是威风了一会儿，那些战马也就受不了了，乱踢乱蹬，不肯听从指挥。骑兵无奈，只得从风沙中逃出。

和琳一面组织部分军士防备骑兵，一面收拢军士。这个时候，风沙渐渐平息了，众人刚围拢到一起，尹子奇的步兵突然杀了过来，他们的步兵和骑兵互相配合，把和琳收拢起来的部分军士再次冲散，一场厮杀之后，一万多军士躺在了血泊之中，剩下的四散而逃，只有不到三百人逃回平原。

逃回来的士兵狼狈地向颜真卿汇报了被尹子奇军队打败的经过，颜真卿听说一万两千人只回来了几百人，和琳生死未知、下落不明，一屁股坐在椅子上，好长时间没有说出话来。

韦宅相和李萼在旁边安慰他，颜真卿一句话都听不进去。好长时间，他才喃喃说了一句："这是平原的全部身家啊！家底都没了，我还拿什么去抵抗叛军?! 平原怎么办?!"

李萼说："颜大人，胜败乃兵家常事。何况，即使我们这一万两千援兵去了河间，也很难援救成功。别的郡县无兵可派，我们这一万两千人，怎么能是史思明两万多人的对手？"

颜真卿说："我的本意是平原出兵之后，再派人去催促各郡县都出兵，务必挽救河间，真是没想到，天意竟然如此！"

李萼说："现在形势危急，各郡县为了自保，都不愿出兵，何况郡县这些兵马，战斗力根本无法与史思明所率叛军相比。现在情形危急，即便各郡出兵，也是各存心思，应付而已，想打败史思明，恐怕难上加难。颜大人，为今之计，就是赶紧招兵买马，囤积粮草，防备叛军进犯平原。"

颜真卿听了李萼的建议，一面加派人手，加大了对景城盐的收购和对私盐贩子的打击力度，一面让人贴出了招兵告示。然而，让众人没有料到的是，老百姓也觉得形势险恶，当兵太危险，加上河间之败损失惨重，招兵告示贴出去，十多天才招了不到一百人。

河间军士听说颜真卿的援兵被击败，再也不会有人派兵救援了，军心动摇，有些军士趁夜偷偷缒城而出，投降了叛军。李奂无奈，只得派人日夜巡逻，防范军士逃跑。

坚守了近两个月的老百姓也坚持不住了，怕叛军攻下城后屠城，要求趁夜开门逃出去，寻找一条生路，被守门将士拒绝。一些不法百姓竟然趁夜偷袭守城门的士兵，幸被早早发现，守城门军士将这几个不法之徒就地正法。

到了这个时候，李奂也明白，河间是很难守住了。但是他是皇帝宗室，是守城大将，周围十多个郡县都在看着他呢，他没有选择。

李奂依然尽忠职守，带着城中五千军士，奋力抗敌。

史思明派人给李奂送来劝降信，让他认清形势，投奔燕王，可以加官晋爵，李奂当着使者的面，把信撕碎。他让来人告诉史思明，他李奂是大唐皇室宗亲，宁做大唐之鬼，不做叛军之人，让史思明死了这条心吧。

史思明听使者说了李奂的回话，大怒，加大了攻城的力度。李奂殚精竭虑，发动部分百姓运送石头，在城墙上烧制沸油，与叛军死战。

投敌的军士向史思明报告了李奂的布防情况，叛军趁下半夜守城军士已经疲惫，换防的军士还没有来的时候，发动了偷袭。守城军士迷迷糊糊中被杀，叛军涌上城墙，李奂带着人马冲过来，已经晚了。叛军打开了城门，史思明大军潮水一般涌进，李奂带着守城军士，与叛军进行了最后的决战。

河间守军中，有一部分是原老河间城的军队，有一部分是各地早早增援进城的，还有一部分是叛军攻城后招募的新军。李奂手中最精锐的两千军队，是河间城的老军士，他们经过比较系统的训练，还参加过颜真卿组织的饶阳救援战，是最为英勇的一部分。

李奂组织这帮守军把叛军杀出了城门外，但是因为后援不足，别的守军消极抵抗，最终无法关闭城门，又被叛军杀了回来。

战斗到中午时分，李奂的两千精锐全部被杀光，李奂受伤被俘，河间落入叛军之手。

09. 李萼辞别颜真卿

河间离平原四百多里路，离景城约一百七十里路，平原离景城约三百里路，如果史思明部想拿下景城，大军两天就可到达。

河间战事失利，很多平原军士战死或者失踪，颜真卿下令给战死的士兵家属发了一部分抚恤金，府库枯竭，下一步招兵买马，还需要大量的银子。颜真卿急了，让沈震他们加大在景城的收盐力度，严打私盐贩子。

让颜真卿等人没有想到的是，河间落入叛军之手后，景城很多百姓不敢在景城待下去了，大量老百姓朝着平原、山西等地逃跑。一部分平原、饶阳等地的百姓也受到影响，特别是那些有钱的富户，先前已经跑了一部分，现在看到叛军嚣张，攻下城池后杀人劫掠，奸人妻女，剩下的也不敢待了，纷纷跑路。

随着流民增多，路上的土匪也多了起来。这些土匪中，很多是被打散的官兵，也有一些本地的地痞流民，他们在各处乱窜，抢劫流民，也进村劫掠普通百姓，严重扰乱了当地老百姓的生活。颜真卿为了保护平原百姓，不得不下发银两，让各地组织民团，防御土匪。

景城的盐业也受到了严重影响。很多盐场老板和盐民跑路，平原去收盐的马车经常拉着半马车盐，或者空着马车回来。

即便如此，原先十多辆马车来回送盐，除了车夫，只要跟着三五个随车官员即可，现在为了防范土匪抢劫，还需要跟着上百军士，盐越来越少，费用却翻倍增长，官府能获得的盐税越来越少。

招募新兵更是进展缓慢，平原已经多次募兵，愿意当兵的年轻人越来越少。颜真卿不得不放宽招兵年龄限制，前来报名的还是很少。

李铣建议强制征兵，被颜真卿拒绝："我颜真卿征兵，是为了保护平原百姓，保卫大唐国土，是为了百姓能够安居乐业，强制征兵，那就是欺负百姓，我颜真卿绝对不做此事。"

颜真卿与李萼多次谋划守城，两人经过分析，觉得即便是全民皆兵，号召老百姓参与守城，也很难守住城池，并且城池被叛军攻破之日，就是屠城之时。

李萼仰天长叹，说："颜大人，天意如此啊！现在郭子仪和李光弼的大军还在千里之外，并且这一路上叛军阻隔，如果平原被围，他们根本无法救援。现在平原只剩不到一千老弱残兵，固守待援已经没有了可能，颜大人，您要是真为老百姓着想，还是想办法给平原百姓一条生路吧。"

颜真卿一愣："我怎么给他们一条生路？"

李萼说："叛军入城，抢劫三日。史思明的叛军之中，最能打的是那些胡人，这些胡人比汉人凶恶十分，他们以杀人为乐，奸淫妇女，无恶不作。我知道，以大人的性格，情愿与叛军战死，也不愿意弃城而逃。这样虽然成全了大人的名声，却苦了城中百姓，因此，李萼斗胆建言，如果大人真的以百姓为父母，那就先安排好他们的出路，让他们在叛军到来之前逃出平原，然后大人再走，去辅助新帝，完成复国大业！"

颜真卿摇头，说："前有卢奕、蒋清，后有我大哥，他们皆坚守城门，为国捐躯，我颜真卿怎么能弃城而逃，为大唐丢人，为颜家丢人？！"

李萼摇头，说："颜大人，您错了。现在为国捐躯，是最简单之事。但是您如果带着平原军马与叛军死战，等叛军入城之后，他们会怎么对付这些手无寸铁的老百姓，您不是不知道。您为大唐增了光，为颜家增了光，可是平原会血流成河，国家会少了一名栋梁之材！您这是小义，如果大人是真正有大胸怀之人，那就应该胸怀天下，想着怎么恢复大唐昔日荣光，打败叛军！而不是计较什么颜家名声！这才是大义。"

颜真卿一愣，想了一会儿，说："我再想想。"

李萼拱手说："颜大人，今天之事，是李萼为您最后一次建言了。局势已定，叛军一个月内，必然会攻打平原，李萼也要为自己的事忙碌去了。请大人务必听在下今日之言，保护平原百姓，保重性命，继续护佑大唐。"

颜真卿一愣："你要到哪里去？"

李萼说："不瞒颜大人，李萼还有父母都远在剑南乡下，虽然家中还有兄长，但是李萼还是不放心，兵荒马乱之际，李萼应该待在父母身边。因此，李萼今日先向大人告辞了，明日一早出发。"

颜真卿不想让李萼走，说："先生数次献计于我，颜真卿还未报答先生，先生怎可离去？"

李萼拱手："我与颜大人也是一见如故，若论胸怀之开朗，为人之坦荡，李萼断言，此生再也不会遇到像大人如此无私之人。如果这是太平盛世，李萼甘愿在大人手下做一名幕僚，此生必然舒畅至极。可惜啊，我们相逢在乱世，大人前途艰险，李萼也不得不回家护佑父母，缘分如此，如之奈何。李萼只期望颜大人能够平安见到新帝，待天下平定之后，我等或还有相见之日。"

10. 艰难的抉择

第二天一早，颜真卿跟夫人要了一些银两，送给李蓁，李蓁收了。颜真卿亲自把李蓁送出城门，二人洒泪而别。

颜真卿回到官署，看到韦宅相和颜浑站在大堂里，一副欲言又止的样子，颜真卿心情哀伤，坐在以前李蓁坐过的地方闭目不语。这两人犹疑了一会儿，向前朝他走了两步，站在离颜真卿两三步远的地方，还是站着不动。

颜真卿坐了一会儿，睁开眼，看了看两人，说："你们有什么话，尽管说吧。"

韦宅相犹豫了一会儿，说："姐夫，我……我们还是收拾一下，赶紧走吧。我听说安禄山已经准备派人攻打平原了，平原城里的富户，每天都有人朝外跑呢。"

颜真卿问："宅相，是不是很多人都这么说？"

韦宅相点头，说："是，不瞒姐夫，有些人已经准备跑了，他们宁可不做这官，也想先保住小命。"

颜真卿问："都有谁想跑了？"

颜浑和韦宅相刚要回答，颜真卿又挥手示意他们别说了。

颜真卿说："大敌当前，平原又无大军抵挡，他们惜命，也是人之常情，谁想跑，那就跑吧。平原既然无法保护他们，我们凭什么阻止人家呢？"

颜真卿命韦宅相和颜浑以及贾载，判官穆宁、张澹等人继续按部就班，正常行使各人职权。

平原县令沈震告诉颜真卿，因为很多商人逃亡，损失了很多盐税。最主要的是，各地库存咸盐已经不多了，他们上次去景城收盐，去了十辆马车，却只收了不到三千斤食盐。即便很多人家逃亡外地，这点盐也无法满足供应。

颜真卿命沈震率车队，继续去景城拉盐，徐皓率一百军士一路保护。

第二天一早，沈震等人出发，一百多人马，六辆马车，浩浩荡荡朝着景城出发。

当天傍晚，他们走到平素歇息的客栈中途歇息，众人刚吃完饭，突然从外面涌进一帮挑着担子、推着车子的流民。他们涌进客栈的院子，只是想买点吃的，睡觉的时候，只要求睡在客栈的院子里就行。

客栈老板看这些流民很多是推着老人、挑着孩子的，就答应他们，让他们睡在了院子里。

客栈只有二十多个铺位，徐皓所率一百军士，每次都是五六个人睡一个房间，床上地上都有人。

此时已经到了秋末，晚上冷风肆虐，沈震到院子里打听消息，看到有的小孩子发烧感冒，就让一些军士腾出了屋子，到院子里休息，把房间让给有孩子的妇女。

老百姓感念沈震的善良，告诉他，别往前走了，叛军已经快到景城了。

沈震大惊，与众人商量后，决定大队人马暂且在原地歇息，他派两个机灵军士，骑着快马，前去打探消息。

两天后，打探消息的军士回来，沈震他们也在客栈里遇到了平原郡派出去的细作。细作和打探消息军士的消息完全一致，叛军已经到达景城，准备对景城发起攻击了。细作还告诉沈震，这次叛军兵分两路，一路进攻景城，一路进攻饶阳，饶阳这次恐怕是真的要完了。

沈震等人不敢再往前走，一番商量后，众人掉头，返回了平原。

颜真卿也得到了叛军进攻景城和饶阳的消息，正担心沈震等人的安全，看到沈震带着众人安全归来，颜真卿放下了心。

平原朝外跑的人越来越多，颜真卿命令各处官员，有老百姓外逃，都不要拦阻，家庭实在困难的，要酌情给予帮助，不要让他们在逃难的路上挨饿受冻。

十多天后，饶阳和景城先后陷落，曾经跟着颜真卿一起举义的饶阳太守卢全诚，忠勇不屈，被叛军杀死。

颜真卿得到消息，不由得泪水涟涟。饶阳因为地理位置险要，先后被叛军围攻了半年之久，中间虽有史思明因为嘉山之败退出了一段时间，但是饶阳因此元气大伤，太守卢全诚虽全力挽救，却因为没有援军，最后还是败于叛军之手，卢全诚被杀，饶阳百姓受到屠戮。老天啊，您怎么就不睁开眼，看看苦难的百姓呢?!

景城、乐安、饶阳等郡相继失陷，平原、博平、清河三郡失去屏障，成了叛军的重点进攻目标。景城陷落约一个月后，颜真卿得到情报，史思明手下大将康没野波率两万军马，直奔平原而来。

这个时候的颜真卿经过一番苦思冥想，已经考虑明白了。他不可以坚守城池了，那不是对大唐的忠心，而只是一己之私。李萼说得太对了，如今形势下，死真是太容易了，但是用这不到一千军士守平原，让他们和平原百姓陪着自己一起死，是一种罪过。即便以后朝廷以弃城之名杀了他颜真卿，那他颜真卿起码是救了平原百姓的性命，以他个人的性命，换全城百姓安危，死有何憾?

颜真卿让人召集众官员议事，到了这个时候，众人早就没有了斗志，甚至有些官员害怕颜真卿会固守平原，得知叛军发兵平原后，已经偷偷跑了。

到场的钱穆、张澹、韦宅相等几个人也都局促不安，没有了往日的踌躇满志。

颜真卿向钱穆了解了一下具体情况，让众人先发言。钱穆不说话，张澹提议"暂避锋芒"。

颜真卿叹了一口气，说："叛军势力强大，平原军马已经无法与之对阵，如果我们固守城池，落入叛军之手，只会让叛军高兴，而对国家无益。我准备带领大家投奔新帝，如果朝廷要以败军之罪杀我颜真卿，以激励天下，颜真卿即便死了，也心甘情愿。如果朝廷留下我的性命，让我继续为国效力，我颜真卿必殚精竭虑，辅助朝廷，成就千秋伟业!"

众人听了颜真卿的决定，皆长出一口气。颜真卿命令沈震负责率人安排城中百姓出城避难，安排钱穆等人把城中粮食找地方藏起来，剩下众人安排车马，准备出发。

11. 逃出平原

平原城中百姓虽然出逃了不少，但是大部分依然相信颜真卿，相信他能保护他们，因此防御使沈震带人动员老百姓赶紧出城，有的老百姓不相信这是颜真卿的命令，成群结队来找颜真卿。

韦宅相和颜浑看到这么多人来找颜真卿，害怕了，挡着老百姓，不让他们进官署。颜真卿正在收拾要带走的书籍，听到外面吵闹，从屋里走了出来。衙门外面已经聚集了上百名老百姓，颜浑和韦宅相带着门口的差役，挡在门口，不让他们进去。

颜真卿走出来，问韦宅相："这是怎么回事？"

韦宅相已经急出了一头大汗，说："大人，这些老百姓不知道什么时候跑到了这里，说要找您，我们让他们赶紧回去收拾东西投亲去，他们也不走。"

众人看到颜真卿，也不朝里挤了，都抢着跟颜真卿说话，有个年龄比较大的朝众人挥手，说："颜大人就一张嘴，回答不了这么多人的问话，大家要是同意，我就代替大家，跟颜大人说几句。"

众人纷纷说同意。

老人朝着颜真卿鞠躬，颜真卿忙扶着他："老大哥啊，我认得您，去年修城墙，是您带人运送石头的吧？"

老人抓着颜真卿的手，说："正是老朽。颜大人啊，官府派人让我们收拾东西到乡下投亲去，还说越远越好，我觉得这应该不是颜大人的做法，我们老哥几个商量了一下，就来找您，问个准信儿。"

颜真卿说："老人家，实在是对不住你们了。叛军就要来了，平原现在这点兵马，是抵御不了叛军的。让百姓逃出平原城，是为了不让你们受损失。大家应该听说过，叛军入城后，烧杀抢掠，无恶不作。实在对不住了，颜真卿无能，这点兵马无法守住城池，您赶紧回家收拾东西，到乡下亲戚那儿躲一躲吧。"

老人还是不肯相信："颜大人啊，我们修的城墙这么结实，还有这么多的老百姓，您别看我这把老骨头，打那些造反的反贼，我还能杀几个，这好几万人呢，只要您一招呼，大家一起上，就打不过那么几个反贼?!"

颜真卿苦笑："真的打不过，河间八千守军，都是训练有素的年轻人，都让叛军给打下来了，叛军入城后，杀人无数啊！老人家，您听我的，赶紧回去带着家人躲难去吧，叛军来得很快。您家里肯定有孩子吧？孩子是我们的宝贝，可不能让他们给害了。"

说到孩子，老人叹了口气，说："我有两个孙子呢，都是我的宝贝疙瘩。颜大人，您说得对，为了孩子，我们也得赶紧走。颜大人，您多保重，我们走了。要是这个劫过了，我们平原老百姓，还希望颜大人回来当我们的父母官。"

老人朝着颜真卿鞠躬，颜真卿忙还礼，不由得流出了眼泪。

老人转身，对大家喊："回去吧，颜大人这是为我们着想呢，我们就别为难颜大人了。"

有人喊："我们一起给颜大人鞠个躬吧。"

众人一起站好，朝着颜真卿鞠躬，颜真卿与颜浑等人慌忙还礼。颜真卿对大家喊："各位父老乡亲，大家务必抓紧时间收拾，今天中午之前，一定要出城！"

众人也对颜真卿喊："请颜大人放心！颜大人保重！"

颜真卿对着众人拱手："各位父老乡亲保重！"

百姓走后，颜真卿让钱穆和韦宅相等人分别带人，到城中各处督促、巡查。一是督促还没出城的抓紧时间走，二是防备有人趁机偷盗百姓财物。

一直到下午，太阳开始西斜，剩下的众人纷纷集中到了官署。

李铣报告，库中的粮食和金银财物已经分别藏好；钱穆报告城中百姓已经都出去了，各家各户都锁上了大门，把吃的也都带走了，平原城已经成了一座空城；韦宅相也告诉颜真卿，剩下的官员和家属以及部分军士，也都准备好了，现在可以走了，并且现在康没野波所率叛军，离平原已经只有十里多路了。

颜真卿把收拾好的书籍等物，让韦宅相等人搬上马车。此时韦氏也坐着另一辆马车来到。韦氏跳下马车，抓着颜真卿的手，说："夫君，颎儿还没有回来啊，万一他回来了，我们又不在这里，他怎么能找到我们？"

颜真卿安慰韦氏说："夫人放心，此事我已有安排，请夫人上车吧。"

韦氏怀疑："真的？夫君，您可不能骗我。"

颜真卿强忍哀伤，说："夫人放心，我一定会让颎儿回到你身边。走吧，我们得赶紧走，要是再晚了，不但大家要受牵连，要是我们被叛军抓住，即使颎儿回来，也成了没有爹娘的孩子了。"

说到儿子，韦氏动心了，缓缓走上了马车，颜真卿也上了马车，车夫扬鞭赶车，一行人浩浩荡荡出了城门。

率部攻打平原的将领，是史思明手下大将康没野波。康没野波是史思明手下猛将，当年追随史思明，防守边关，屡立战功。安禄山叛乱后，康没野波与父亲一起，不得不随史思明一起，参加叛乱。但康没野波看到叛军对老百姓大开杀戒，烧杀抢掠，奸淫妇女，对跟随安禄山造反越来越感到后悔。

史思明此番派他攻打平原，而守卫平原的是刚正不阿、天下闻名的颜真卿，这让康没野波非常矛盾。因此他带着军队从景城出发后，一路上走走停停，副将安雄俊不断问他为什么走得这么慢，安是史思明心腹，康没野波怕引起史思明怀疑，不得不加快速度。

他们赶到离平原城只有几里路的时候，前面探子来报，说颜真卿率一部分人从北门出城，朝着黄河边逃跑了。

康没野波让安雄俊带着大军继续朝着平原城进发，他带着一千骑兵，佯装追击。一直追到前面能看到颜真卿的时候，康没野波不让众人追了，说这个颜真卿诡计多端，他特意出现在他们面前，肯定会有埋伏，不能中计。

康没野波派人继续跟踪颜真卿，他则率部返回，进入平原城。

让康没野波长出一口气的是，平原城人走城空，他的军马根本不用杀戮，就拿下了平原城。

第二年，康没野波父子便率部回归朝廷。颜真卿后来还为其父子撰写碑文，并提到康没野波在平原放走他们之事。

平原陷落不久，清河、博平等郡先后被攻下，河北全境落入叛军之手。

第四章

新朝为官

01. 颜真卿在襄阳

因为叛军控制了河北以及洛阳等地,颜真卿想去觐见新帝,也只得绕道南下,经长江到襄阳,再去陕西。

路上,颜真卿曾经谋划到淮南和浙西搬兵,北上平叛,却没人肯发兵,颜真卿无奈,只得一路前行。

来到襄阳后,颜真卿遇到了肃宗派来的宦官将军曹日昇。此时南阳已经被叛军围困半年之久,南阳城中无粮,军心开始不稳,肃宗派曹日昇去南阳慰问众军士,并设法送粮进去。

襄阳离南阳约有三百里路,曹日昇来到襄阳后,想单骑去南阳了解情况,被襄阳太守魏仲犀一再劝阻。魏仲犀与颜真卿有旧,颜真卿一行来到襄阳后,魏仲犀宴请颜真卿等人,也同时请了曹日昇。颜真卿得知曹日昇的境况后,极力劝曹日昇去南阳:"曹将军,现在国家危难,南阳是战略要地,是汉水和长江流域的屏障,大唐失去南阳,叛军南下,江汉不保。现在南阳危在旦夕,坚守南阳的太守鲁炅是一员猛将,如果曹将军能够宣慰南阳,那鲁太守肯定会守住南阳,替圣上争光,曹将军也是大功一件。"

魏仲犀敬了颜真卿一杯酒,问:"颜公认识鲁太守?"

颜真卿点头说:"真卿当年任职陇右,蒙哥舒翰将军高看,曾设宴款待,其时鲁太守尚是哥舒翰将军部下年轻的将领,坐在哥舒翰旁边陪酒。酒过三巡后,我问哥舒翰将军,手下是否有突出的将才,哥舒翰将军就指着鲁太守说,他将来会成为一名节度使。我当时不知鲁太守名字,特意向哥舒翰将军打听。哥舒翰将军告诉我,说他叫鲁炅。我记得很清楚,那天鲁太守还敬了我一杯酒。"

魏仲犀点头，说："哥舒翰将军也是我非常敬重之人，可惜啊，两个月前，他竟然做了安禄山的说客，来说服鲁炅投降，被鲁炅拒绝了，真是此一时彼一时啊！"

颜真卿长叹一声，摆手说："不管如何，哥舒翰将军曾经为大唐立下了不世之功，当初在潼关，如果圣上肯听他的，坚守潼关，那郭子仪和李光弼将军早就把安禄山打回范阳去了。可惜啊！"

曹日昇端起酒杯，与魏仲犀和颜真卿碰杯，一饮而尽，说："颜大人说得有道理，南阳正危急之时，如果我曹日昇能够进入南阳，宣慰成功，南阳多坚守一日，对于大唐来说，就是一日之机会。多谢颜大人高看，曹日昇明日便要进入南阳，把圣上之关心宣告于鲁太守和城中百姓。"

第三天，魏仲犀从守军中挑出十名高手，护卫曹日昇。曹日昇全副武装，手执大刀，率众人趁天微亮，围攻南阳的叛军半醒未醒之际，猛闯敌营，直冲南阳城。叛军看着这风驰电掣一般的十一个人，没等他们从惊讶中醒悟过来，曹日昇他们便冲进了南阳城。

此时的南阳城，已经一点粮食都没有了，甚至出现了吃人肉的现象。曹日昇的到来，给已经绝望的南阳军民带来了希望。曹日昇宣读了圣旨，升鲁炅为特进官、太仆卿。鲁炅请曹日昇等人吃了一顿米糠饭，曹日昇巡视军营，看到军士们吃的草和树皮，不由得泪如雨下，他向鲁炅保证，他马上回到襄阳，设法给守军送来粮食。

曹日昇回到襄阳后，和魏仲犀、颜真卿商量，说要给南阳守军送粮。魏仲犀大惊，连呼不可能，南阳外面都是叛军，给守军送粮，那不是白白送给了叛军吗？曹日昇的提议被魏仲犀否决，没办法，他再次来找颜真卿。

颜真卿听了南阳内守军的情况后，支持曹日昇运粮。他和曹日昇通宵达旦商量对策，觉得唯一的办法，就是能找到一条叛军不知道的小路，从小路偷偷运粮过去。

第二天，两人找到魏仲犀，颜真卿把他们的想法跟魏仲犀说了。魏仲犀大喜，他找了几个熟悉南阳城外情况的士兵，与曹日昇商量运粮路线。最终，曹日昇率领一千运粮大军，从一条几乎看不出形状的小路运粮到城外，城内军队接应，最终把十万斤军粮，安全送进了南阳城守军手里。

颜真卿等人在襄阳住了两个多月，时刻关注南阳的军情。叛军久攻不下，也疲惫了，又开始了围而不打的策略。守军有了粮食，士气大振，奋勇杀敌，又坚守了六个多月，一直到第二年的五月，鲁炅才率五千军士杀出城外，并成功突围。

这期间，发生了几件大事。

一是安禄山之子安庆绪杀了安禄山，自己登上了燕王之位。二是肃宗之弟永王李璘叛乱。永王原受唐玄宗之命经略南方，唐玄宗逃离长安时，永王随驾，马嵬驿兵变后，唐玄宗南下，时任太子李亨北上，李璘奉唐玄宗之命，跑到了襄阳。

他在襄阳住了两个月后，又从襄阳来到江陵招兵买马。当时江淮地区所征收的租赋都积聚于江陵，非常富足，李璘手握四道重兵，疆土数千里，觉得自己应该占据金陵，保有江东，像东晋王朝那样占据一方。唐肃宗得知李璘方面内情，下敕让李璘前往蜀地朝见唐玄宗，李璘不听。

江陵长史李岘明白李璘心思，以有病为名辞别李璘觐见唐肃宗，唐肃宗召来高适与他一同商讨后，设置并任命高适为淮南节度使，管辖广陵等十二郡。又设置淮南西道节度使，管辖汝南等五郡，任命来瑱为节度使，让他们与江东节度使韦陟共同对付李璘。

李璘则与众谋士商量后，于十二月率部沿江而下，欲夺取金陵，却被高适等人所率唐军打败，在逃亡途中，被江西采访使皇甫侁率部追上并射死。颜真卿等人遥知此事，却无法干预，只能干着急，好在永王之乱很快被平息。

值得一提的是，大诗人李白也参与了永王之乱。永王率水军东下，途经庐山，三请李白下山。李白认为由此可辅佐君王，平定叛乱，成就千秋霸业，很是兴奋，并作诗一首：

三川北虏乱如麻，四海南奔似永嘉。

但用东山谢安石，为君谈笑净胡沙。

李白把永王比作东晋开国之主，却枉顾肃宗已经称帝并得到唐玄宗承认的事实。当时效忠大唐的官宦大夫已效忠于肃宗，从道义上来说，肃宗已为唐朝新皇，永王起兵，就是叛乱，李白空有壮阔情怀，却没有看透这一层，还盼望着辅助永王平定叛乱呢。永王兵败后，李白被判流放夜郎，行至白帝城，突然接到肃宗的敕书，李白喜极而泣，遂有了那首著名的《早发白帝城》：

朝辞白帝彩云间，千里江陵一日还。
两岸猿声啼不住，轻舟已过万重山。

第四章　新朝为官

02. 拜见新帝

颜真卿在襄阳，还听到了李光弼在太原大败史思明的消息。

李光弼在灵武觐见新帝后，被加封户部尚书、同中书门下平章事，仍任节度使之职，并特加其为北都太原留守。此后，李光弼奉命由灵武率军五千赴太原，继续征讨叛军。

至德二载（757年）正月，叛军史思明、蔡希德等发兵十万进攻太原，并企图占领太原后，由北道夺取灵武。

其时，李光弼手下主力只有不到一万人。这一万人中，有从井陉带来的五千人，太原的几千守城人马，老弱病残居多，战斗力低下。听说史思明率部进攻太原，李光弼手下将领都提议赶紧修筑城墙。

李光弼却明白，现在时间紧急，修筑城墙已经晚了。他让众人多准备滚木礌石，做好防守准备，同时加紧训练军士。

史思明和蔡希德率大军十万把太原围住，开始攻城。史思明知道李光弼不好对付，所以并没有全力强攻，而是采取了长久围困的战略，这给了李光弼施展谋略的机会。他一面进行防御，一面派人从城中挖地道通到城外，亲自率领敢死队在夜晚冲到敌营中放火，突袭叛军。这让叛军不胜其扰，不得不退后十里安营扎寨。

李光弼尝到了用地道突袭的好处，在城中大量召集挖煤窑的窑工，让他们协助挖地道，并很准确地把地道挖进了史思明的大营。经过一番准备后，李光弼率精锐趁夜从地道冲出，在叛军大营中心猛冲猛打，叛军大乱。城中大军趁机冲出，一番冲杀后，叛军不得不后退，此役李光弼杀敌一万，俘虏两千余人。

史思明正要组织再次进攻，突然得知安庆绪杀父自立之事，史思明害怕引起兵变，遂退兵范阳，让蔡希德等人继续围攻太原。

安禄山之死，在叛军中引起了分裂。叛军中的很多胡人部族都是因为安禄山才跟着叛乱的，安禄山的死，让这些胡人突然觉得有麻烦了，很多部族想撤兵。蔡希德每天要处理这些胡人的闹腾，疲惫不堪，加上他本人也不知道伪朝廷内部会有什么变动，根本就没心思进攻太原了。

这让李光弼看到了转机，经过一番准备后，二月中旬，李光弼率屡建奇功的敢死队冲锋在前，大军在后，朝着乱哄哄的叛军发起了突袭。叛军根本没想到李光弼会突然朝他们发起进攻，毫无准备，也毫无斗志，李光弼的大军在叛军中如入无人之境，横冲直撞，杀人如切菜。这一役，一万多军队，竟然斩杀叛军七万余，缴获大批军械。

李光弼乘胜追击，先后打败了清夷、横野、大横关一带的叛军。战后，李光弼转拜检校司徒。胜利消息传到灵武，肃宗下诏奖赏李光弼，加他为司空兼兵部尚书。

颜真卿听到这消息，大喜。

至德二载（757年）二月，颜真卿离开了襄阳，沿汉水朝西北出发，行至武当时，遇到了肃宗派来的使者，肃宗下诏，封颜真卿为宪部尚书。

颜真卿接到任命，诚惶诚恐。这一路上，离肃宗越近，颜真卿越有一种惶恐的感觉。他觉得自己平原举义，最终却没有保住平原，是自己之过，因此他觉得自己应该受罚而不是升官，因此思虑两天之后，很慎重地给肃宗上表，自请罚罪贬官，表中说："陛下纵含宏善贷，不忍明刑，在臣腼冒至深，胡颜自处？臣忝为大臣，系国休戚。损臣益国，臣受其益；损国益臣，臣受其损。若受任失守，还朝屡迁，示国无刑，于臣大损。非敢外饰，实披至诚。"

颜真卿是很真诚的，而且他是真的在以自己为例，期望圣上能明正刑罚。在他看来，自己最终没能保住平原城，是自己的罪过。圣上应该降官问罪，这样对国家是有益的，国家受益，自己作为国家一员，最终也会受益。而给自己升官，是损害了国家的利益，损害了国家的利益，最终也会损害自己作为国家之一员的利益。自己没有保住平原，还被朝廷升迁，对于一个国家来说，损害了法度之威严，对于臣子来说，也并非是件好事。

应该说，颜真卿在平原举义，牵制了叛军的兵力，迟滞了叛军的进军时间，为最终大唐平叛争取了时间，平原举义的意义，怎么说都不为过。

颜真卿当年是凭着一腔忠勇率部起义的，如果唐玄宗没有逼迫哥舒翰兵出潼关，加上郭子仪和李光弼已经打通了河北大部，很多郡县纷纷响应，那时候颜真卿再如李萼所谋划，率部西出孟津，据守黄河沿岸，给叛军再唱一唱紧箍咒，那颜真卿举义的意义就会更加重大。潼关失守后，郭子仪和李光弼率部觐见新皇，河北没有了唐军主力，史思明则率叛军精锐横行河北，颜真卿放弃平原，减少了平原百姓的损失，是理智之举。

肃宗登基时，满朝文武不到三十人。肃宗以郭子仪为兵部尚书，主管军事；李光弼为户部尚书，主管民政。颜真卿到达肃宗所在地陕西凤翔后，觐见肃宗皇帝，又被封为御史大夫之职，负责"掌持国刑宪典章，以肃正朝廷"。

此时，郭子仪已被封为司空、关内河东副元帅，率军进攻长安，在长安西清渠，遇到前来阻击的叛将安守忠。安守忠是安禄山手下猛将，善打硬仗。他得知郭子仪进攻长安后，率部早早来到长安西约三十里的清渠，以逸待劳，等待郭子仪。

郭子仪大军来到，安守忠突然率部杀出。唐军没有准备，大败，郭子仪聚集余部，退守武功（今陕西武功西北）。在武功驻下后，郭子仪上表请罪，请求降职。肃宗与颜真卿等人商量，把郭子仪降为左仆射，仍兼同平章事，其余职务不变。

03. 整肃朝政

颜真卿来到凤翔后，看到肃宗身边的大臣们很多都身兼数职，并且贪污腐化，尸位素餐。

这让颜真卿对这些大臣非常厌恶，对肃宗也不免有些失望。

肃宗再次加封他为御史，颜真卿上谢表："近日朝列之内，或有身兼数官，苟贪利权，多致颠覆，害政非一，妨贤实多……"颜真卿表示不愿效仿朝中风气，请求免去一职。肃宗没有同意，让颜真卿"……再造区夏，藉卿以振朝纲"。

颜真卿无奈，只得挑起重担，整顿朝纲。

大臣们也许觉得自己是玄宗时代的老臣，对肃宗上朝很是有些不当回事。上朝的时候站立无相，言语也不甚恭敬，颜真卿决心从根本上整治朝政。

他抓住的第一件事，是中书舍人崔漪酒醉上朝之事。颜真卿此前就知道，这个崔漪好酒，多次酒后上朝，放浪形骸。因为两人是老友，颜真卿被封为御史之后，特意拜访过崔漪，让他以后注意，崔漪也答应了。但是这个崔漪还是没有把颜真卿的话当回事，不久之后，他又喝得趔趔趄趄地上朝了，还在朝堂之上胡言乱语，不成体统。

颜真卿当即出班弹劾，上奏请求处罚崔漪，肃宗当即下旨，降崔漪为右庶子。崔漪醒酒后后悔，找颜真卿哭诉，可惜已经晚了。

谏议大夫李何忌更是百无禁忌，不孝父母，在朝堂之上言语放肆，简直不成体统。颜真卿弹劾后，肃宗将之降为西平郡司马，回家思过。

颜真卿敢于直言，铁骨铮铮，朝堂得以整肃，他却因此得罪了不少人，包括当朝宰相房琯。

房琯是前朝正谏大夫房融之子，前朝时原为刑部侍郎。当年唐玄宗逃出长安，房琯得知后，与张均、张垍兄弟连夜追赶。到达长安城南十数里的山寺时，张均兄弟因家眷还留在城中，不肯继续前行，只有房琯独自继续追赶。七月，房琯在普安郡追上唐玄宗，唐玄宗感念其忠心，当日便封他为文部（吏部）尚书、同中书门下平章事，成为宰相。到达成都后，又加银青光禄大夫。太子李亨在灵武称帝后，遣使入蜀通报唐玄宗，唐玄宗退位为太上皇，命房琯与左相韦见素、门下侍郎崔涣前往灵武，正式册封唐肃宗为皇帝。房琯拜见唐肃宗后，陈述玄宗让位之意，并建言当前形势，言辞慷慨。唐肃宗认为房琯素有盛名，仍封其为宰相，对他倾心相待。

房琯自恃有才，上表肃宗，请求亲自率军收复两京。唐肃宗便任命他为持节、招讨西京兼防御蒲潼两关兵马节度使，让他与郭子仪、李光弼等大将一同征讨叛军，并同意他自己选择幕僚。

房琯率部出征，采用春秋时期车战之法，以牛车两千乘进攻叛军，马步军护卫。叛军顺着风势，扬尘纵火，唐军大败，人畜相杂，死伤多达四万，仅有数千人逃出。此后，房琯又率南军与叛军交战，再次大败，房琯只得逃回行在，向唐肃宗肉袒请罪。唐肃宗饶恕了他的罪责，仍像以前一样待他，让他召集散溃的士兵，再图进取。房琯有名士之风，常称病不朝，与一众文人名士，高谈阔论，谈佛论道，很多人因此对他不满。

此后，北海太守贺兰进明从河南入朝觐见，被任命为南海太守，代理御史大夫。

贺兰进明入宫谢恩，唐肃宗听他自称代理御史大夫，很是有些纳闷，就问他："朕让房琯授你为正职大夫，怎么成了代理了呢？"

贺兰进明正对房琯有气，因此说道："房琯与臣有罅隙，才有今日之事。"

唐肃宗没说话。

贺兰进明察言观色，觉得唐肃宗对房琯似乎不满意，就趁机进言道："陛下，臣有一言，不知是否该说？"

唐肃宗说："讲。"

贺兰进明说："昔日，西晋任用王衍为宰相，崇尚浮华，以致中原沦丧。陛下中兴社稷，应任用贤才。房琯生性虚浮，好说大话，不是宰相之才。而且房琯在成都辅佐太上皇时，让诸王掌兵权，居重藩，却把陛下安置在边鄙之地，这是对陛下的不忠。他还安排自己的党羽，掌握军队，这哪里是肯为陛下尽忠呢？"

贺兰进明的话让唐肃宗从此对房琯有了戒心，开始疏远他。

李何忌放浪形骸，却与房琯经常一起高谈阔论，因此颜真卿弹劾李何忌时，房琯出列替李何忌说话，说他在朝廷之上行为失当，是因为家中有事，喝了点酒所致。房琯有个门客，名叫董庭兰。董庭兰会弹琴，颇得房琯赏识，董庭兰也借此而弄权谋利。后来，御史台弹劾董庭兰，房琯入朝自诉，替董庭兰说情，被唐肃宗怒斥。几日后，唐玄宗下旨，将房琯贬为太子少师，兼任散官。

著名诗人杜甫从长安来到凤翔，被肃宗封为谏官左拾遗。杜甫与房琯素有深交，并且觉得房琯才干过人，上书肃宗，替房琯说情。肃宗觉得杜甫上书荒诞愚昧，非常不高兴，下诏宪部、大理寺、御史台三司推问杜甫。

御史大夫韦陟上奏，认为杜甫不失谏臣大体，不宜三司推问。新任宰相张镐也说若罪罚杜甫，是杜绝言路。肃宗问颜真卿意见，颜真卿爱惜杜甫之才，也建议此事不要追问，杜甫因此免受责罚。

杜甫被免推问后，上书谢恩，略略为自己辩解，认为自己是尽谏官之责。唐朝一众诗人中，杜甫诗文多涉及时事，针砭时弊，对朝廷也多有微词，与颜真卿皆属忧国忧民之人，两人却显然没有很多的交往，此是一憾。

04. 张通幽见颜真卿

让颜真卿没有想到的是，张通幽突然在一天夜里带着礼品来到颜府。

张通幽在新朝任职，颜真卿听人说过，但是他来到凤翔后，这个张通幽一直没有露面，也没有上朝，两人也没有碰过面。

颜真卿已经从侄子颜泉明口中得知了张通幽所做之事。让颜真卿惊讶的是，张通幽当年在常山，不过是兄长颜杲卿帐下的一名小吏，名不见经传，现在他竟然通过出卖颜杲卿而身居要职，这让颜真卿感到气愤难平。

颜真卿把张通幽的拜帖扔在一边，不想见他。

侄子颜浑说："叔父，我倒是觉得您应该见一见他，看他怎么说。况且他来到颜家，如果不见，于礼于情都有些不妥。"

颜真卿长出一口气，说："让他进来吧。"

颜浑出去，一会儿便带着张通幽走进了颜真卿家的客厅。

张通幽看到颜真卿，纳头便拜："张通幽见过御史大人！"

颜真卿本来想坐着不动，但是他终究是一个极为讲究礼道之人，看到张通幽如此恭敬，还是站起来，拱手还礼："张大人客气了，请坐吧。"

张通幽从跟着的下人手里接过一个礼盒，说："颜大人，通幽曾经是令兄颜杲卿大人手下一名小吏，与颜杲卿大人感情深厚，此番见到颜大人，让通幽真是如见亲人，这点东西不成敬意，请颜大人不要嫌弃。"

颜真卿早就听人说过，这个张通幽极会察言观色，会送礼，且出手大方。颜真卿不知道张通幽送礼的钱是从哪儿来的，但是看他手中的礼盒颜真卿就知道，他给自己送的东西应该也是价值不菲。

颜真卿笑了笑，说："张大人应该不是第一次跟颜家人打交道吧？颜家家规是不许收礼的，莫非当年我兄长收过张大人的礼？"

张通幽拱手说："颜家清规，下官敬服至极。这只是下官对颜大人的一点恭敬之情，请颜大人不要生气。"

颜真卿指了指旁边的椅子，说："张大人请坐吧。"

张通幽在椅子上坐下，颜浑给他倒了一杯茶水，颜真卿说："听说张大人早就到了凤翔，我很有些佩服，张大人对圣上倒是很忠心啊。"

张通幽赶紧说："下官当年受颜杲卿大人所托，进京禀奏常山抗敌情形，却没等到在下回去，常山便陷落，颜大人被叛军所杀。没办法，下官只能在长安打发时日，后来潼关失守，圣上出走蜀地，新皇在灵武登基，我便马不停蹄一路赶来。现在叛军颓势已现，大唐振兴在即，只可惜颜杲卿大人无缘看到，下官每每念及此，都忍不住要落泪。"

颜真卿看着张通幽假惺惺的表情，感到非常厌恶，说："我长兄为人正直，为官清廉，非一般人所能及。张大人，你贪夜见我，不知所为何事？"

张通幽忙拱手说："下官求见大人，只是因为素仰大人之高德，早就有拜见之渴念，幸亏老天有眼，让下官在凤翔遇到了大人，因此冒昧求见，并无他意。"

颜真卿点头，说："张大人，当年长兄一心抗敌，不幸遇难，我听说了一些张大人与王承业大人的苟且之事，不知张大人作何解释？"

张通幽听颜真卿提到此事，忙从椅子上站起来，跪倒在地："颜大人啊，其实在下来拜见大人，也想趁机会把此事向大人说个清楚。当年我受颜杲卿大人所托，与颜公子和贾大人一起去长安拜见圣上，途经太原，王承业让我们把颜大人的奏折给他，他说他会把奏折送给圣上，让我们回去协助颜大人守城。我坚持要与王承业大人同去，是因为我长兄在安禄山手下为官，受其胁迫谋反，我与我长兄早就断绝来往，求圣上原谅。颜大人，有人说我是与王承业大人一起，窃取了颜杲卿大人的功绩，此事真是冤枉啊！我们到了太原后，王承业大人说他替我们把奏折上交给圣上，我们就把颜大人写的奏折给了王大人，下官再也没有看到奏折啊！"

颜真卿说："王承业大人的官职被免，此后暴病而亡，此事张大人知道吧？"

张通幽点头，说："在下知道。当年常山被围，颜大人派人向王承业求救，王承业不肯发兵救援，此事甚为恶劣。下官与王大人略有交往，却无深交，下官到长安之后，与王大人再无来往，请颜大人详查。"

颜真卿说："当年王大人与张大人见到了圣上，是怎么跟圣上说的，奏折上说了什么，现在只有太上皇知道，等我们见到了太上皇，此事自有分晓。不过张大人，我侄子颜泉明这几日会来凤翔，等他到来之后，必然会求见圣上，到那个时候，张大人有什么话，可跟圣上好好说道说道。"

张通幽听说颜泉明要来凤翔，脸都绿了："颜大人，贵侄虽然聪明灵慧，却……却年少气盛，难免受歹人蛊惑，颜大人，您在颜家可是德高望重，您千万劝住贵侄子，不要让他在圣上面前乱说一通啊。"

颜真卿冷冷地笑了笑，说："张大人，无论是给圣上送奏折，还是王承业见死不救，颜泉明都是亲身经历过，不让他说话，难道让我说话不成？当今圣上圣明聪敏，明辨是非，何况朝堂之上，诸位大人都在，到底是怎么回事，既非我侄子可以一手遮天，也非张大人一家之言。张大人既然口口声声说自己是清白的，那就索性来个对簿公堂，既堵住了诸位大人的嘴，也让这桩公案有个了结，这有何不可呢？"

张通幽知道自己再也无话可说了，他强自镇定坐了一会儿，便站起来向颜真卿告辞。

颜真卿让颜浑替他送客，他坐在椅子上继续喝茶。一会儿，颜浑回来，对颜真卿说："叔父，我看张通幽肯定是做了对不起我大伯之事。"

颜真卿点了点头，说："天理昭昭。这个张通幽，也应该有个报应了。"

05. 朝堂对质

几天后颜泉明果然带着一名壮汉，来到凤翔。一年多不见，颜泉明又黑又瘦，穿着一身旧衣服，一脸的憔悴，跟昔日风流倜傥的颜家公子形象判若两人。颜真卿见到了兄长仅剩的唯一子嗣，不由得双眼泪流。

颜泉明走过万水千山，终于见到了叔父，也是忍不住委屈，抱着叔父就哭了起来。韦氏过来，见到了落难的颜泉明，由此想到了自己的儿子，也不由得落下了眼泪，忙扭过头去。

颜浑过来拍了拍颜泉明的肩膀，说："大哥，您走了这么远的路，肯定也累了，您坐一坐，我给您倒水喝。"

颜泉明抬头，看到婶娘，忙跪倒给婶娘磕头。

韦氏擦了擦眼泪，把颜泉明扶起来，说："孩子，到了这儿，你就是到家了，你先喝茶，我让人给你做饭去。"

韦氏转身走了，颜真卿问跟颜泉明一起进来的壮汉："这位先生，请问您是……"

颜泉明忙说："叔父，忘了给您介绍了，他是曾经在太原救了我和贾深的王承业手下部将翟乔。当年他放了我和贾深，怕王承业知道内情后害他，跑回了老家。我在洛阳找到我父亲的尸骨，把他埋了后，我又跑到太原找到翟大哥，让他跟我一起来到了凤翔。"

颜真卿听颜泉明说完，突然就朝着翟乔跪了下去。颜真卿的这一动作，吓了翟乔和颜泉明等人一跳。翟乔连连后退："这……这……"

颜泉明和颜浑要扶颜真卿，颜真卿正色说："这位英雄救了颜家人，给我大哥留了个根，我代表我大哥要感谢人家，你们两个靠后。"

颜泉明说:"叔父,您现在可是堂堂御史,他不过是一个……"

颜真卿恼了:"泉明,你怎么这么讲话?! 御史如何? 御史就不讲恩义了?! 他对颜家有恩,我颜真卿官再大,也要跪拜恩公!"

翟乔忙过来扶颜真卿:"颜大人,我翟乔早就知道您是个好人,颜杲卿大人也是个好人。否则,当年我也不会冒着掉脑袋的风险救他们。您别这样,您要是这样,我翟乔就无地自容了! 我救人,不是为着让您如何感激我,我就是凭着做人的良心。"

翟乔把颜真卿拉起来,颜真卿再次鞠躬致谢后,让家人炒菜温酒,为颜泉明和翟乔接风洗尘。

颜真卿把关于颜杲卿和张通幽、王承业之间的所有事情都详细了解清楚之后,用三天时间,写了一份奏折。

上朝之时,颜真卿把当年颜杲卿如何与自己结盟举义,如何用计杀了李钦凑,如何派人去送奏折和叛将何千年、高邈,如何被王承业和张通幽抢功,王承业和张通幽如何合谋派翟乔杀人等事,于朝堂之上,当着百官之面说与肃宗。

讲到悲痛处,颜真卿涕泪滂沱,哽咽难言,一众大臣,如闻惊雷。

在肃宗以及一众大臣的脑子里,李钦凑和高邈是被王承业和张通幽设计杀了的,当年拿下土门,是王承业的功劳,这怎么突然成了颜杲卿的功劳? 如此说来,王承业不但有抢功欺骗君主之罪,还竟然拥兵不救,使得颜杲卿一家三十余口和常山一众官员死于非命,这种惊天大变,实在是太出乎众人所料了。

颜真卿讲完,张通幽马上出来反驳:"陛下,颜大人信口开河,污蔑下官,请陛下为下官做主啊!"

张通幽能言善辩,处事果断,很受肃宗喜欢和信任。但是颜真卿的威望,那是朝野皆知,无论是肃宗还是一众大臣,都很明白,颜真卿不可能说假话,他既然能在朝堂之上说出来,那肯定是做了一番调查,确定了真相的。

不过这个资历尚浅的肃宗,对颜真卿还是有些微词的。颜真卿来到凤翔后,肃宗本来想好好用他,压制一些老臣,在自己和玄宗暗中博弈时,颜真卿能偏向自己一些。但是让他失望的是,这个颜真卿刻板而固执,严守中立,甚至偏向已经是太上皇的玄宗。

肃宗为此很是不解，玄宗当政时，颜真卿不过是一个名不见经传，玄宗皇帝都不记得他模样的平原太守，即便后来封他为河北采访使，也不过是为了让他替大唐卖命而已。颜真卿到了凤翔后，他这个当朝皇帝不但没有追究他弃城的罪责，反而给他连连加官晋爵，两下相比，他应该对自己感恩戴德，然而，在几次或大或小涉及玄宗利益的事件上，颜真卿都严守中立，丝毫没有偏向自己，如此倔强无情之人，肃宗还是第一次见到。

　　因此，从肃宗这方面来说，他还是有些偏向张通幽的。

　　肃宗说："张通幽，你有什么话尽管说。但是如果你敢欺君罔上，朕今天即便想饶了你，恐怕也无法说服诸位爱卿。你自己掂量着说吧。"

　　张通幽拱手说："陛下，颜杲卿大人惨死，我作为颜大人的属下，也非常悲伤。但是，叛军围攻常山，颜杲卿大人求王承业大人发兵，王承业按兵不动，此事跟下官毫无关系啊！下官当时身在长安，根本就没在平原，此事请圣上明察。"

　　颜真卿说："张大人，此事确实与你没有关系。但是我长兄夺回土门，杀了李钦凑，此事明明是我长兄之功，为何奏表上却是王承业和你谋划夺取了土门，杀了李钦凑?！"

　　张通幽说："颜大人，此事与下官无关啊！下官当年只是颜大人的部下，颜大人让我与颜泉明和贾深一起到长安送奏疏，到了太原后，王承业大人说奏疏他负责送往长安即可，让我们一起回去。在下因为哥哥在叛贼安禄山处为官，想向圣上说明，下官早就与哥哥断绝了来往，因此才恳请王大人，让我也随他一起进京面圣。至于奏疏之事，在下也很惶惑，但是其中内情，在下实在是不知道啊！"

　　颜真卿问："那何千年死在何处？王承业为何杀何千年？你敢说你不知道吗?"

　　张通幽脸上冒汗了："这个……这个……王承业当时手握大权，我一个小小的内丞，不敢违背其意……"

　　颜真卿冷笑一声："张大人，那与王承业合谋杀害颜季明和贾深之事，张大人是否参与过?！"

　　颜真卿话音刚落，肃宗惊讶不已："还有此事?！"

　　张通幽强辩说："此事跟下官没有关系，下官也不知道有此事。并且据下官所知，颜泉明活得好好的，要是王承业想杀他，他能逃出去吗？"

颜真卿愤怒了："张通幽，你竟然还不知悔改！没错，颜泉明还活着，贾深也是后来常山城破而亡。他们没有死在王承业和你的手里，是因为你和王承业派出的杀手还有良心，他放了颜泉明！"

张通幽大惊："不！我从来不认识什么杀手！王承业高高在上，我怎么能与他一起派人追杀颜泉明他们！陛下，颜大人这是摆明了要害老臣啊，您可要为老臣做主啊！"

肃宗对颜真卿说："颜爱卿，张大人言之有理啊，他和王承业派杀手杀人，你怎么会知道？此话有些荒谬。"

颜真卿说："陛下，此事还真不荒谬。当年张大人和王承业所派之人，现在就在臣家中，他叫翟乔，原为王承业心腹。臣下的侄子颜泉明为了替其父申冤，找到了此人，把他带到了凤翔。"

肃宗说："既如此，那就把此人带上朝堂，朕要亲自过问此事。"

颜真卿上朝之前，就让颜泉明和翟乔做好了面圣的准备。肃宗派人来到颜府，两人迅速跟着来人进入了朝廷大堂。

06. 新朝的困境

颜泉明和翟乔来到朝廷大堂，两人按照颜真卿教给他们的规矩，磕头山呼万岁。

张通幽做梦都没有想到，颜泉明和翟乔竟然来到了凤翔。看到翟乔的时候，张通幽就知道，自己这次是完蛋了。当年千不该万不该，他不该在王承业派人去杀颜泉明的时候，还跟着王承业见了翟乔一面。

他跪在地上，闭着眼，一言不发。

肃宗问两人："你们两人可是颜泉明、翟乔？"

两人皆答应。

肃宗问："翟乔，你在王承业手下任何职务，王承业为何让你追杀颜泉明，从实说来。"

翟乔磕头："小民翟乔，原为王承业大人手下宣节校尉，王大人让我带人追杀颜泉明和贾深，据王大人说，是他们两个违逆王大人命令，有投敌嫌疑。在下曾经去过常山，见过颜杲卿大人和颜泉明，知道两人为人，因此设法救下了他们。后来得知，这两人根本没有违逆王大人命令之事。小民所言，句句是真，不敢撒谎，请陛下明鉴。"

肃宗点头，问："你认识张通幽否？"

翟乔说："王承业大人给我下命令时，张通幽大人也在。小民也是在那时候才认识的张大人。"

肃宗问："那你看看，哪位是张通幽张大人。"

翟乔指着旁边的张通幽，说："这位就是张大人。"

肃宗长出一口气，恨恨地问："张通幽，你还有什么话说?!"

张通幽磕头如捣蒜：“陛下开恩，这些事都是王承业逼着微臣做的啊！微臣是被逼无奈，不敢不如此啊！求陛下给微臣一个改过的机会，陛下……”

肃宗怒斥："张通幽！你作为朝廷命臣，竟敢与他人沆瀣一气，谋杀朝廷臣子，欺君罔上。张通幽，你该当何罪?!"

张通幽不敢说话了，只是一边磕头一边哭求圣上原谅。

看到圣上只是呵斥，张通幽心中明白，圣上是不想杀自己的，但是因为有颜真卿在，圣上现在没有办法饶了自己。

张通幽又跪着爬到颜真卿面前，哭求："颜大人，您大人大量，您就替下官说句好话吧！下官当年做了那些缺德的事，都是王承业逼的啊，颜大人，您大人有大德，就替我说句话吧。"

颜真卿不说话。张通幽又爬到颜泉明面前哭求："颜公子，我当年可真是被逼无奈的啊！王承业要抢功，我也不敢说个'不'字啊，我软弱无能啊，我现在后悔死了。不过后来他见死不救，可是跟我一点关系都没有啊，颜公子，您年少有为，前途无量，您就替我说句好话吧！"

颜泉明怒斥道："张通幽，你当年和王承业谋划抢土门之功，谋杀我和贾深之时，怎么就没有想到今日?! 要是我当年被翟乔杀了，你还会后悔吗?!"

张通幽无话可说，只是苦苦哀求。

这个时候，肃宗说话了："张通幽听旨！"

张通幽朝着肃宗磕头："微臣在!"

肃宗说："与王承业沆瀣一气，抢他人之功，欺君罔上，本该杀一儆百，今念你对朕忠心耿耿，来到凤翔后，也算有些功劳，况此事主因是王承业，故此朕贬你为普安太守，五日内离京赴任。"

张通幽仆地拜谢："臣谢主隆恩！"

颜真卿跪拜磕头："陛下，欺君之罪可是大罪，怎可如此轻判?!"

肃宗说："颜杲卿之死，是因为叛军破城，与张通幽没有太大的关系。刚刚朕也说了，此事主因是王承业，王承业已暴毙，朕也无法再判其罪。新朝正是用人之际，颜爱卿，朕劝你不要只盯着一家之恩怨，新朝百废待兴，缺乏人才，你是当朝老臣，要以大局为重。"

颜真卿知道再说无益，只得磕头退下。

颜泉明千里迢迢，要为父亲报仇，却没有想到，圣上只是把张通幽的官贬了贬。

颜真卿的二哥颜允南在朝中任司封郎中一职，弟弟颜允臧任监察御史。三兄弟一起讨论此事，颜允南说："张通幽之事，已经是前朝之事。大哥颜杲卿的奏折，也是写给太上皇，现在新朝与前朝关系微妙，圣上只想拉拢臣子，设法压太上皇一头，张通幽在前朝，连太上皇的面都见不到，新君却对他非常器重，其中缘由，除了张通幽会溜须拍马之外，也是有做给太上皇看的意思。不过你放心，圣上表面文章还是要做的，张通幽之事发生在前朝，圣上肯定会把此事具表上奏太上皇，此事最终如何处理，要看太上皇的。"

颜真卿有些沮丧，对玄宗并无太大信心："圣上庇护张通幽，实在是让我始料未及。我想不明白，这个张通幽是个佞臣，圣上却庇护他，如此做法，会伤了忠臣之心啊！"

颜允臧说："圣上这是在利用此事树威呢。他要的不是对错，不是人心，而是要借此事立威。圣上自在灵武即位，如今尚无功绩。况且这圣上非正常继位，心中尚有忧虑，为了给自己壮胆，必然会做一些违背常理之事。二哥说得对，此事最终如何，要看太上皇的。"

颜真卿仔细一想，觉得二哥和弟弟说得很有道理，就暂且放下了此事，将希望寄托在了玄宗身上。

此时，安史之乱已经进入了白热化阶段。安禄山军队在拿下了河北等地后，唐军也开始谋划反击。双方的攻防，进入了胶着状态。与肃宗和朝中诸臣一样，颜真卿最为关注的，依然是平定叛乱。

这段时间里，大唐出了一名智勇双全的地方官员，这名官员叫张巡，他奇迹般地用几千人马，竟然挡住了安禄山手下大将尹子奇的十几万大军十个月之久。

07. 张巡守睢阳

张巡原为河南真源县县令，为官清廉，爱民如子，深受百姓欢迎。

安史之乱后，真源县隶属谯郡太守杨万石投降叛军，并命张巡为长史，向西接应叛军将领张通晤。张巡忠于朝廷，不肯屈膝投降，率吏民哭祭于真源玄元皇帝祠，然后毅然起兵对抗燕军，响应者有千余人，张巡手下只有三班衙役，因此这千余人大都是平民百姓。

山东单县县尉贾贲，领一千余兵士至雍丘与张巡会合，两处共计两千余军士。

离真源县不远的雍丘县令令狐潮已经率全县投降叛军，叛军任令狐潮为军将，率兵向东驰援襄邑。令狐潮率雍丘之军击败在襄邑的淮阳军，俘虏了百余官兵，并将他们囚禁在雍丘。令狐潮得此胜仗，喜不自胜，先去拜见燕军大将李庭望，让李庭望为其报功。被囚在雍丘的淮阳军士推测令狐潮会杀他们，以向安禄山请功，他们索性设计杀了守卫，从囚禁处逃了出来，与雍丘守军杀在一处。此事被张巡派往雍丘打听情况的细作得知，细作将此事报给张巡，张巡与贾贲略一商量，两人各率本部军马，分别攻打两处城门。雍丘守军正与淮阳军士交战，守卫城门的没有几个人，两人轻松得手，攻进了城门，与淮阳兵里应外合，拿下了雍丘。

雍丘城墙高大结实，张巡收编了淮阳兵，整顿兵马，分兵把守雍丘各处，在雍丘驻扎下来。

令狐潮不肯放弃雍丘，唐肃宗至德元载（756年）二月，令狐潮又率一万五千叛军杀回来，意图夺回雍丘。雍丘城内唐军总共不过三千余人，贾贲率一千多军士出战，企图以一己之勇，斩杀敌将，然后发起冲锋。

令狐潮知道贾贲勇猛，没派大将与之交锋，而是直接率一万军士掩杀过来。贾贲所率的一千多士兵，看到黑压压的一片人马，先慌了，转身朝后跑。贾贲拦挡，却怎么能拦挡得住？令狐潮的军队杀过来，贾贲率几个心腹挥刀杀敌，怎奈寡不敌众，贾贲与众军士战死。

此战失利，加上叛军势大，雍丘守军一片惊慌。张巡听人报告，手下军士有人暗中商量，要开城门投降。张巡与手下将军商量，他们必须要设法稳定军心，否则雍丘必失。将领们同意张巡的意见，决定放手一搏。

张巡选了五百勇士，一番激励后，众人皆喝一碗大酒，半夜出城突袭敌军。张巡挥舞大刀，冲在最前面。这五百人冲入敌阵，酣睡中的叛军仓促迎敌，却无法拦挡这五百虎狼之士。张巡带着五百军士在敌营中杀了一个来回，又率部返回城中。此战，张巡等人杀敌两千余人，张巡所率五百人仅仅损失十一人。回来之后发现，张巡身上多处受伤，血染战袍。此战鼓起了守城军士的信心，兵士们推张巡为主将，从此张巡兼领贾贲所剩军士，自称河南都知兵马使吴王李祗的先锋使。

雍丘守军在张巡指挥下，击退叛军多次冲锋，累计杀伤近万人。面对唐军的抵抗，令狐潮不得已退兵。

玄宗任命吴王李祗为灵昌（今河南滑县东）太守，河南都知兵马使，统合河南兵马以抗击安禄山，吴王李祗听说张巡之事后，举荐张巡为委巡院经略。

此时，叛军突发巨变。安禄山患有眼疾，自起兵以来，视力渐渐减退，最后终于双目失明，看不见任何物体。安禄山还患有疽病，性情变得格外暴躁，对左右侍从稍不如意，非打即骂，稍有过失，便行杀戮。他称帝后，常居深宫，诸将很少能面见他议事，一切命令，皆通过严庄传达。

宰相严庄虽然深受器重，却也经常遭受安禄山的痛打。宦官李猪儿常为安禄山穿衣解带，服侍左右，挨打最多，怨气也大。安禄山宠幸的段氏，生下一子名安庆恩，安庆恩深受安禄山宠爱，常想以庆恩代长子庆绪。

因此安庆绪时常担心被废，严庄痛恨安禄山，也怕宫中事变于己不利，李猪儿几乎天天挨打，最是痛恨安禄山，于是这三人串通一气，准备杀了安禄山。

唐肃宗至德二载（757年）正月五日夜，安庆绪与严庄、李猪儿串通，三人悄悄进入安禄山住所。安禄山的侍卫见是宰相严庄和安庆绪，谁也不敢动。

三人走进安禄山的寝室,严庄、安庆绪持刀站立在帐外,李猪儿手持大刀直入帐内,对准躺在床上的安禄山腹部猛砍一刀。安禄山平时总把佩刀放在床头防身,事前已被李猪儿偷偷拿走,这时他挨了一刀,知大事不好,急忙去摸刀却没能摸到。他气急败坏地摇着帐竿大声喝叫:"贼由严庄!"

安庆绪和严庄拔剑站在门外,安禄山的侍卫不敢入内。

在喊叫声中,安禄山的血和肠从腹部流出,很快死于非命。

第二天早晨,严庄宣布安禄山病危,并诏立安庆绪为太子,军国大事皆由太子处分。

之后,安庆绪顺利继承帝位,尊安禄山为太上皇,然后发丧。

安庆绪杀父安禄山后,自立为帝,年号载初。命史思明回守范阳,留蔡希德等继续围太原。

757年正月,安庆绪以尹子奇为河南节度使,率领以归、檀及同罗、奚兵十三万人南下,率领大军扫荡河南。此时河南城镇纷纷陷落,唯有军事重镇睢阳未陷,睢阳太守许远向张巡告急。张巡因雍丘城小,难以抵抗强敌,与手下商量之后,他们放弃雍丘,率三千军士进入睢阳,与许远合兵共六千八百余人,与尹子奇所率叛军,展开了浴血奋战。

尹子奇为安禄山手下猛将,早知张巡之名,因此来到睢阳后,便命令军士全力攻城,务必拿下睢阳。张巡见对方来势凶猛,更是不敢大意,分派各处,率部昼夜苦战。他曾率这六千军马,在一天之内击退十三万叛军二十余处进攻,张巡十多天衣不解带,困极了,就伏在城墙上睡上一觉。

睢阳兵马与叛军连续战斗十六昼夜,俘获叛军将领六十余人,杀死士卒两万余众,使得尹子奇两天拿下睢阳的计划付诸东流。尹子奇久攻不下,只得改变策略,暂且围而不攻。

睢阳守军孤立无援,从757年一月开始被围,到了六月,睢阳城中便开始缺粮,城中军民以稀粥和树皮野菜度日,依旧坚持与叛军决战。

其时的大唐朝廷,仅剩下长江、淮河流域的赋税支撑。睢阳位于大运河的汴河河段中部,是江淮流域的重镇,如果失守,运河阻塞,税赋中断,后果不堪设想。睢阳坚守十个月,在此期间朝廷通过淮阳,不断地得到江淮财赋的接济,已完成了恢复、准备到反攻的过程。

睢阳被围了十个月,最终因为粮草不济,缺医少药,军士力竭,城被叛军攻破，张巡被俘。

张巡被俘后，被单独关在一处院落里，每日锦衣玉食，有美女伺候。尹子奇希望用此手段，收买张巡，让其为叛军效力。张巡不肯，每日大骂叛军，大骂尹子奇。尹子奇气极，让人用刀伸进张巡嘴里，把他满嘴的牙都绞了下来。最后，张巡及其部将三十六人惨遭杀害。

张巡苦撑了十个月，屏障了江淮半壁江山十个月之久，保江淮免于战乱十个月，前后大小四百余战，张巡以不足万人之众，屡败贼兵，无一败仗，杀伤贼兵十二万人，首领尹子奇被张巡射瞎一目。尹子奇为报一目之仇，先后调动几十万人马围攻睢阳，这才使得唐朝能够从容等到回纥、粟特援军，郭子仪因此才能调动二十万大军，准备收复两京。因此，张巡苦守淮阳十个月，为朝廷争取了极为宝贵的喘息时间，为朝廷的反攻立下了不世之功。

颜真卿听说张巡被杀的消息后，于家中设祭坛祭奠，并上奏折，为张巡请功。

朝廷上下 ，皆为张巡之勇之忠而感叹不已。

08. 收复两京

至德二载（757年）盛夏过后，唐朝终于等到了期盼已久的回纥援军。

回纥援军由回纥太子叶护率领来到凤翔，肃宗亲自出城迎接，并设宴招待太子等人。

有了勇猛的回纥兵助阵，唐军信心大增。九月，肃宗任命太子李俶为元帅，郭子仪为副元帅，李嗣业为前军，王思礼为后军，回纥兵马由叶护太子率领作为机动队伍，各路军马依次开拔，进攻长安。

负责守卫长安的叛将李归仁率大军十万，迎战唐军，双方在香积寺北沣水东岸列阵。

李归仁是安禄山手下猛将，被安禄山封为北平王，战功卓著。李归仁先率小部分叛军挑战唐军，唐军用箭射退叛军，又派骑兵迎战。李归仁假装不敌，率部败退回阵，唐军紧追不舍。临近叛军阵营，一队叛军陡然从阵营冲出，发起猛攻，李归仁也率部返身，朝着唐军发起冲锋。唐军大惊，顷刻之间，便被杀得七零八落。剩下的唐军，看到叛军如此勇猛，吓得转身就跑。李归仁率部猛冲猛打，唐军一路溃逃，丢下的刀枪马匹粮食辎重不计其数，十万叛军气势如虹，朝着唐军一路掩杀。

唐军前军将领李嗣业，是一员猛将，身长七尺，力大无穷，手中一柄大唐陌刀，勇猛无敌。看到唐军一路败退，李嗣业急了，大吼一声，甩掉了上身铠甲衣服，挥舞长刀，杀入敌阵。李嗣业刀沉力猛，杀人如切菜，劈马如砍瓜，一会儿工夫，便连杀数十个人。敌人胆裂，他部下唐军迅速恢复阵形，两千精兵各持长刀、长柄斧，排成横队，如墙一般向前推进，李嗣业身先士卒，唐军所向披靡，竟然迅速扭转了战局。

李归仁埋伏精兵于阵地东面，想要从后面袭击唐军。但是他的行动，被唐军前哨发觉，李俶派朔方左厢兵马使仆固怀恩率领回纥精兵袭击叛军伏兵，李嗣业则带兵绕到叛军背后夹击叛军，叛军遭到前后夹击，回纥兵又形象怪异，勇猛如神兽，伏兵一触即溃，被全部消灭。

消灭了伏兵之后，李嗣业和回纥军又加入了对敌军主力的围剿。

李嗣业率前部兵马与回纥军绕道至叛军阵后，与郭子仪所率唐朝大军前后夹击，从午时战至酉时，大破叛军，斩首六万，叛军尸体填满了沟壑池塘，目及之处，漫山遍野，皆是双方战死之尸体，叛军大败而溃退。

逃出的叛军逃入长安城中，长安城中众人惶惶不可终日。当天晚上，西京留守张通儒，大将安守忠、李归仁率部退出长安，防守陕郡。

唐军收复长安。

唐肃宗请回纥军的时候，曾经对回纥太子说："克城之日，土地、士庶归唐，金帛、子女皆归回纥。"

在回纥人看来，战胜之后，大抢三天，是战胜者的福利，也是规矩。这些凶猛的回纥人进入长安后，就按照他们的规矩，进行了肆无忌惮的抢劫。

长安城中，一时鸡飞狗跳，百姓惊恐不已。

唐军看到回纥兵大肆抢劫，奸淫妇女，大怒，前来阻止回纥军士。回纥军士能打能杀，却最不讲规矩。他们看到长安城中如此繁华，百姓也比他们草原上的人有钱，都抢红了眼，加上此番抢劫是太子叶护同意的，他们根本就没把阻止他们的唐军看在眼里，双方发生了冲突。

有人把此事报告给了郭子仪。郭子仪经过询问，得知军士的抢劫是叶护太子同意的，而且抢劫战败方的金银财宝和女人，本来就是回纥的规矩，且此番劫掠，是经过肃宗首肯的，郭子仪无权拦挡。郭子仪无奈，只得找到太子李俶，向他汇报此事。

李俶自然知道父亲对回纥人的许诺。他沉吟了一会儿，说："郭将军，当年父皇为了让回纥发兵破长安，曾经许诺，城破之后，允许他们抢劫三日。这些回纥军士，为大唐卖命，便是为了今日，我现在想阻止他们……难啊。"

郭子仪拱手说："太子殿下，您可是大唐的太子，这长安百姓可都是您的子民啊！叛军入城的时候，对老百姓那是烧杀抢掠，无恶不作，现在他们好不容易把我们盼来了，回纥却比叛军抢得更狠！您别忘了，回纥军是我们请来的，在老百姓眼里，他们跟我们唐军没有什么两样，如果我们不设法保护我们的子民，那我们跟叛军有什么区别？”

李俶想了想，说："我去找叶护太子说一说。叶护太子是个通情达理之人，但愿他能答应我们的请求。"

李俶找到了正在街上看他的军士们抢劫的叶护太子。叶护太子骑在马上，一副志得意满的表情。

李俶下马，突然朝着太子就跪了下去。

叶护惊讶，忙跳下马回礼，说："太子为何如此大礼？有话请说便是。"

李俶说："进城劫掠，是父皇答应太子的。但是李俶有一言，请太子三思。"

叶护说："请讲。"

李俶说："我等联军，经过一番血战，刚刚收复京师，叛军主力尚存，回纥军士如果大肆进行抢掠，百姓惊恐，那么在东京的百姓就会为叛军死守，难以再攻取，希望到东京后再履行约定，劫掠不迟。"

叶护太子点头，说："太子此言有理，我马上让人阻止他们。不过太子，我的手下在长安停止劫掠，不是为你大唐也不是为了长安的百姓，我是为了打下东都洛阳，完成我们回纥对大唐皇帝的承诺，到那时，请太子不要再破坏我的军士大抢三天的规矩。这个规矩，可是大唐皇帝亲口答应的。"

李俶答应了，叶护让部下马上召集回纥和西域其他部族军士出城扎营。

城中百姓和军士感怀李俶之恩，纷纷下跪磕头。

有人喊："广平王不愧是华夷之主！"

李俶兴奋，让众人起来。

郭子仪感叹说："老百姓真是太容易满足了，大唐有这样的百姓，是大唐之福啊！"

李俶率部在长安休整三日，继续东征。

安庆绪得知长安失守，大惊，忙派严庄调兵马十万前往陕郡，与张通儒共抗唐军。严庄与张通儒商量，将全部兵力驻扎在山西，背山结阵。

唐军来到陕郡，郭子仪兵分两路，他亲率大军攻击叛军正面，让李嗣业带回纥军登山绕到叛军背后，企图两面夹击。然而，让他没有想到的是，回纥军歪打正着，在山中遇到了一支隐藏的叛军，双方战在一处。

正面攻击的唐军，没有等到回纥军从敌人后方策应，略微有些惊慌。李归仁趁机将叛军分兵三千人，断绝唐军归路，唐军军心动摇。

郭子仪看到情况严峻，派了一支精锐小队支援回纥兵。这支小队从后方进攻隐藏的叛军，叛军阵形大乱，回纥兵振奋精神，把隐蔽的这支叛军全部杀死。

李嗣业率领回纥军从后方攻击叛军。

被回纥军杀怕了的叛军，看到回纥军的影子，就吓得没了斗志。李嗣业率回纥军冲入叛军阵中，如入无人之境。郭子仪率唐军从正面攻击，如此前后夹击，叛军大败，尸体漫山遍野，叛军死伤十多万，元气大伤。

严庄与张通儒等人放弃陕郡逃跑，李俶与郭子仪进入陕城，仆固怀恩与李嗣业率兵分头追击。

严庄和张通儒进入洛阳，向安庆绪报告败状，此时洛阳只剩下了不到一万军民，很显然，靠这点人马，是无法保住洛阳的，安庆绪不敢耽搁，让手下赶紧准备，第二天便逃出了洛阳，逃到了新乡。

回纥军进入洛阳府库收取财帛，在市井村坊劫掠三天，百姓敢怒不敢言。李嗣业是穷苦人家出身，凭着军功一步步升任右金吾大将军，他的军队向来秋毫无犯，视老百姓为亲人。他知道回纥进入洛阳大肆抢掠，是太子李俶所允许的，为了躲避此事，李嗣业躲进军营中喝酒。

但是他的部下却无法躲开此事。

回纥兵进入百姓家中劫掠，奸淫妇女，有血性的男子都会反抗。但是他们怎么能是这些凶蛮的回纥兵的对手？况且肃宗曾经金口玉言："克城之日，土地、士庶归唐，金帛、子女皆归回纥。"回纥大兵有了大唐皇帝的允许，自然是肆无忌惮，对那些敢于反抗的老百姓，说杀就杀，毫不客气。

李嗣业的老兵跟着李嗣业多年，皆视百姓为衣食父母，看到这些回纥兵对百姓如此凶蛮，实在是无法忍受，上去跟这些回纥兵讲理。

回纥兵出去抢劫，都是一伙一伙的，有人把门，有人进屋劫掠。唐兵来干涉，双方言语不通，马上就挥刀打了起来。

大唐的军士们早就对回纥兵卒的行为看不下去了，更多的士兵加入了唐军的行列，对抗回纥兵。别的回纥兵听到唐军群殴他们的兄弟，自然也不干了，双方越聚越多，就在洛阳的大街上打了起来。

有人把此事报告给了仆固怀恩和李嗣业。仆固怀恩是大唐派往回纥借兵之人，懂回纥话。他和李嗣业跑到事发处，仆固怀恩劝住了回纥方面的头领，李嗣业则命令唐军后撤，并严惩唐军带头者。

回纥太子叶护得到消息，带着手下来到的时候，双方的械斗已经停止。叶护太子仗着有大唐皇帝的允许，大骂唐军。唐军虽然委屈，但是因为有圣上的话，他们只能把委屈吞进肚子里。

李嗣业带着一肚子的怒火来见郭子仪，把回纥军士的行为跟郭子仪说了。郭子仪听完了，好久不说话。

李嗣业吼道："我等与众军士浴血奋战，为的就是天下苍生，为的就是大唐江山社稷。圣上竟然如此荒唐，允许回纥佬抢掠他的子民，奸淫其女人，这圣上真是……"

郭子仪忙站起来，示意李嗣业不要再说下去："战胜之后劫掠三天，是西域军士的规矩。圣上答应他们，进入长安和洛阳之后也如此做，实在是无奈之举。如果不如此，回纥不发兵，没有回纥这些勇猛之士，我们什么时候才能打败叛军，收复两京？李将军，你说的事我都已经知道，我会与太子商量，设法让回纥兵停止劫掠。"

李嗣业依然压不下火气，说："那他们杀的老百姓怎么办?！对于圣上来说，死一个平民百姓跟死一个苍蝇没有什么区别，但是对于老百姓来说，家里死了男人，这个家就完了！圣上不管老百姓死活，我李嗣业不能不管！"

郭子仪叹气，说："李将军，如果我们不尽快打败叛军，老百姓死得更多，还是那句话，圣上如此，实在是无奈之举。这样吧，我们这就去找太子，让他设法阻止这些回纥人。"

李嗣业不肯去。这个耿直的将军，对皇家的人，突然就感到厌恶了起来。

好在郭子仪找到了太子李俶，两人商量后，李俶下令拿出罗锦一万匹、金银一大宗，给了回纥太子叶护。叶护把金银布匹给手下们分了，这才制止了回纥军士的抢劫。

09. 被贬冯翊

两京相继收复，肃宗大喜，与宰相崔圆、颜真卿等人商量迁回长安。

颜真卿与众人自然同意。长安乃大唐国都，皇帝只有回到国都，才算得上名正言顺。

经过一番准备，肃宗率朝廷众官和羽林卫，浩浩荡荡从灵武回到了长安。

长安遭到了叛军的严重破坏，叛军为了毁掉大唐的风水，把恢宏庄严的太庙一把火烧了，皇室回到京城，要祭祀太庙，昭告祖宗，太庙没了，一众大臣犯愁了。

宰相苗晋卿提议在太庙旧址摆上几个灵牌，设上香案祭奠即可，一众大臣皆附议，却遭到颜真卿的反对。

颜真卿躬身上奏："陛下，太庙被毁是天大之事，不可小觑。春秋时，鲁国王宫遭遇浩劫，鲁成公曾经大哭三日，祭奠先祖，向先祖请罪。大唐太庙乃皇家大庙，岂可儿戏？臣请陛下设立祭坛，向东哭祭三天，然后遣使请太上皇返回长安。"

苗晋卿上奏："陛下，颜大人此举虽然有些道理，然而古礼不可拘泥，现在叛军还未消灭，长安被叛军破坏严重，大唐百废待兴，陛下日理万机，怎么会有时间做三日之哭？微臣之议是为陛下考虑，为大唐社稷考虑，请陛下三思。"

肃宗当然不想在露天野地里哭祭三天，但是颜真卿"掌持邦国刑宪典章，以肃正朝廷"，前几次肃正那些任性胡为的大臣的时候，肃宗都是全力支持，现在轮到颜真卿要"肃正"自己了，肃宗怎么也得做做样子啊。肃宗嘴上答应颜真卿之奏请，却在心中暗骂，这个老古板的颜真卿，实在是不会揣摩上意。

肃宗下令建立祭坛，他亲自走上祭坛，朝东哭祭。三天之后，肃宗正式入住大明宫，并遣使入蜀，请玄宗回朝。

时隔四年，颜真卿终于回到颜家老宅，真是感慨不已。颜真卿另有二子：颜頵、颜硕。韦氏带着两个儿子回到老宅，不由得又想到了下落不明的长子颜頗。当年他们离开京城，到平原赴任时，长子颜頗八岁，听说要出远门，高兴得直跳。对于受到打击的颜真卿和韦氏来说，活泼天真的儿子，几乎就是他们的精神支柱。当年颜真卿因为有妻儿的陪伴，精神慢慢好了起来，韦氏更是因为颜頗，脸上才会出现笑容。应该说，在离开长安最初的那段时间里，是小小的颜頗给了他们生活的乐趣，给他们带来了阳光。现在他们回到了老家，看到颜頗的房间落满了灰尘，看到他曾经玩过的玩具，韦氏不由得流出了眼泪。

颜真卿安慰妻子："你放心，我会继续派人去辽东寻找頗儿的。"

韦氏摇头："这都两年了，连个音信都没有。你两次派人去找頗儿，都没有找到，时间越长，这人就越难找，我每次想到頗儿，心里就难受……"

韦氏害怕在别的屋子里玩耍的两个儿子听到，极力压抑着哭声，因此浑身抖动。颜真卿说："頗儿是为了大唐的安危，才受此磨难的。頗儿是个懂事的孩子，他十二岁了，什么都知道，你放心，即便我们找不到他，他也会自己找回来的。"

韦氏说："万一……"

颜真卿捂住了妻子的嘴，说："没有万一。你放心，儿子早晚会找到我们的。"

大哥颜阙疑和二哥颜允南、小弟颜允臧等人都带着妻儿来到颜真卿家，颜家兄弟相聚，喝酒吟诗，写字画画，颜家恢复了久违的热闹。

颜真卿在朝廷里严肃朝政，不畏强权，与宰相崔圆发生了矛盾。

宰相崔圆文采超群，原为玄宗时期的中书侍郎、同中书门下平章事，兼任剑南节度使。当年肃宗在灵武称帝后，传书给玄宗，玄宗一是为了展示一个支持的姿态，二是让自己有人在肃宗身边，便派了崔圆与宰相房琯、韦见素一同前去辅佐肃宗。唐肃宗也是一个聪明人，马上对三人封官晋爵。这三人虽然是唐玄宗派来的人，却也是各有算盘，钩心斗角。

房琯当年无心朝事，日夜笙歌，就是崔圆先告的状。房琯被贬后，崔圆看到颜真卿做事过于认真，而且在朝中多次对抗自己，就有心要把他从朝中挤对出去。

崔圆善于察言观色，他早就看出来了，肃宗皇帝因为"哭祭三天"之事，对颜真卿也很是有些看法了。他便联合几位同僚，一起上表，参奏颜真卿"事乖执法，情未灭私"。那意思就是颜真卿的执法是夹带着私情的，并不是像他所说的那样忠心耿耿，大公无私。

他们的上表捕风捉影，却因为是众人一起上表，反响巨大。加上肃宗已经对天天板着脸的颜真卿有些厌烦了，马上趁机下旨，贬颜真卿为冯翊太守，择日赴任。

此时颜真卿一家回到长安不到两个月，颜真卿还在谋划对颜家破旧的门窗进行一番整修。

下朝后，颜真卿把这个消息告诉韦氏，让韦氏开始准备，到冯翊赴任。

韦氏惊讶了："夫君，你这是犯了什么错？我们回到家还不到两个月啊，二哥今天还帮忙找了个木工，木工说过几天就来修理门窗呢，为什么要到冯翊去啊？"

颜真卿疲惫地摇头，说："我也不知道所犯何事。夫人啊，门窗的事你就别管了，我会让允臧来处理此事的。冯翊任上没人，我得赶紧赴任，以免耽误公务。"

颜真卿嘴上说不知所犯何事，其实心中明白。他犯的是过于认真、过于耿直之错。如果他像崔圆和苗晋卿之流，会揣摩圣意，见风使舵，与他们同流合污，那他们就不会排斥自己，圣上也就不会趁机把自己踹出长安，从宪部尚书的高位上，赶至一个小小的太守职位。

颜真卿想到现在自己竟然与出卖兄长的张通幽一样都是太守，成了同级同僚，不由得心生寒意，万念俱灰。

正在颜真卿准备赴任冯翊之时，好友李华来访。李华是开元二十三年（735年）进士，天宝二年（743年）登博学鸿词科，官至监察御史、右补阙，当年长安陷落时，被安禄山封为凤阁舍人。肃宗进入长安后，李华与诗人王维等一些在安禄山朝中任过职之人，都暂且赋闲在家，等候发落。李华与颜真卿交好，二人曾与萧颖士等人共倡古义，开韩、柳古文运动之先河。他的文章"大抵以五经为泉源"，"非夫子之旨不书"，主张"尊经""载道"，在其时，有一大批追随者。

李华与颜真卿见过礼，两人在客厅就座。李华垂头丧气，说："唉，本来以为有颜兄在朝堂之上，可以为兄弟说句好话。现在颜兄被贬，我又与崔圆等不和，恐怕朝廷此番不能轻饶我了。"

颜真卿给李华倒了一杯茶，安慰他说："崔圆等人虽然偶尔能左右圣意，不过圣上却并非糊涂之人，圣上有时会利用他们的奏章，借题发挥，仅此而已。在叛军处为官者不在少数，况且你们都是不得已而为之，朝廷或有惩戒，却不会过于严苛，此事请李兄放心。"

李华紧皱的眉头有些放松了："真的？此事如何处置，颜兄莫非听说过？"

颜真卿说："此事我听苗大人说起过。王维为此事好像找过苗大人，圣上前些日子与苗大人也说过此事。苗大人与人说过，圣上的意思是要贬职，至于怎么个贬法，我就不得而知了。"

李华拱手大喜："圣上真是宽厚大量！只要没有牢狱之灾，贬职又何妨！颜兄啊，您这一席话，可让我放心了。自从圣上进入长安，我等就没有安心睡过一个好觉，今天晚上，可以安心睡了。噢，我听说了颜兄之事，特意来安慰颜兄，看来颜兄心情尚好，那我就不多说了。"

颜真卿苦笑："事已至此，多说无益。李兄啊，最近有何新作，请拿出来，让我一睹为快吧。"

李华呵呵一笑，说："最近心情烦躁，没有什么作品，去年有几篇，我让书坊做了一个册子，明天给颜兄送过一本来。"

颜真卿朝着李华抱拳："那我先谢谢李兄了。"

10. 李泌说服唐玄宗

在北国料峭的寒风中，颜真卿带着家眷，赶赴冯翊。

冯翊离长安三百多里路，马车走了五天，才从长安到达冯翊官署。此时已是腊月，冯翊城因为被叛军攻陷过，很多房屋被烧成了残垣断壁，很多人被杀，还有部分人逃出去避难未归，冯翊城中因此一片狼藉，人烟稀少。

官署因为遭到破坏，尚来不及修整，颜家只能暂住在官署后面的一处小屋子里。屋子漏风，颜真卿让颜浑找了一些纸，把墙缝和窗户堵住，一家人便算安下了家。

住了几天，颜真卿在本地官员的协助下，对冯翊情况略作了解，便给圣上写了一份奏疏："臣虽万死，实荷所天。窃以此郡破亡，再陷凶逆，生灵涂炭，邑室空虚，杀伤者虽或盖藏，逃亡者尚未归复。谨当励精悉力，宣谕皇明，望有所效……"

冯翊历史悠久，历经多次改换名字，东汉末始置冯翊郡，治所高陵县，西魏改名曰同州，隋后改为冯翊郡，唐武德元年（618年）又为同州，唐天宝元年（742年），玄宗不知哪根筋又搭错了，重新改同州为冯翊郡，真是变化无端。然而，更有意思的是，颜真卿到达冯翊不久，肃宗一旨令下，冯翊重新更名为同州，颜真卿由冯翊太守，改为同州刺史。

几乎就在颜真卿到达冯翊的同时，唐玄宗从蜀中回到了长安。

唐肃宗和唐玄宗之间的关系之微妙，是中国帝王中非常少见的。马嵬驿兵变，唐玄宗怀疑儿子李亨是主谋，兵变之后，陈玄礼率众军士向玄宗表达忠心，此事让肃宗大为惊惧，不敢追随唐玄宗入蜀，只得与玄宗分道扬镳，带着自己的人马进入自己的领地灵武。

陈玄礼兵变，肃宗是否参与谋划，众说纷纭，但是玄宗和肃宗父子之间的关系，因此产生了不可弥合的鸿沟，并一直持续到两人去世，这是历史界公认的事实。

但这两人都是聪明人，他们都在努力维持着一种看似和谐的表面关系。比如，肃宗登基后，上表给玄宗，解释他登基只是为了率领众将士平叛，玄宗默认了他的说法，还把崔圆、韦见素等人派到肃宗身边，以示承认。

肃宗回到长安，玄宗得知后，只是跟上奏的人说了一声"知道了"，再没有多说什么。自从马嵬驿兵变，他最信任的陈玄礼逼他杀死了自己宠爱的杨贵妃，唐玄宗就心灰意冷，对诸事皆不太上心了。肃宗回到长安后，陈玄礼问他是否想回长安，玄宗告诉陈玄礼，他不想回去，死在蜀地即可。

不久，肃宗派人送来奏表，请玄宗回去。写奏表的人是玄宗和肃宗都很喜欢的一代名士李泌。

李泌祖籍辽东郡襄平县，出身于辽东李氏望族，是南北朝时期北周太师李弼之六世孙、唐朝吴房县令李承休之子。李泌七岁能文，有"神童"之美誉。开元十六年（728年），机缘巧合，李泌受到了唐玄宗的召见。他入宫时，玄宗正与燕国公张说下棋，便顺便让燕国公试试李泌的能力。张说请李泌以"方圆动静"为题作赋，张说说："方若棋局，圆若棋子，动若棋生，静若棋死。"李泌立即回答："方若行义，圆若用智，动若骋材，静若得意。"张说大喜，祝贺玄宗得到了一位神童。玄宗也非常高兴，对李泌大加赏赐，命李家对他善加抚养。

其时的宰相张九龄特别喜爱李泌，常常把他请到卧室内交谈。张九龄与大臣严挺之、萧诚交好，严挺之厌恶萧诚的谄媚，劝张九龄谢绝与萧诚的来往。张九龄忽然自己念叨说："严挺之太刻板刚直，而萧诚软美可喜。"正要命令左右的人唤来萧诚，身旁的李泌马上说："您以布衣入仕，又因正直位至宰相，却喜欢软美的人吗？"张九龄听后，非常惊讶，急忙改容认错，并称他为"小友"。

李泌成年后，非常博学，擅长研究《易经》。他经常游历于嵩山、华山、终南山之间，仰慕神仙不死之术。天宝十载（751年），隐居嵩山的李泌向玄宗献上《复明堂九鼎议》，玄宗想起李泌的早慧，于是召他入朝讲授《老子》。因其讲解"有法"，玄宗命他待诏翰林，供奉东宫，太子李亨待李泌极为优厚。但是因为李泌曾经写诗讥诮宠臣杨国忠、安禄山等，杨国忠于是诬称他曾写《感遇诗》讽刺朝政，结果李泌被送往蕲春郡安置。此事之后，李泌脱离了朝廷，"乃潜遁名山，以习隐自适"。

肃宗即位后，派人四处寻找李泌，恰好李泌也到了灵武。肃宗立刻和他商讨当前的局面，他便分析当时天下大势和成败的关键所在。肃宗很高兴，要给他授任官职，李泌自称山人，坚决推辞，希望以宾客的身份随从。肃宗也只好授李泌银青光禄大夫的散官，碰到疑难的问题，常常和他商量，称其为先生而不称名。

李泌入朝议论国事，旁人议论，"穿黄衣的是圣上，穿白衣的是山人隐士"。肃宗听说此事，便赐李泌金紫，任命他为天下兵马大元帅、广平王李俶的行军司马。

肃宗曾对他说："你曾经侍从过上皇，中间又做过我的老师，如今下任广平王行军司马，朕父子都借助了你的道义。"

军中商议立元帅，人们都关注建宁王李倓，李泌暗中对肃宗说："建宁王的确聪明，但广平王是嫡长子，有为人君的气量，难道想要使他做吴太伯吗？"

肃宗说："广平王已被立为太子，何需做元帅呢？"

李泌说："假使元帅立功，陛下不使他做君位的继承人，能行吗？太子随从时是抚军，驻守时是监国，如今元帅就是抚军。"肃宗最终听从了他的建议。

肃宗在做太子时，宰相李林甫多次以进谗陷害他，肃宗积怨已久。即位以后，打算将李林甫的遗骸挖出焚烧。李泌认为，身为天子却念及旧恨，不能以宽广的胸怀显示于天下，会使那些投靠叛军的人失去改过自新的想法。

肃宗大为不悦，说："李林甫当年也进谗言害你，难道你忘了往事吗？"

李泌回答说："微臣考虑的不在于这些。上皇统治天下五十年，一朝失意，南方气候恶劣，而且他已年迈，听到陛下记恨旧怨，将会内心惭愧不乐。万一上皇伤感得病，就是陛下以天下之广大，还不能够安抚亲人啊！"

话未说完，肃宗便感悟，下阶抱着李泌的脖子痛哭道："爱卿果然目光高远，朕没想到这些，爱卿提醒得好啊！"

肃宗让李泌给玄宗写奏表，显然是考虑到了李泌与玄宗父子间的关系和情谊。

李泌言辞恳切，不但擅用情谊打动玄宗，还谈到了大唐的安危，说如果玄宗不回长安，对肃宗的威望会有极大的影响，对平叛和大唐的兴盛都很不利。唐玄宗看信之后，受到触动，向陈玄礼征求意见，陈玄礼极力怂恿唐玄宗回去。加上身边的人都有家室在长安，唐玄宗三思之后，终于决定返回长安。

11. 唐玄宗怒杀张通幽

肃宗得知玄宗回来，带着崔圆等一众大臣，远出十里跪拜迎接。终究是父子连心，肃宗见到玄宗，不由得落下了泪。玄宗看着一众大臣，也是感慨万千。

肃宗在宫殿设宴，恭迎玄宗，并当着众大臣的面，要把皇位还给玄宗。肃宗的这一招，让唐玄宗始料未及，玄宗赶紧推让，并当众声明，太子即位，是经过他的首肯的，并非僭越。肃宗的这招以退为进非常成功，使得他在众目睽睽之下，得到了玄宗的承认，坐稳了皇帝的龙椅。

肃宗稳坐象征着皇权的大明宫，太上皇玄宗入住兴庆宫。

颜真卿在同州得知玄宗回到了长安，且与肃宗关系还算融洽，非常高兴，他给肃宗上表的同时，也给玄宗写了奏表，把颜杲卿和张通幽之事详细告知了玄宗。

玄宗看到了颜真卿的奏表，气愤不已。他对陈玄礼说："这个张通幽实在是不可饶恕！竟敢与王承业夺功自据，欺君罔上！你马上找人告诉这个张通幽，让他来见我！"

陈玄礼以前就听人说起过张通幽和颜杲卿之事，因此说："陛下，张通幽和王承业抢颜杲卿功劳之事，奴婢觉得您还是别过问了吧。王承业当年因为不修军事被削职，后来暴病而亡。他的节度使之位，已经让位于李光弼，张通幽虽然可恶，但是他也被圣上降职，被贬为普安太守，您要是再插手此事，圣上会不高兴的。"

唐玄宗说："他是朕的儿子，他犯了错，我这个当太上皇的岂能不管?！张通幽与王承业欺君罔上，当年被骗的是朕，不是现在的皇帝！这口气我怎么能咽得下?! 张通幽当年不过是七品小官，如果他因此官至五品，那大唐朝廷还会有人像颜杲卿那样忠心为国吗？我惩罚张通幽，是为大唐肃正朝纲！皇帝如果怪罪于我，那说明他小鸡肚肠，目光短浅，那我更应该教他如何处理朝政！"

陈玄礼无奈，只得派人去普安下旨，让张通幽来见唐玄宗。

张通幽接旨后，心里就有一种不好的预感。他预计自己还会被降职，甚至削职为民，临去见唐玄宗之前，他就让家人收拾行李，准备赶赴新的任所。

他没想到，自己会有来无回，有去无归。

张通幽是个很会来事的人，来到长安后，他先贿赂崔圆，让崔圆带他去见肃宗。

崔圆虽然不喜欢颜真卿，但是他对张通幽这种胆大妄为的佞臣还是很讨厌的。崔圆不想见他，让下人出去告诉张通幽，他不在家。

张通幽知道，现在最能跟圣上递上话的，就是这个宰相崔圆了。而且崔圆与颜真卿有过节，如果他不替自己说话，那满朝文武，就更没人替自己说话了。当年在灵武，张通幽凭着三寸不烂之舌和善于钻营，得到肃宗的器重，却在朝廷上根基不深，没等到拉帮结派，就被颜真卿给告下去了。因此，他现在满腔的希望都在崔圆身上了。

张通幽就在崔圆门外等着，一直等了一宿，等到崔圆第二天出门，才从屋后走出来，扑通跪倒在崔圆的轿子前，磕头如捣蒜："崔大人啊，您就救救微臣吧。"

张通幽这一跪一磕头，吓了崔圆一跳。护卫把张通幽拉起来，崔圆掀开轿帘看了看，看到是张通幽，崔圆哼了一声说："既知如此，何必当初？张通幽，你别以为我与颜真卿政见不合，就会帮你。你跟王承业当年所作所为，人神共愤，本宰相恨不能给你两巴掌！怎么会帮你?！当然，你也不要记恨于我，此番是上皇要召见你，别说我说不上话，即便是圣上，也是不敢多言，没办法，你还是自求多福吧。"

崔圆一挥手，让人把张通幽拖到一边，他乘着轿子走了。

崔圆的这几句话，点醒了张通幽。是啊，现在的圣上跟太上皇那是面和心不和，暗地里较劲呢，让当今圣上替自己说话，那不是自找麻烦吗？

张通幽不找崔圆了，他托人去找陈玄礼，还给陈玄礼送去了一笔大礼。陈玄礼很痛快，直接带着他去见唐玄宗。

张通幽见到唐玄宗，先是利用自己的那一张巧舌，把所有的事都推到了王承业身上。

但是唐玄宗可不是那么好糊弄的。他质问张通幽："既然此事皆是王承业所为，那你作为颜杲卿的手下，为何不设法救颜泉明和贾深，反而与王承业一起找人杀他们？你别以为王承业一死，你就可以信口雌黄！朕虽然老了，但是还不糊涂，你如果不是跟王承业串通一气，王承业怎么敢私改颜杲卿的奏折？！他怎么敢让他的人跟你一起到长安见朕？！此事必然是你先找的王承业，他王承业才敢如此！张通幽，朕说得对不对？！还有，当年颜杲卿战死之后，你在杨国忠面前对其百般诋毁，说颜杲卿胆小怕事，不肯与王承业合兵进攻叛军，此事朕都知道，你如何解释？！"

张通幽听了唐玄宗的这几句话，就知道唐玄宗不是好糊弄的。但是他更知道，依唐玄宗的脾气，他如果知道了自己的所作所为，肯定不会让自己活着从这里走出去。

他只能死不认账，这或许还有一线生机，因此他一边磕头，一边喊冤枉："太上皇，我冤枉啊！微臣当年真的是被王承业所逼，不敢不如此啊！此事圣上在凤翔之时，就在朝堂之上审问过微臣，微臣因此才被贬为普安太守。太上皇，您……"

唐玄宗听张通幽竟然抬出肃宗来压自己，火大了，指着张通幽大骂："皇帝糊涂，你是不是觉得朕也糊涂？！你巧言令色、欺君罔上、谋杀忠臣，竟然还敢糊弄朕！大唐有尔等佞臣，怎么会有兴旺之日？！朕今日如果不替颜杲卿出了这口气，朕还算什么太上皇？！"

唐玄宗猛然站起来，抢起龙头拐杖，用拐杖前面的铜箍，狠狠地砸在了张通幽的头上。张通幽疼得大叫，爬起来跑到陈玄礼身边，跪求陈玄礼为自己说情，被陈玄礼一脚踹倒在地。唐玄宗不解气，顺过拐杖，用龙头狠狠地砸在了张通幽的脑袋上，张通幽当场脑浆迸裂，四肢抽动了一会儿，便没了气息。

12. 史思明归降

叛军开始分裂了。

自安禄山被其子安庆绪杀了之后，史思明就对安庆绪一直抱有防范之心。

史思明自围攻太原被李光弼击退后，回到范阳驻守，安庆绪封他为妫川县王，兼范阳节度使。范阳本是安氏老窝，安禄山从东京和西京所掠珍宝，多半都运往这里存放，已是堆积如山，渐渐地，史思明恃富而骄，欲将范阳占为己有，不想再被安庆绪节制。

安庆绪从洛阳逃出后，一直逃到邺郡。到邺郡后，又张罗着四处征兵，蔡希德、田承嗣、武令珣等先后投奔，又得大约六万人。只有史思明既不派兵，也不派使者来拜见，安庆绪怀疑史思明这是要造反了。为了验证真伪，他派阿史那承庆、安守忠、李立节三人，带了五千骑兵赶到范阳，以征兵为名，实则欲察看情况，准备找机会拿下史思明。

史思明听说来了这么多人，知道对方不怀好意，安排部将埋伏在营帐外，自己则率三万士兵迎接阿史那承庆等人。

阿史那承庆和安守忠、李立节三人，看到史思明带着这么多人出城迎接，知道对方也是做了准备，对方人马众多，三人不敢动手，只得先虚与委蛇，寻找机会。

史思明见到三人，下马迎接，很是殷勤。三人及随从跟随史思明进入范阳城，兵马则被史思明安排在城外驻扎。

史思明安排筵席，大宴来宾。三人见史思明很是客气，略略放松了警惕，开始跟史思明及其部下碰杯饮酒。正在众人酒酣耳热之际，史思明发难了，他掷出一只酒杯，酒杯落地粉碎，埋伏的士兵一拥而入，将三人及其随从拿下。

安守忠等人大骂史思明，说他敢抓他们，就是反叛。史思明命人把三人及其随从关了起来，等候处置。

史思明招部将骆悦和儿子史朝义商量，想要投降唐朝廷。骆悦惊讶，说："史将军，末将觉得不可！我等奉命攻城略地，杀了那么多的百姓官兵，无论是大唐朝廷，还是官兵，都对我们怀恨在心，即便现在朝廷接纳了我们，日后必定生祸，请将军三思。"

史思明说："骆将军说的这些，我也都想过，而且比骆将军想的要多。没错，我们杀了很多大唐官兵百姓，但是如果我们不投降大唐，继续跟他们打，他们还会死更多的人，而且最终谁胜谁负，还没法说。所以，我们现在投降朝廷，还算是个好机会，朝廷还能把我们当回事，等我们不行了再投降，那就晚了。"

史朝义说："那我们就不投降啊。我们还有这么多人，有这么多的地方，何必要投降？"

史思明叹了一口气，说："你们两个都还没看出来吗？长安和洛阳落入了朝廷之手，安庆绪已经无力回天了。本来我还准备与他一起对敌，现在他还派人来算计我，事已至此还搞内讧，我们怎么能打得过朝廷？"

史朝义说："那……朝廷会信任我们吗？"

史思明摇头，说："很难说。不过我们起码可以有喘息之机，如果我们不投降朝廷，朝廷派人进攻我们，我们连喘息的机会都没有。"

史朝义和骆悦知道，史思明说得有道理。史思明是个很聪明的人，他也明白，朝廷不会对他一点怀疑都没有，但是这样他起码会有更大的选择余地。

史思明说服了史朝义和骆悦后，又设法说服了其他将领，然后派人向唐廷奉上归降书，说是自己愿意率领管辖范围内的十三个郡以及十三万兵士向唐投降。

肃宗得到报告，召集众臣商议。众人说法不一，很多大臣都说史思明不是真心归顺，恐怕只是权宜之计，不如趁机把他骗到长安，杀了完事。苗晋卿甚至提议，干脆让人把史思明和他的一干随从都设计杀掉，先解决这个毒疮。

唐玄宗得知此事后，派人给肃宗送来一张白纸。肃宗不解其意，要去向玄宗问计，被心腹大臣李辅国拦住。

李辅国原为宫中宦官，因为尽心侍奉太子李亨，成了李亨心腹。李亨即位为肃宗后，重用李辅国，赐名"辅国"，军政大事皆与其商量。回到长安后，肃宗把崔圆和韦见素等玄宗所派之人明升暗降，让他们离开了宰相之位，任用李辅国为宰相。

李辅国知道自己的荣华富贵来自肃宗的宠爱，非常担心玄宗夺权，因此处处对玄宗加以防备。

他劝肃宗作为一国之主，要自己拿主意，现在去向太上皇问计，会被太上皇趁机拿捏，会渐渐处于被动地位。唐肃宗向他问计，李辅国建议招降史思明，这样少了一个敌人，等降服安庆绪之后，腾出手来，再对付他。

唐肃宗点头称赞。

唐肃宗派人下旨，封史思明为归义王兼范阳节度使，其七个儿子皆授显赫官职。

史思明受了册封之后，马上斩了安守忠和李立节两人，以表明自己对朝廷的诚意。阿史那承庆与史思明从前就颇有交情，所以没有被杀。然后，史思明又走遍河北地区，宣传朝廷宗旨，有好几个州因此又相继归降，只有相州还属于安庆绪。

第五章

宦海沉浮

01. 祭侄文稿与颜家旧事

颜真卿在同州只住了三个月，便被一纸调令调到了蒲州，任蒲州刺史。并被封爵丹阳县开国侯，祖父颜昭甫被追赠华州刺史。

蒲州据黄河东岸，与同州隔河相望，以永济渠而闻名。据记载，北周保定二年（562年）正月，州民开始在蒲州城东开凿河渠，导河水以广灌溉，并命名为永济渠，寓意为永久之利。唐代又继续利用这条渠，把汹涌的黄河水分流入渠，"与水势少杀"，缓解压力，保障蒲津桥不为水毁，同时仍可取水溉田。可惜因为安史之乱，叛军侵入蒲州，使得这曾经的鱼米之乡、军事要地被叛军破坏殆尽，到处都是残垣断壁，荆棘满地。土地被废弃，城市成为废墟。

颜真卿来到蒲州，摸清各地情况后，与属下制定了各种恢复生产的办法，开始逐步实施。蒲州是"扼秦晋之喉，抚幽州之背"的军事要地，颜真卿征调军士，布置防备，预防叛军经蒲州过黄河西侵。

肃宗坐稳朝廷后，开始大赦天下，封赏功臣。死节官员李憕、卢奕、蒋清、张巡、许远、颜杲卿、袁履谦等人皆被加官追封。颜杲卿被追封为太子太保，谥"忠节"。

颜杲卿终于平反，颜真卿大喜，于家中设置灵堂，祭拜颜杲卿与李憕等人。

在凤翔的时候，因为张通幽只是遭到了贬官，颜泉明对朝廷很失望，告别了颜真卿，回到了河北。颜杲卿平反之后，颜真卿派人找到颜泉明，让人把他带到了蒲州。

颜泉明再次来到蒲州，衣衫破烂，蓬头垢面，显然是受了不少的苦。叔侄两人抱头痛哭，肝肠寸断。

颜泉明回到河北后，一直在寻找父亲和小弟颜季明、袁履谦等常山被害将士的遗体。经过一番努力，颜泉明已经把父亲颜杲卿和小弟颜季明的遗体送到长安，埋进了颜家祖坟。

当颜真卿得知颜泉明只找到了颜季明的头颅，身体不知去向时，不由得悲痛不已，泪水长流，瘫坐在椅子上。

颜季明生性聪明乖巧，深得颜家众人喜爱，颜杲卿将之视为颜家的希望。可是这个乖巧的侄儿，竟然在小小的年纪被安禄山强逼做了质子，并残忍地砍下了他的头颅。颜真卿想到侄儿死时之惨状，实在是抑制不住，趴在桌子上号哭出声。

颜泉明以及颜浑等人站在旁边，也随之泪流不止。

抑制住泪水之后，颜真卿亲自研墨，挥笔写下了流传千古的《祭侄赠善赞大夫季明文》：

……惟尔挺生，夙标幼德，宗庙瑚琏，阶庭兰玉，每慰人心，方期戬谷，何图逆贼闲衅，称兵犯顺，尔父竭诚，常山作郡。余时受命，亦在平原。仁兄爱我，俾尔传言，尔既归止，爰开土门。土门既开，凶威大蹙。贼臣不救，孤城围逼，父陷子死，巢倾卵覆。天不悔祸，谁为荼毒？念尔遘残，百身何赎？呜呼哀哉。吾承天泽，移牧河关。泉明比者，再陷常山，携尔首榇，及兹同还。抚念摧切，震悼心颜，方俟远日，卜尔幽宅，魂而有知，无嗟久客。呜呼哀哉。尚飨。

颜真卿的《祭侄文稿》原不是作为书法作品来写的，由于此时颜真卿心情极度悲愤，情绪已难以平静，错误之处甚多，时有涂抹，但正因为如此，此幅字显得凝重峻涩而又神采飞动，笔势圆润雄奇，姿态横生，情绪饱满，不计工拙，无拘无束，因此很得自然之妙。

最绝的是，文章与书法珠联璧合，文字波澜起伏，时而沉郁痛楚，声泪俱下，时而低回掩抑，痛彻心扉，书法也随之或放或收，或疯狂或低沉，个性之鲜明，形式之独异，是书法创作述志、述心、表情的经典作品。

从书法角度讲，《祭侄文稿》打破了晋唐以来结体茂密、字形稍长的娟秀飘逸之风，形成了一种开张的体势，结体宽博，平正奇险。笔法圆转，笔锋内含，力透纸背，其线条的质性遒劲而舒和。清代何焯《义门题跋》中说："鲁公用笔最与晋近。"但《祭侄文稿》一是打破了晋唐以来重内擫法来表现方刚之气的习惯，改用外拓法。如"荼毒"二字便是笔势外拓的典型表现。二是线条浑厚圆劲，骨势洞达，富于立体感。《祭侄文稿》中"父亲、杨、凶、史、轻"等字运笔疾涩，体现了古人所谓"颜字入纸一寸"的说法，这是对"使其藏锋，画乃沉着"的最好的领悟和展现。三是篆籀气的运用使《祭侄文稿》不同于晋唐以来的方头清瘦，回归了古朴淳厚之气。如"颜、清、尔"等字；楷隶之法的出现让作品奇趣迭出，如"门、陷、孤"等用楷法，"既、承"末笔波状则取隶法。"凶威"二字取法篆籀，正是以圆润、浑厚的笔致和凝练遒劲的篆籀线条，展现了颜真卿在行书用笔上非凡的艺术功力。

《祭侄文稿》全文将近三百字，只用了七次蘸墨，最后一笔墨写下了五十三字，留下了干枯压痕出现难以控制的伤痛轨迹。从"维乾"到"诸军事"蘸第一次笔墨，墨色由浓变淡，笔画由粗变细；从"蒲州"到"季明"蘸第二次笔墨，墨色也是由重而轻，点画由粗而细，且连笔牵丝渐多，反映了作者激烈的情感变化；从"惟尔"开始，因要思考内容、蘸墨、涂改、枯笔增多；从"归"字开始，墨色变得浓润，"父陷子死，巢倾卵覆"八个字墨色浓厚，充分反映出书家失去亲人的切肤之痛；"天不悔"三字以后，随着心情的不可遏制，越往后越挥洒自如，无所惮虑。两个"呜呼哀哉"的狂草写法，足见书家悲愤之情不可言状。最后的三行如飞瀑流泉，急转直下，给人留下了无穷的回味。其情感交织而产生的笔墨效果，使作品达到艺术的巅峰状态。这一墨法的艺术效果与颜真卿当时的悲恸恰好达到了高度的和谐统一。

除此之外，《祭侄文稿》中多处用渴笔修改的迹象表明：颜真卿在写这篇草稿时情绪激动，思如泉涌，手不能追，非快速行笔不足以表达其激愤之情，且无暇注意墨色的变化，虽笔中无墨，仍然继续书写。然而这些干枯的笔墨，却给人以苍劲老辣的感觉，与浓重的笔墨形成对比，使作品具有枯、润、浓、淡、虚、实的变化，更增强了作品的艺术感召力。一次蘸墨，疾书数行，有些笔画明显是以笔肚抹出，却无薄、扁、瘦、枯之弊，点画粗细变化悬殊，产生了干湿润燥的强烈对比效果。在中国书法史上唯有此一件作品最为遒劲且和润。所谓"干裂秋风，润含春雨"，颜真卿的《祭侄文稿》可谓完美诠释。

《祭侄文稿》因此不但是书法瑰宝，更是历史的见证。从这短短的三百多字里，我们能深刻地体会到颜真卿撕心裂肺之痛，体会到他的悲怆和无奈。

叔侄两人心情平静下来之后，颜泉明向颜真卿诉说了他这些日子的收获。回到河北后，他不但找到了父亲和哥哥的尸骨，还打听到了许多当年常山被杀的将士官员的家人情况。比方袁履谦。袁履谦被杀后，他的妻子儿女流落民间，因为家里失去了顶梁柱，生活清苦。颜杲卿的外甥女、颜泉明的女儿在常山城破时，被叛军劫走，如今下落不明，颜泉明寻访多日，依然没有找到。

颜真卿让韦氏筹集了一部分银两，让颜泉明带上，与颜浑一起继续回到河北，寻找将士们的家属。

02. 颜泉明的选择

颜泉明和颜浑各乘一匹快马，直奔河北。

他们一路风餐露宿，绕开叛军所占之地，迅速赶往常山。

常山此时已在唐军控制之下，但是因为范阳和新乡等地还处于叛军之手，常山百姓依然是人心惶惶，大部分逃往乡下各地的百姓还没有回来。常山城到处是断壁残垣，人烟稀少，一片荒凉景象。

两人没有惊动当地府衙，而是找了一处小客栈住下来，白天四处打探亲人和众将士亲属的消息，晚上回到客栈，商量第二天如何继续找人。

颜泉明通过查访一些老友，先找到了自己的姑母。姑母住在乡下一处废弃的破屋子里，颜泉明找到姑母的时候，老人家正在地里挖野菜吃。此时已是六月，天气炎热，老人家还穿着厚厚的夹袄，头发蓬乱，脚步踉跄。

颜泉明走到她面前，老人家似乎都没有看到他，一脸茫然地继续挖野菜。

颜泉明叫了一声"姑母"，老人家才抬头，看着面前这个黑瘦的年轻人。看了一会儿，她显然没有认出颜泉明，继续低头挖野菜。

颜泉明看着面前这个枯槁的老人，不由得泪如雨下："姑母，我是明儿啊，您怎么连我也认不出来了？"

老人再次抬头，看了一眼颜泉明，慢慢站直了身体。她看了一会儿，才迟疑地问："明儿?! 你是……明儿?"

颜泉明点头："姑母，是我啊。"

姑母抖着手，摸着颜泉明的脸，说："怎么这么瘦了，这么黑了？孩子，你这是怎么了？"

颜泉明忍不住哭出了声："姑母，您也瘦了啊！"

姑母泪如泉涌，说："我们好歹还活着，我心疼你爹啊！好好的一个大活人，呜呜呜呜……"

姑母终于忍不住，一屁股坐在地上放声大哭。

颜泉明忍着泪水和心疼，劝着姑母。姑母哭了一会儿，抹了一把眼泪，提着篓子，拉着颜泉明，回到她居住的茅屋，要给他做饭吃。

颜泉明看着姑母米缸里的一把小米，不由得又哭了。他让姑母收拾一下，跟他走。姑母在这里住了一年多，还不舍得走，说怕出去再被叛军抓住。颜泉明告诉她，唐军现在已经收复了常山等好多地方，叛军再也不会打过来了。

姑母这才跟着颜泉明回到了常山，好在姑母家还算完整，颜泉明他们略微收拾了一下，就在姑母家住了下来。

姑母告诉颜泉明，常山被叛军攻破后，他们一家像其他老百姓一样，落入叛军之手。叛军把男女分开，她从此再也没有见到自己的丈夫。后来，叛军又把她们这些老年妇女从城里驱赶了出去，她和女儿生死别离，从此再也没有见到。

姑母泪如雨下："我听说他们糟蹋了很多姑娘，也杀了不少。唉，真是作孽啊！"

姑母告诉颜泉明，叛军糟蹋够了之后，把一些小女孩偷偷卖了。她曾经四处打听自己女儿和侄孙女（颜泉明女儿）的下落，但是一直没有找到。

颜泉明也听说过此事，但是他一直没找到买小女孩的人家。姑母给他提供了一户人家的线索，这户人家位于饶阳，因为路途远，她还没去找。

颜泉明记住了姑母说的村子的名字，和颜浑马上启程，赶往饶阳。他们先到饶阳府衙，找到相关官员，打听这个村名。为了行事方便，颜泉明向官府亮明了自己的身份。官府的人听说他是颜杲卿的儿子，非常配合，把与此名字相关村子的地址都告诉了他们。

两人按着远近逐步查找，在快要绝望的时候，终于迎来了惊喜，他们在一个靠近黄河的小镇上，竟然找到了颜泉明的女儿！女儿被卖到一户富商家里做丫鬟，已经近两年了。女儿见到父亲，抱着颜泉明号啕大哭。

颜泉明和颜浑找到了富商，要把女儿赎回。富商不太愿意，但是听说他是颜杲卿的儿子，同意了，并拿出了当年他购买颜泉明女儿的合约，让颜泉明按照合约上的价格把钱给他就行。

颜泉明和颜浑把身上的银两都拿了出来，又卖了一匹马，凑够了赎金，正要去交钱，颜泉明的女儿告诉颜泉明，她的表姑，也就是颜泉明姑母的女儿，被卖到离此不远的一个地主家里，也是给人当丫鬟。

颜泉明大喜，马上与颜浑赶到了那个地主家里。小表妹见到了颜泉明，也是抱着他大哭不已。颜泉明告诉表妹，她妈妈现在人在常山，小表妹急得片刻也不想在地主家里待下去，要去常山见妈妈。

颜泉明找到地主，跟他谈要赎人之事。地主也拿出了当年他买人的合约，给颜泉明看。小表妹的价格跟颜泉明女儿的价格差不多，也就是说，现在颜泉明手里的钱，只够赎一个人的。

颜泉明与颜浑商量，要先赎小表妹。因为姑母现在想女儿，想得茶饭不思，小表妹早回去一天，姑母就会早一天振作起来。而自己现在已经知道了女儿的下落，他们回到常山后，可以先把颜杲卿当年在常山的老宅子卖掉，再找人借一部分钱，马上来赎回女儿。

颜浑让他自己拿主意。颜泉明咬了咬牙，先把钱交给了地主。地主也很讲信用，把卖身契还给了颜泉明。颜泉明和颜浑带着小表妹先到了镇上，见到了女儿，让她安心，他回到常山后，马上凑钱来赎她。女儿流着泪答应，并嘱咐颜泉明越快越好，越早越好。

颜泉明等三人火速赶往常山，并在姑母的帮助下，凑齐了赎金，颜泉明和颜浑两人马不停蹄赶到了女儿所在的镇上，然而，让两人没有想到的是，富商家里大门紧锁。颜泉明向附近邻居打听，邻居都不知道富商哪里去了，也不知道他们什么时候搬走了。

颜泉明想到了要赎女儿时富商不情愿的表情，他明白了，富商这是带着自己的女儿跑了。颜泉明跪在富商家门口，号啕大哭。

颜泉明和颜浑在镇上住了十多日，到处找人打听富商的下落，都没有打听到，只得先赶回常山。

03. 被贬饶州

颜泉明后来又多次回到那个小镇上，都没有找到女儿的下落。后来他得知，富商把房子卖了。很显然，他就是怕颜泉明找他，不想再回来了。他打听富商的下落，竟然也没人知道。

颜泉明的心在滴血。女儿临别时的滴滴眼泪，像一块块石头，经常砸在他的心上，让他的心尖疼痛不已。

姑母得知自己的侄子为了救她的女儿，因此失去了救自己女儿的机会，心痛不已，经常来安慰颜泉明。颜泉明在屋子里憋了几天，调整好了心态，从屋子里走了出来，跟颜浑一起，踏上了寻找常山失踪将士亲人的路程。

半年的时间里，他与颜浑一起，踏遍了河北的各个州县，行程两万余里路，寻找到了包括袁履谦妻女等将吏五十余家三百多人。这些人有的找到了亲属，安顿了下来，大部分都成了无家无业之人，前途渺茫。

颜泉明带着无处安身的这些人，一路乘船坐马车，相扶相携，来到了蒲州，找叔父想办法。

颜真卿看到颜泉明带着这么多人来找他，有些高兴也有些惊讶。这些人，都是忠良之后，他们的亲人当年为了保卫常山，被叛军所杀，现在他们无依无靠，他颜真卿必须设法帮助他们。

可是这是三百多人啊，一人平均十两银子，那就是三千两，自己的俸禄虽然不低，每年俸禄职田加起来差不多有二百两银子，但是除掉各种花销，每年所剩无几，这些年积攒了一些银子，上次颜泉明走的时候，给了他一部分，剩下的一点，韦氏本来打算留着应急的。颜真卿让她先都拿了出来，把这些人都安顿下来。

颜真卿亲自与这些人沟通，有想在本地住下的，颜真卿就设法给他们找房子，帮他们找点儿事做；有想投靠亲友的，颜真卿就给他们筹集路费，并设法给他们带上一点生活费。

为了给他们凑钱，颜真卿借遍了亲朋好友，二哥颜允南、弟弟颜允臧，以及其他的几十名颜家子弟，在得到颜真卿派人送来的书信后，都慷慨解囊，尽自己所能帮助颜真卿。

经过一个多月的忙碌，这些勇士的亲属终于都有了归宿。颜真卿亲自把最后一批回河北投亲的勇士亲属送出蒲州城门，回到家中后，筋疲力尽，躺在床上歇息了两天，才缓过劲儿来。

此时侄儿已经去了长安，颜真卿也准备去长安颜杲卿墓地祭拜兄长，也算与常山之事做一个了结。正在他准备启程去长安之时，突然圣旨来到，让他转任饶州刺史。

颜真卿明白，此番左迁，肯定是有人在圣上面前说了自己的坏话，自己因而不得不再次遭受颠簸之苦。韦氏对这频繁的折腾很是恼火，在颜真卿面前牢骚满腹，颜真卿却已经有些麻木，有些不以为然了。

他对韦氏说："我等不过是受些折腾罢了，相比张巡、袁履谦，还有我兄长，他们为了大唐，惨遭叛军杀害，我们何其幸运。人要知足，方能常乐。"

韦氏不过是一时气恼，听了颜真卿的话，也不说话了，默默收拾东西，准备启程。

颜真卿一行风尘仆仆，快到华阴县城的时候，路上突然出现了一队人马，有七八个人，他们身后有几辆马车，人和车堵在路上，挡住他们的去路。

颜浑先骑马过去查看，到了眼前，发现挡在他面前的竟然有他认识的人。比如颜真卿在平原时的判官穆宁、咸阳尉王延昌、清河主簿张澹三人。这三人在颜真卿放弃平原时，跟随颜真卿一路赶赴凤翔，并皆加官晋爵。王延昌已经是监察御史，穆宁为大理评事摄监察御史，张澹为大理评事。

颜浑没想到，会在这里遇到这三人。

王延昌拱手："王延昌见过颜兄。"

众人也纷纷拱手，颜浑回礼。

穆宁问："颜兄，后面马车上可是颜大人？"

颜浑笑了笑，说："正是兄长。兄长远远看到这么多人，不知是何事，让我过来一看，实在没想到是你们。"

穆宁等人与颜浑一起走到颜真卿的马车前。颜真卿看到众人走过来，已经从马车上下来了，他看到是穆宁等人，不敢相信自己的眼睛："各位大人，你们怎么在这里？"

穆宁拱手："颜大人，我等昨天就到了此地，专门等您呢。"

张澹拱手行礼，说："我等听说颜大人要到饶州赴任，特意到此处等候大人，与大人一见。此去饶州路途遥远，不知何时才能相见，因此特来叨扰大人两日。"

颜真卿大喜："多谢各位大人。颜真卿何德何能，让诸位大人如此惦记。"

王延昌笑了笑，说："我等与颜大人相处最久，颜大人是什么人，我等自然十分了解，否则的话，我等怎么会这么远跑过来，在此等候大人。"

众人皆笑。此时，站在张澹身后的华阴县令和主簿过来见过颜真卿，众人一起簇拥着颜真卿等人进城。

华阴县令和张澹等人已经准备好了宴席，众人先入席吃饭。颜真卿有些犹豫，以往他经过郡县，都是悄悄过去，很少打扰当地官府，更别说让人宴请吃饭了。

张澹看到了颜真卿脸上表情的变化，笑了笑，小声说："大人请放心，此番吃住花费，皆是我三人平摊，跟华阴县令没有丝毫关系。我等知道大人的规矩，何况朝廷中有人盯着您，我等怎么敢给大人添麻烦。"

颜真卿有些感动，拱手说："多谢各位大人盛情，此情此意，颜真卿永世难忘。颜真卿连遭贬谪，很多人避之唯恐不及，诸位大人跑了这么远，特意为颜真卿送行，此番情义可谓重于泰山啊！"

穆宁说："大人不要客气，今日今时，我等能与大人畅饮叙旧，是我等之荣幸。是不是，诸位大人？"

张澹、王延昌等人俱答应，颜真卿也不好再客气，欣然入席。

酒席中，大家说起当年颜真卿平原举义，与安禄山对敌之情景，俱感慨万千。江山依旧人不同，两年过去，叛军依然没有被完全消灭，当年在平原举义，挡住了叛军南下的颜真卿，却屡遭贬谪，这个世界实在是让人感到困惑。

张澹是个善解人意之人，他打断了众人的忧愤，站起来说："诸位大人，我们今天是来跟颜大人叙旧的，不是来给大人添堵的。当年安禄山反叛，天下一片哀鸣，是颜大人带着我们举义，给大唐也给我等带来了希望，还是那句话，只要活着，就有希望。颜大人是饱学之士，心中有山川、有江河，十年河东十年河西，我等在长安，恭候颜大人回来！"

众人也一齐举杯："恭候颜大人！"

酒足饭饱之后，华阴县令带着颜真卿等人，参观了当地有名的西岳庙。

华阴的这个西岳庙历史悠久。据记载，汉代时，汉武帝在华山脚下创建了祭祀西岳神的第一座庙宇——集灵宫。公元前134年至公元前132年迁址重建，改名西岳庙。"五胡乱华"时期，西岳庙遭到重创，破败不堪。北魏时期，由当地官府出面，重新进行了修建。开元十二年（724年）冬，唐玄宗李隆基诏令全国，封华山神为"金天王"，西岳庙改称"金天王神祠"。因此这西岳庙可以说是既有悠久之历史，又具当时之大名，可谓声名如雷。

西岳庙深受官府和民间所信仰，路经华山的官吏、士人等大都会进入西岳庙祈福问卜，据说华山山神会托梦给问卜之人，告知其结果。唐高祖时期的宰相裴寂年轻时家贫，到长安谋生，途经西岳庙，入庙拜祭，祈祷："贫困至此，敢修诚谒，神之有灵，鉴其运命。若富贵可期，当降吉梦。"当天晚上，裴寂便梦到一个白头老神仙。老神仙告诉他说，你三十岁以后方可得志，终当位极人臣，其后果然如此。此事在大唐，几乎尽人皆知。

张澹等人在华阴等着颜真卿，也有让颜真卿拜拜山神、问一问前程的意思。何况这山神接受了玄宗的御封，应该对大唐的事儿上心一些。

颜真卿欣然接受了诸位大人的好意，宴席结束后，就与张澹、王延昌、穆宁以及华阴县令、主簿等人一起游览了西岳庙，拜祭了山神。

颜真卿在华山住了一宿，第二天一早，便与张澹等人告辞，继续南下。

途经洛阳时，颜真卿等人又在洛阳住了一天，拜祭了对自己有着教养之恩的伯父颜元孙，并作祭文，将颜杲卿与颜季明等忠勇追封之事，以及颜家门内之事，皆告知了伯父。这篇祭文全称《祭伯父濠州刺史文》，此时的颜真卿心情已经平复，因此笔墨舒展温和，与《祭侄文稿》之激越大不相同。

04. 安庆绪死里逃生

此时的安史之乱已经进入后期，但是战局形势依旧严峻。

长安和洛阳被唐军拿下后，安庆绪的丞相严庄带着部分叛军向唐军投降，后被肃宗任命为司农卿。

安庆绪则逃到河北，跟随的步兵不满三千人，骑兵才三四百。好不容易在新乡驻扎下来，诸位将领听说大燕的主心骨严庄投降了大唐，他们的心思也动摇起来。安庆绪看情况不佳，不敢久住，继续北逃。将士们越来越没有信心，路上不断有人逃跑。等他到了汤阴，随从的人已经逃走了一半多。安庆绪知道人心已散，也不敢过问，继续北上，等好不容易到了相州，随从的人已经差不多逃完了，只剩下疲惫不堪的士卒一千、骑兵三百。

相州的前面就是滏阳。唐河东节度使李光弼带着一万多军马驻扎在滏阳，挡在安庆绪的面前。此时各处叛军俱按兵不动，没有人来救援他们的皇帝。安庆绪心如死灰，他明白，如果他不能冲过滏阳，那他就离死亡不远了。

此时，他身边只剩下了安庆和等几个本家兄弟。安庆绪召集几个本家兄弟喝酒，酒酣耳热之际，安庆绪对几个兄弟说："各位兄弟，大燕时运不济，连遭败厄。现在我们后有追兵，前有李光弼一万军士拦截，我等离死不远了。"

安庆绪停顿了一下，看了看周围的几个兄弟。安庆和等人都是跟随安庆绪出生入死多年的兄弟，都瞪着眼看着安庆绪。

安庆绪端起一碗酒，缓缓喝光，把碗放在了桌子上，说："我们安家人，从来只有战死的英雄，没有投降的狗熊！兄弟们，我们今日不是战死，便是被唐军杀死，你们愿意怎么个死法？！"

众人齐声喊："我们誓死效忠圣上！"

安庆和站起来，拱手说："圣上，末将有一计谋，如果成了，则可以大破唐军，如果不成，则皆被唐军所杀，只是需要几百个誓死效忠的兄弟，请圣上定夺。"

安庆绪说："到了这种时候，我等只能绝地求生，你有什么计谋，尽管说来。"

安庆和说："李光弼的一万大军驻扎在滏阳城外，末将趁夜去侦察了几次，唐军或许是觉得胜券在握，警惕性很差，我们可以轻易绕过其前锋，偷袭中军。如果末将带几百虎狼之士，趁夜突入其中军放火，唐军必然大乱。到时圣上再派几百人在山上各处擂鼓喊杀，唐军不知有多少大军杀来，必然四散而逃，兵败如山倒，我等趁机拿下滏阳，不成难事。当然，此计在于一击而成，如果一击失败，我等必然被唐军砍成肉酱，圣上……"

安庆绪点头："朕刚刚说过，我们此时是绝地求生。或许陷入绝地，或许能有一线生机。兄弟此计是唯一之计，朕先敬兄弟，祝兄弟马到成功，救大燕众将士于水火之中！"

接下来的两天里，安庆和在这一千多军士和安家人中挑选出了五百莽汉，准备好了火具。他们趁夜绕到唐军大营中部，偷偷摸进大营，先在外面放火焚烧唐军的辎重，然后趁着唐军混乱之际，这五百军士骑着马，猛然冲入唐军军营。唐军正在睡觉，被这五百军士杀得人仰马翻，剩下的慌忙逃跑。

外面的唐军要冲进来，四周山上突然擂鼓如山崩海啸，唐军以为中了叛军埋伏，皆四下乱窜，阵法大乱。将士们找不到他们的军士，军士也找不到他们的将领。安庆和趁机让这五百人兵分四路，边放火，边一路砍杀。一万唐军竟然被这五百军士打败，泽潞节度使王思礼的营地距离李光弼军营四五里，听说李光弼被打败，众军不知是何种天兵天将，吓得四散而逃。

安庆绪竟然在千钧一发之际突然来了个大翻身，狂喜不已，他赶紧派人宣谕各处：大燕军在滏阳大破李光弼、王思礼两军，收降、斩首万计。现在唐军中的回纥兵已经撤走，唐军羸弱，立功不难。先前溃散的将士，限于本月二十六日前到相州集结屯驻，下个月八日将去攻取洛阳。

各路叛军听说安庆绪在滏阳打败了官军，似乎又看到了希望，他们纷纷转换面孔，带着军队来到了相州。安庆绪把相州改称安成府，大赦境内，改年号为天和。他委派薛嵩编练新旧部队三万余众。此后，叛将蔡希德率众从高平来归，田承嗣从颍川来归，武令珣从唐州来归，安庆绪手下很快又拥有了六万大军。

然而好景不长，不久，史思明归降唐朝。随之，大燕朝廷的青州、齐州节度使能元皓，德州刺史王暕，贝州刺史宇文宽等都归顺了李唐朝廷。安庆绪大怒，命令蔡希德、安太清率部进攻投降朝廷各郡县，很多郡县又被叛军攻占。叛军穷凶极恶，将守城将士抓去后，竟然剁成肉块吃掉。

安庆绪听说有的郡县军士有投降朝廷之意，他把这些郡县的将领和士卒全部进行调换，并纵容他们自相屠杀，本来有归降之心的郡县势力大减，各地反叛的势头被压制了下去。

一切安顿就绪之后，安庆绪终于觉得可以喘一口气了，他开始不理政事，在张通儒和高尚的怂恿下修建亭榭楼船，通宵宴饮。大将蔡希德知道这个小朝廷其实风雨飘摇，危机四伏，他屡次上表，希望朝廷能够卧薪尝胆，披坚执锐，打败大唐的主力，都被张通儒给挡了下来。张通儒还上表，参奏蔡希德犯上不恭，居功自傲，安庆绪也烦这个蔡希德不会察言观色，屡次搅乱他的雅兴，索性下旨绞死了他。

05. 造福饶州

颜真卿经过一番颠簸之苦，终于来到饶州。

饶州是江南富庶之地，没有经过叛军骚扰，但是因为境内盗贼蜂起，百姓惶惶，加上徭役和苛捐杂税，很多老百姓不堪重负，无奈只得逃到无人居住的山里，或者逃到外地的亲戚家，饶州城里人烟稀少，一片荒凉。

颜真卿到了饶州之后，召集驻地参军和捕快衙役商量，决心清剿盗匪，让饶州百姓安居乐业。

饶州捕快自然也想杀一杀这些盗贼的威风，但是以往的刺史都受过盗贼的威胁，害怕盗贼报复，都是得过且过，任期一满，赶紧设法离开此地。如此十几年下来，饶州的盗贼无人敢管，更加猖狂。

颜真卿愤慨，对众人说："大唐天下日月昭昭，区区几个盗贼竟然无人敢管，真是岂有此理！诸位放心，安禄山的叛军我都不怕，何况这几个盗贼？从明天起，抓贼者皆有功赏，勾结盗贼者与贼同罪！"

颜真卿经过一番探查，得知捕快中果然有与贼人勾结者。他在侦得一帮山贼的巢穴后，设下一计，把要围剿山贼巢穴的打算告诉了众捕快，然后派当地守军埋伏在半路，把要上山报信的捕快当场抓住。

颜真卿调动守城军士与捕快一起围剿山贼，把贼首与抓到的捕快一起斩首。此举震动饶州，很多小贼吓得金盆洗手，回到家中过起了正经日子。

经过一番围剿，短短的半年时间，颜真卿带着捕快和军士们便抓到大小贼盗二百多人，斩匪首三十多人，饶州治安有了很大的好转。

众人皆喜不自胜，颜真卿却高兴不起来。他从捕快那里得知，饶州有一个人称山鬼的土匪还没有抓住。这个山鬼抢劫财物，杀人如麻，颜真卿也不知道他到底杀了多少人。

颜真卿让所有的捕快衙役，都出去探访这个山鬼的下落，两个多月过去了，却一点消息都没有。颜真卿手里还有上百起被盗被抢的案子没有破，其中有十多户人家，家中有人被杀。其中德兴县有一户姓程的殷实人家，家中父子俩被杀，程家十六岁姑娘被劫，下落不明。

颜真卿命令几个得力捕快在德兴县查访此事，前后查访了一个月，也是毫无线索。

众人正无奈之时，颜真卿突然接到衙役报告，说有个姓程的女子，来到州府告状，说土匪闯进她家，杀了其父亲和兄长，把其掳进匪窝。她用计刚从匪窝中逃出来，直接来到州府告状。

颜真卿马上让人把女子带到大堂。程家女子衣衫破烂，蓬头垢面，看到颜真卿后，扑通跪下，号啕大哭。颜真卿看到这一情况，马上让夫人带着女子到家中一番梳洗，给她换了一身干净衣服，然后让夫人带着她来到大堂。

女子略略从惊恐中缓过神来，把遭遇土匪抢劫的经过详细跟颜真卿说了。颜真卿听她说的情况，估计到她家抢劫并杀人的土匪就是人人闻之色变的山鬼，他仔细询问了山鬼在山中的住处后，让夫人照顾程家女子，他亲自带着军士和衙役，到山中抓捕这个山鬼。

这个作恶多端的山鬼没有想到，官兵会这么快就找到他。山鬼带着几十个悍匪在山中到处躲藏，颜真卿率领官兵，在山中搜索了十多天，最终把悍匪们堵在了一处山谷中。山鬼带着几十名手下左冲右突，最终还是没有从官兵的包围中逃出去，被官兵抓住。

颜真卿亲自审问了这个山鬼。山鬼知道，他既然被官府抓住，肯定是难逃一死，索性把自己做的恶事都交代了。这个山鬼和同伙总共杀了三十多个人，威胁过曾经的饶州刺史，甚至还准备暗杀颜真卿。此人危害饶州百姓十多年，抢劫金银财宝无数。

饶州百姓得知山鬼被抓，纷纷来到府衙，要求凌迟这个山鬼。颜真卿与众属下商讨后，决定答应饶州百姓的请求，对此贼施以磔刑。

施刑之日，围观群众人山人海。刽子手用小刀从山鬼身上割下一片片血肉，山鬼凄厉哀号，百姓围观叫好。

最后，饱受肆虐的程家女子，亲自用短刀剜出了山鬼的心脏，祭奠自己被杀的父兄。

颜真卿对这些凶恶之徒用极刑，完全不顾自己安危的做法，终于震慑住了这些猖狂了几十年的悍匪，饶州全境很快变得风清月明，路不拾遗，饶州的老百姓终于过上了安居乐业的好生活。

颜真卿对饶州百姓赋税过重一事，也非常重视。他"简徭役，黜贪残，劝课农桑"，与各郡县制订办法，鼓励百姓利用饶州丘陵地形比较多的特点，种植桑麻，提高收入。

饶州老百姓对颜真卿的决策言听计从，纷纷上山开山种树，曾经惶恐萧瑟的饶州，一片生机勃勃。颜真卿的僚属蔡明远在颜真卿来到饶州之前，就耳闻其大名，颜真卿来到饶州后，蔡明远跟着颜真卿鞍前马后，捉盗贼，种植桑麻，皆不辞辛苦，劳心劳力，两人结下了深厚的情谊。后来颜真卿再次被贬北归，没有盘缠粮食，蔡明远购买了粮食，带着路费，从鄱阳一路运送过去，为颜真卿解围，让颜真卿非常感动，此是后话。

看到饶州变了样子，颜真卿非常欣慰，终于有闲心研究自己钟情的书法艺术了，并与饶州的士林文人交往频繁。饶州的读书人早就仰慕颜真卿大名，每日拜访颜真卿的人络绎不绝。颜真卿得知鄱阳荐福寺有一块《荐福寺碑》，乃初唐书法家欧阳询所书，非常高兴，特与众人一起去观瞻。欧阳询书法落笔圆正，气力纵横轻重有序，字势四面停匀，疏密敧正，让颜真卿赞赏不已。

《荐福寺碑》立于荐福寺院子内，风吹日晒有些损坏，颜真卿下令拨了一些款项，加上一些富户集资，为《荐福寺碑》盖了一座精致的小亭子，为其遮风挡雨，后人称此亭为鲁公亭（颜真卿后被封为鲁郡开国公，人称颜鲁公）。

06. 史思明称王

颜真卿极为关注的安史之乱，波澜再起。

史思明虽然归降，却对唐朝廷颇不信任。他一面假装对朝廷忠心耿耿，一面却不断招兵买马，扩充军力。此情被大唐的将士们察觉，迅速将此事报告了唐肃宗。史思明反正之初，李光弼就知道史思明的投诚不过是权宜之计，要不了多久，他还会再叛。所以李光弼向肃宗献策，派一个史思明信得过的人代表朝廷前往范阳宣谕慰问，借机做掉史思明。两人一番商量后，决定派信都太守乌承恩去。

乌承恩之父乌知义曾是史思明的长官，史思明刚入仕途时的上司，对史思明有提携之恩。乌承恩开元年间为平卢先锋，战功卓著。史思明随安禄山起兵后，时任信都太守的乌承恩率全郡投降史思明。安庆绪落败后，乌承恩是力劝史思明反正的心腹之一。

乾元元年（758 年）六月，乌承恩一行抵达幽州，宣谕慰问史思明。史思明特意安排乌承恩住进了自己的官邸，对其很是恭敬。

乌承恩知道多疑的史思明对自己有所怀疑，为了行动方便，他打扮成妇人，到他熟悉的将领家里做工作，让他们"起义"，杀了史思明。他没想到，这些蕃将出身的将领对史思明很忠心，他们嘴上答应与乌承恩一起杀了史思明，第二天便把此事告诉了史思明。

史思明大吃一惊，与属下商量后，决定设计诱捕乌承恩。

乌承恩的儿子其时正于史思明帐下任职，史思明让人去把他儿子叫来，对他说："你父亲奉圣上之命来军营宣慰，你们多日未见，你去看望一下你父亲吧。"

乌承恩的儿子不知是计，对史思明千恩万谢，骑马来到父亲的住处。

乌承恩见到儿子，自然也是十分高兴。两人闲聊了几句，乌承恩悄声告诉儿子："此番我来到军营，是受朝廷之命除掉这个反叛的胡贼，圣上金口玉言，如若此事成功，那我就是节度使了！"

儿子有些害怕："父亲，此事可不是小事。史将军是个非常精明的人，他手下的那些将领，都是跟他在边塞打仗打出来的，何况史将军本人就很勇猛，您根本不是他的对手，您怎么杀得了他？父亲，我劝您还是赶紧回去吧，此地可不比长安，史将军生性多疑，让他看出您的来意，我们父子俩都要倒霉。"

乌承恩笑了笑，说："承蒙圣上看重，此番我一定要立功而归。我已经暗中找了几个与史思明关系不是太好的将领，他们都答应帮我。哼，其实他们是在帮自己，想跟我沾光升官而已。此事你不要声张，心中有数就行，剩下的事儿我自己来做。"

乌承恩的话音刚落，突然从床底下传来抑制不住的笑声。

乌承恩大惊："谁?！"

乌承恩的儿子拔出刀，掀开床底，两个手持大刀的将领从床下跳出来："乌承恩，你们父子竟敢密谋杀害史将军，胆子不小！"

乌承恩看到两人，大惊："两位将军，我们不是说好了，要一起为圣上立功吗？"

其中一位哼了一声，骂道："乌承恩，史将军对你可是不薄，你狼心狗肺，想杀史将军，呸！畜生才想跟你一起立功呢！把本将惹恼了，我带着人杀上金銮殿，要了那个狗皇帝的性命！"

乌承恩大怒，抽出刀，正要与儿子一起杀人，突然有人撞开门，一队人马冲进来。乌承恩没有来得及反抗，便被人缴下了武器，五花大绑绑了起来。

这些人把乌承恩的住处搜了个底朝天，在乌承恩的行李中搜出了李光弼的牒文，文中让乌承恩邀阿史那承庆一起刺杀史思明，还有事成后准备赏赐给阿史那承庆的免死铁券，另外还有一本小册子，上面列满了史思明心腹党羽的名单。

这些人把乌承恩和他的这些东西一起带到了史思明的营帐中，史思明大怒，质问乌承恩："乌承恩，我史思明哪里对不住你？你为何要出卖我?！"

乌承恩害怕了，吓得满头是汗，不断磕头："史将军，这都是李光弼的阴谋啊，我不敢不如此，史将军，请您饶我一命!"

史思明哼了一声，骂道："老匹夫! 如果你真的不想杀我，来到军营后，完全可以把此事告知于我! 你是杀我不成，想给自己找一个推脱之理，你以为我史思明真像你想象的那么傻吗? 把乌承恩等人给我关起来，明天斩首!"

第二关早上，史思明让人把乌承恩以及他的儿子、带来的二百多名随从，都五花大绑，押上高台。史思明集合了所有部众、官吏和幽州百姓，先是向众人控诉了乌承恩的罪行，然后突然面向西南跪下，痛哭流涕地说："臣以十三万众降朝廷，何负陛下，而欲杀臣?!"

史思明的这一跪一哭很是煽情，众人被史思明煽动起了无限的同情心和怒火，都喊着要打死乌承恩，打到金銮殿，为史将军报仇。

看到面前的阵势，乌承恩明白，他们父子以及手下随从，是没有活路了。事情至此，乌承恩倒也死心了，不过让他死不瞑目的，是他拖累了儿子以及二百多名随从。

乌承恩看了看跪在旁边的、尚显稚嫩的儿子，说："儿子，我对不起你啊! 如果不是我拖累了你，你怎么会有今日之厄运?! 我真是后悔啊!"

儿子安慰他说："父亲，事已至此，后悔也晚了。人终有一死，与父亲死在一起，儿子心甘情愿。"

儿子尚未婚配，自己从此没有了子嗣，况且儿子如此年轻，乌承恩大喊史思明，求他饶儿子一命。

史思明露出了凶相，冷笑了一声："乌大人，早知今日，何必当初? 要是我史思明落在你手里，你会放过我的妻儿吗?"

乌承恩忙磕头："当然能。大丈夫厮杀，祸不及妻儿，史将军，您就放我儿子一马吧。此事与他毫无关系，您要是放了他，下辈子我乌承恩给您当牛做马侍奉您!"

史思明哈哈大笑："我史思明从来都是斩草除根! 来人呀，先让乌大人看看，我是怎么除根的!"

几个壮汉来拖乌承恩的儿子，乌承恩死命拖着儿子，苦苦哀求。一个壮汉一脚把乌承恩踹倒在地，他们把乌承恩的儿子拖下台子，旁边几个手持木棍的壮汉，朝着乌承恩的儿子劈头盖脸就砸了下去。

小伙子疼痛难忍，连声惨叫。

乌承恩要扑过去，被几个壮汉死死地摁在地上。

乌承恩大骂史思明。

小伙子一阵惨叫之后，终于没了声息。史思明一挥手，摁着乌承恩的人松了手，乌承恩扑到儿子身上，号啕大哭。

几个壮汉一阵棍棒朝着乌承恩砸下来，乌承恩大骂史思明，直至被砸得没有了声息。

乌承恩所带二百多名随从，也同样被用木棍打死。

之后，史思明上表，质问李亨。李亨把责任推得一干二净，遣使宣慰说："此非朝廷与光弼之意，皆承恩所为。杀之，甚善。"

唐肃宗虽然这么说，但是他知道，史思明是不会相信的。他一面派人安抚史思明，一面与李光弼商量，如何对付史思明。

史思明也明白，肃宗不会饶了自己，他也一面与唐肃宗周旋，一面准备重新反叛。史思明的参谋耿仁智劝他不要反复，恼怒的史思明亲手击碎了他的脑袋。

九月，唐肃宗派遣郭子仪等九位节度使，率领步兵骑兵二十万进攻安庆绪盘踞的相州，任命鱼朝恩为观军容宣慰处置使。

郭子仪派三千名弓箭手预先埋伏好，他率部与叛军交战，之后假装不敌，引诱叛军追赶。叛军追至弓箭手埋伏处，弓箭手一齐射击，叛军全军溃败。

此时，史思明再次反叛朝廷，安庆绪派薛嵩向史思明搬救兵，说要把燕国帝位禅让给他。史思明先派李归仁率领步兵一万人、骑兵三千人，到滏阳接应。等李归仁到了滏阳，郭子仪的包围圈已很坚固，筑了三道城墙，挖了三道战壕，楼橹望台气势雄伟，李归仁束手无策。郭子仪放水灌相州城脚，相州城内地下水猛涨，每口井都大水横流。

安庆绪眼见崔乾佑无能，便让安太清接替崔乾佑任都知兵马使，与郭子仪对峙。

史思明率部攻打相州南之魏州，魏州节度使崔光远逃跑，史思明占领魏州城几天之后，乾元二年（759 年）正月初一，史思明自称燕王，设立年号，僭称大圣周王。

相州城从乾元元年（758 年）十月被围到第二年二月，仅仅五个月时间，已经成了人间地狱。

因为没有吃的，相州城里的人相杀而食，所有能吃的东西，都卖出了天价。一斗米的价钱为七万多，一只老鼠值好几千钱，人们把塌墙下的麦谷壳和马粪洗一洗，就像喂马一样地吃掉。

围攻相州的唐军虽然有郭子仪和李光弼等经验丰富的大将，但是唐肃宗却让宦官鱼朝恩作为这支拥有二十万之众军队的总头领。史思明拿下魏州时，李光弼就曾经向鱼朝恩提议，分兵北上，进逼史思明，就算不能取胜，与之相持，也足以解除唐军腹背受敌的危险，可鱼朝恩断然拒绝。

鱼朝恩以为二十万军队包围了相州，会很快打败被围在城中的安庆绪，然后他再转身收拾史思明。让他没有想到的是，安庆绪咬着牙死扛，一直坚持到第二年的三月。

史思明在魏州称王后，又招兵买马，并于三月初突然出兵十万，从背后进攻围攻相州的唐军。唐军仓皇对阵，安庆绪趁机率部从相州杀出，叛军两下夹击，唐军大败，死伤十余万。郭子仪撤下相州向南撤退，毁掉河阳桥以便据守谷水。

史思明带领部队到相州南边筑起营垒驻下。安庆绪派人收缴了郭子仪等人军营中丢下的粮食六七万石，又跟孙孝哲、崔乾佑商量后，关紧相州城门固守，抵御史思明。孙孝哲等人不同意，他们觉得此番他们死里逃生，是史思明救了他们，因此他们不能对史思明背信弃义。

张通儒、高尚、平洌也对安庆绪说："圣上，史王远道而来，我们应该去迎接他，向他道歉。我们要尽洗前嫌，结为同盟，才能够对付大唐的军队。"

安庆绪知道这个道理，但是他不想去，就对三人说："你们随意吧，愿意去就去。我先等等为好。"

张通儒和高尚、平洌三人一起去见史思明。史思明见到三人，想起以前与安禄山一起起兵的日子，不由得抱头痛哭。

三人以见皇帝之礼，拜见史思明。史思明大喜，让手下重赏三人。

史思明以为自己救了安庆绪，且安庆绪有错在先，他应该来拜见自己，说一番好话，然而，他等了三四天，还是没等到安庆绪。

史思明恼了，他派人去对其进行严词谴责，安庆绪知道，自己无论从兵力上，还是智勇方面来说，都不是史思明的对手。他让人给史思明捎信，说他愿意对史思明称臣。史思明让人送信，说他愿意略去君臣礼节，和安庆绪以兄弟相称，且热情邀请安庆绪前来歃血为盟。

安庆绪信以为真，带着四个弟弟及部下孙孝哲、崔乾佑、高尚等人以及三百骑兵去见史思明。

史思明让人把安庆绪领进军营，命令全体将士穿甲戴盔握着武器等待他。安庆绪觉察到不好，忙跪下叩头称臣说："安庆绪叩见燕王。安庆绪才疏学浅，丢失了长安、洛阳，长时间陷入重重包围，没想到燕王不计前嫌，看在我父亲的面上，率领部队远道而来援救，安庆绪感激不尽。"

史思明哼了一声，说："胜败乃兵家常事，丢失长安、洛阳，打仗失利，那又算得了什么？安庆绪，你最不应该做的，是杀死你的亲生父亲！你作为儿子，弑父夺位，难道不是大逆不道吗？我与你父亲是好兄弟，今天，我就替他来惩罚你这个奸贼！"

安庆绪吓得面如死灰，磕头如捣蒜，求史思明饶了他。他愿意解除兵权，把所有的兵马都交给史思明。

史思明自然知道斩草除根的道理，命人马上把安庆绪拉出去，连同他的四个弟弟以及高尚、孙孝哲、崔乾佑等心腹，都处以绞刑。

之后，史思明带兵进入相州，收降安氏遗众，留下儿子史朝义驻守邺城，自己回到范阳。

五月，更国号为大燕，自称应天皇帝，年号顺天，立妻子辛氏为皇后，封儿子史朝义为怀王、周挚为宰相、李归仁为将军，改称范阳为燕京。

07. 迁升升州

颜真卿在饶州整治匪患，鼓励种植，仅仅半年之后，饶州风气大变，一片生机。

就在颜真卿谋划如何进一步提高饶州老百姓的生活水平的时候，突然圣旨下来，颜真卿改任升州刺史，充浙西节度使兼江宁军使。

颜真卿听中使宣读完圣旨，几乎不敢相信自己的耳朵。自己这一路贬谪，怎么突然就福星高照升迁了呢？

中使走了后，颜真卿方有时间回家，让夫人收拾行李，准备去升州赴任。

韦氏听说颜真卿突然升任升州刺史兼浙西节度使，不敢相信。

朝廷中现在是太监李辅国掌权，天下大事几乎全决定于李辅国，朝臣所奏之事往往先经他手然后才告知肃宗，宰相及朝中大臣想见皇帝都须经过李辅国的安排，皇帝的诏书也需要李辅国的署名才能施行，群臣不敢提出不同意见。宗室贵人对李辅国以"五郎"尊之，当时的宰相李揆更称李辅国为"五父"。

为了更准确地了解朝中大臣的动向，李辅国还专门派几十人负责监督官员的一举一动。对于不顺从的官员加以严厉打击。李辅国根据自己的好恶处治全国的讼案，并以皇意相标榜。地方上的节度使也是李辅国一手委派。朝中大臣为了有升迁的机会，几乎人人都要设法给李辅国送礼，想方设法巴结他。

颜真卿却对李辅国视若无物，即便回长安时偶尔遇到，也是想尽办法躲避，不与之搭话。

颜真卿在蒲州之时，有一次回长安省亲，颜真卿和韦氏坐了一顶平常的小轿去二哥家，在路上遇到了耀武扬威、坐着十六乘大轿的李辅国。李辅国的护卫在前面开路，有一个走得慢一些的老人，被护卫推倒在地，老人想爬起来，却直接被两个护卫拖着，扔到了一边。

颜真卿实在看不下去，跳下轿子，把老人扶了起来。他还要与李辅国的护卫们理论，被韦氏赶紧拽着上了轿子。

颜真卿还愤愤不平："这个李辅国，天天在圣上面前说自己多么忠于大唐，怎么关心百姓，就他这种做派，还能关心百姓?! 夫人，我只不过是想教训一下他的护卫，你为何要把我拽上来?!"

夫人说："夫君啊，你都这么大年龄了，怎么做事还这么冒失? 李辅国现在在朝堂之上可是说一不二，我听人家说了，现在朝廷流行着一句话，宁可得罪圣上，也不可得罪五郎。你要在大庭广众之下教训他的护卫，那不等于是打他的脸吗? 李大人是个什么人，你不是不知道，他能轻饶了你?"

颜真卿恨恨地说："百姓是我等之衣食父母，自己做了官，就觉得高人一等，视百姓如草芥，实在是可恶至极! 这等人物，得罪了有何不可?!"

夫人说："夫君! 我们现在已经够倒霉的了，现在颜家上下上百口人，就靠你那点俸禄养活着，你莫非还想让他再降你一级?!"

颜真卿恨恨地长出一口气，不说话了。

让他们两人没有想到的是，李辅国坐着轿子，走到颜真卿停在路边的小轿子旁的时候，还让轿子停了停，李辅国还掀开轿帘看了颜真卿坐的轿子两眼。不过颜真卿落下了轿帘，李辅国应该是没看到自己。

但是自己去扶老人的时候，他不确定李辅国是否看到了他。

在当今的大唐，有一条不成文的规矩，路上的官员看到了李辅国，是要赶紧把轿子停在一边，下轿朝着李辅国的轿子鞠躬施礼。如果让李辅国看到了自己，而自己没有下去，那在李辅国看来，就是对他的冒犯。

韦氏为此提心吊胆，一直怕李辅国找他们的麻烦。颜真卿从蒲州贬到饶州，夫人和颜真卿都没吭声，但是两人都怀疑，此事跟李辅国有关系，跟颜真卿见到李辅国没有下轿有关系。

但是突然从饶州被擢升为升州刺史兼浙西节度使，这是怎么回事?

夫人好长时间没有回过神来，颜真卿说："朝中虽然是李辅国专权，但是圣上可是少有的英明睿智之君，否则，圣上怎么会突然让我升任浙西节度使呢? 先不说这节度使是封疆大吏，升州之地，那可是六朝古都、形胜之地。浙西道管辖长江南岸苏杭等十州，是大唐最为富庶之地，朝廷财用所系。朝廷将此重任托付于我，足见圣上并不是容易被李辅国之流蒙蔽之人。"

颜真卿一面准备赴升州上任，一面派人给肃宗送《谢浙西节度使表》。在谢表中，颜真卿表示感谢圣上将此重任委之于他，他到任之后："即当缮修甲兵，抚循将士，观察要害，以备不虞。假陛下英武之威，遵陛下平明之理，一心勠力，上答天慈……"

升州确实是富饶繁华之地，与饶州、蒲州等地无法相比。

然而，此时安史之乱还未平息，很多在外的节度使拥兵自重，大唐依然危机重重。

浙西之地乃国家经济重镇，颜真卿更是不敢掉以轻心。他通过与扬州刺史刘展的交往，和众人对刘展的反映，觉得这个刘展有叛乱的迹象，颜真卿便让各地暗中修缮城墙，招募兵马，修整刀枪，做好防御的准备。

颜真卿的岳父韦迪之弟韦冰任南陵县令，此前逗留鄂州，与同在鄂州的大才子李白经常一起吟诗作赋。颜真卿来到升州后，韦冰要去升州，看望侄女以及侄女婿，这让早就得知颜真卿大名的李白钦慕不已。韦冰邀李白同往，此时李白因为参与永王造反，刚刚获赦不久，住在老友江夏太守良宰家中，靠着朋友接济生活。而李白觉得贵为升州刺史、浙西节度使的颜真卿家中应该是"堂上三千珠履客，瓮中百斛金陵春"（李白《寄韦南陵冰，余江上乘兴访之遇寻颜尚书笑有此赠》），自己与人家相比，不免有落魄之嫌。高傲的李白拒绝了韦冰的邀请。

韦冰来到升州，见到颜真卿后，与颜真卿说起此事，颜真卿听了也感到有些遗憾。不过李白没有料到的是，颜真卿并不像他说的那样富有，因为没有外财，他的那点薪水，养活一家人都很困难。颜真卿从来不收下属之礼，也从来不给上司送礼，此事在大唐尽人皆知，颜真卿用人，只有一条标准，那就是才能。

在大唐，颜真卿成了一股清流。

08. 蔡明远义助颜真卿

颜真卿在升州暗中备战，却让其上司——都统江淮节度宣慰观察使李峘感到忧心忡忡。

李峘是唐朝宗室，为人忠厚，志向远大，品行端正。初任南宫郎，例封赵国公。杨国忠乱政，从吏部考功郎中出为睢阳太守。安史之乱时，随同唐玄宗前往蜀地，还任户部尚书，改封越国公。乾元元年（758 年），兼御史大夫，持节都统江淮节度宣慰观察使。李峘素闻颜真卿之名，却对其不喜。其中最重要的一条，就是这颜真卿对其不像别的官员那样拍其马屁。李峘不收礼，不搞结党营私这些勾当，但好话还是喜欢听的。

颜真卿整修城墙，打造兵器，虽然不是明目张胆，但是这种事怎么能瞒得住啊，李峘听说后，吃了一惊。当然，他没有怀疑颜真卿会造反，而是觉得颜真卿一副大敌当前的样子，破坏了江南之地安定繁荣的景象。李峘让人来到升州，质问颜真卿为何要暗中打造兵器，修缮城墙。

颜真卿没有跟他们细说，而是手书密信一封，让他们交给了李峘。李峘看到密信，对颜真卿说的刘展有可能谋反的事嗤之以鼻。他让人回信给颜真卿，让颜真卿不要杞人忧天。颜真卿不肯听李峘的话，暗中依然让手下继续防备刘展。

李峘马上给肃宗上了一份奏折，意思是颜真卿暗中制造兵器，修缮城墙，弄得本来好好的江南一带风声鹤唳，很多商户不敢再做生意，农民也不敢种地了，对江南造成了非常不好的影响。而且作为浙西节度使，颜真卿怀疑扬州刺史刘展会造反，此事如果让刘展得知，刘展恐怕真的会被逼无奈带兵叛乱，那江南可就麻烦了。

肃宗久经叛乱之苦，最怕听到"叛乱"二字，经过一番考虑后，肃宗下旨，免去颜真卿升州刺史、浙西节度使职务，回京任刑部侍郎。

此时离颜真卿上任节度使刚刚半年时间，颜真卿接到圣旨，真是苦辣酸甜，各种滋味都有。

最让颜真卿感到沮丧的，是他这些年辗转颠簸，花费不少，原先有一点积蓄，又都资助了常山遇难官员的妻女，加上到各处要增添各种用品、家口越来越多，他在升州处理完各种事务，要赶赴长安的时候，却连盘缠都没有了，妻子韦氏手中的一点点银子，仅够全家人吃几天饭。

看到人家当官，都是置地买房，花天酒地，颜真卿忠心耿耿，清正廉洁，却一再被贬谪，一年的时间，倒有半年颠簸在路上，韦氏越想越委屈，看着手中的一点银两，不由得抽泣起来。

颜真卿敢跟叛军对阵，敢带着军士亲自到山中捉拿悍匪，对于妻子的悲哀，却没有办法安慰。为了能凑齐到达长安的路费，他暗中跟颜浑商量，把自己珍藏的几件古董书画和银器，拿到市场上卖掉。

颜真卿在饶州时的僚属蔡明远有事来升州，顺便拜访颜真卿。他看到颜浑带着人朝外搬弄这些器物，上前询问。颜浑只得告诉他，大人手头紧张，不得不暂且卖掉这些东西换钱，以做进京费用。

蔡明远大惊，他实在想不到，堂堂升州刺史、浙西节度使，竟然连一家人的路费都没有。蔡明远让颜浑把颜真卿珍爱的这点字画银器都拿回去，说盘缠的事儿他想办法。

蔡明远的父亲是生意人，家中颇有积蓄。他得知颜真卿还要在升州等着新任升州刺史来到才能走，便马上坐船回家，带了银两，在老家买了一些吃用之物，又雇了一艘船，从水路直奔升州。

来到升州后，蔡明远先见到了颜浑。颜浑正急得不行。他没卖颜真卿的那点珍爱之物，也没把蔡明远的事告诉颜真卿，只是告诉颜真卿，盘缠的事他有办法了。颜真卿很疑惑，但是因为他们还要在升州等些日子，就没有认真追究此事。

蔡明远一去二十多天，颜真卿到了启程的日子，蔡明远还是没有消息，这可急坏了颜浑。颜浑正准备把颜真卿让他卖的东西卖掉呢，蔡明远来了。颜浑长出一口气，赶紧带着蔡明远去见颜真卿。

颜真卿正在看家人朝停在秦淮河的船上搬运东西，颜浑带着蔡明远在码头上找到了他。颜真卿得知蔡明远为了帮自己筹措盘缠，竟然跑回饶州，又带着财物回来，感动不已。不过颜真卿不肯无偿接受蔡明远的接济，让颜浑把其购买的粮食等物折算出价格，连同蔡明远接济的银两一起，用自己珍藏的字画折价给蔡明远。

蔡明远不肯，说："大人啊，这点财物，不是贪污所得，我家是做生意的，略有些积蓄，这个您不是不知道。我接济一下大人，是因为大人是我蔡明远敬仰之人，大人若需要，我蔡明远拿出性命都可以，何况这点东西？大人如此，让蔡明远感到很是惭愧啊！"

颜真卿知道蔡明远是真心想帮自己，自己如果计较下去，反而显得小气了。他就对蔡明远说："多谢蔡大人深情厚谊，那我就不客气了。"

颜真卿与家人登船后，蔡明远一直送了颜真卿等人三十多里路，到达古邗沟东一处叫作邵伯南埭的地方。在这里，颜真卿的船要拐弯而去，蔡明远与颜真卿依依惜别。

在船头，颜真卿让人研墨铺纸，为蔡明远写了《与蔡明远帖》：

> 蔡明远，鄱阳人。真卿昔刺饶州，即尝趋事。及来江右，无改厥勤，靖言此心，有足嘉者。一昨缘受替归北，中止金陵，阖门百口，几至糊口。明远与夏镇不远数千里，冒涉江湖，连舸而来，不惮暴刻，竟达命于秦淮之上。又随我于邗沟之东，追攀不疲。以至邵伯南埭。始终之际，良有可称。今既已事方旋，指期斯复。江路悠缅，风涛浩然，行李之间，深宜尚慎。不宣。真卿报。

> 闻邹游与明远同来，欲至采石。计其不久，亦合及吾淮泗之间。脱若未到，见之宜传此意。遣此不宣。真卿报蔡明远。

《与蔡明远帖》是在较恬静的心境中写就，用笔沉着大气，笔韵流畅，疏淡脱俗。宋代书法家黄庭坚对此帖尤为敬服，曾云："笔意纵横，无一点尘埃气，可使徐浩服膺，沈传师面北。"

蔡明远义助颜真卿，两人之间的真诚情意让人感动。颜真卿的高风亮节，蔡明远的仗义疏财，两人之间这种脱离尘俗的大情大义，让人敬仰，让人喟叹。

09. 再次被贬

颜真卿离开升州前两个月，唐肃宗突然遣使下旨，命各州县于临河靠江处设置放生池。放生池从山南西道的洋州兴道县开始修建，一直到升州江宁县的秦淮太平桥，共建有八十一处。

肃宗此举是为了表示他的仁爱情怀，颇有作秀之嫌。

颜真卿为肃宗的这一"仁爱"之举撰文刻石，名《天下放生池碑铭》：

> 古之聪明睿智，神武而不杀者，非陛下而谁？昔殷汤克仁，犹存一面之网；汉武垂惠，才致衔珠之答。虽流水救涸，宝胜称名，盖事止于当时，尚介祉于终古。岂若我今日动者植者、水居陆居，举天下以为池，馨域中而蒙福。乘陀罗尼加持之力，竭烦恼海生死之津。揆之前古，曾何仿佛？

颜真卿的碑铭中，借肃宗放生之事，弘扬儒家思想，颇有深意。

颜真卿在碑文中大赞肃宗的好生之德，并用绢写了一本交给使臣献给圣上，并请圣上题写碑铭。

颜真卿回到长安后，又给肃宗上表，觉得去年所书笔画细了，又另写一本，随表奉进，得到肃宗应允。

玄宗、肃宗关系微妙，大诗人杜甫曾有诗云"鹤禁通霄凤辇备，鸡鸣问寝龙楼晓"，写的是肃宗通过夹城到兴庆宫向玄宗问候起居之事。其实，这是表面现象。真实的状况是，两人互相戒备，加上李辅国在肃宗面前不断挑拨，肃宗与玄宗的关系后来到了接近破裂的地步。

唐玄宗本来居住在兴庆宫，经常在勤政楼招待各位将军，这让肃宗和李辅国很是担心，怕玄宗利用这些将军重新掌权。

有一次，久雨初晴，玄宗登上勤政楼看风景，楼下的百姓和来往行人见到了玄宗，惊喜不已，高呼万岁。

当时肃宗正生病，听到此事很是郁闷。

李辅国趁机上奏诬陷说："陛下，让太上皇露面，争取民心，此乃高力士和陈玄礼之计谋，为夺权之前奏，陛下不可不防啊！"

唐肃宗不说话。

李辅国又说："陛下，太上皇身体欠佳，兴庆宫靠大街太近，老奴要给太上皇寻一处安静之处，此事告知陛下，陛下不必多心。老奴忠心耿耿，万事只为陛下考虑。"

唐肃宗不说话，不表示同意也不表示反对。李辅国马上矫诏，将唐玄宗迁到太极宫。并且，他撤换了唐玄宗身边的人，只给唐玄宗配了二三十个老弱护卫。

唐玄宗带着这些老弱护卫，走到交叉路口的时候，路口的四面八方突然出现了不计其数的全副武装的皇宫卫士。这些卫士手按在腰间的刀柄上，一副剑拔弩张之态。李辅国站在路口，一副得意的样子，看着唐玄宗等人。

看到这种情况，唐玄宗很吃惊，以为李辅国要杀人，好几次吓得差点掉下马来。

高力士知道李辅国这是故意做给唐玄宗看的，愤怒了，他骑马来到李辅国面前说："李辅国，你大胆！太上皇是五十年的太平天子，深受百姓爱戴，你竟敢如此无礼！你给我下马听旨！"

李辅国看到高力士身边带着的几个愤怒的护卫，知道如果唐玄宗真要杀了他，那他就白白送死了，他不敢说话，赶紧下马接旨。高力士宣读了唐玄宗的口谕，李辅国不敢不听，命令士兵把刀放回刀鞘内，齐声喊"太上皇万福"，并纷纷向唐玄宗叩拜。

高力士又让李辅国牵马，李辅国赶紧牵马，和兵士们一起护送太上皇到了太极宫。

李辅国被高力士一番抢白，对唐玄宗又添怨恨，不久，他设计迫害陈玄礼，逼迫陈玄礼致仕，又把高力士流放。唐玄宗身边再无可用之人，唐玄宗被置于李辅国的监视之下，郁闷致病。

玄宗与肃宗之间微妙的关系，李辅国把持朝政从中挑拨，这些事情颜真卿看在眼里，气在心里。

张澹和王延昌等人到颜家闲坐，说起玄宗的近况，皆唏嘘长叹。然而，朝中百官虽然同情唐玄宗，却碍于李辅国的淫威，没人敢吱声。

一向敢于直言的颜真卿坐不住了，他起草了一份请问太上皇起居是否平安的奏章，联络一百多名同僚签名，由他带头，在上朝时，呈给肃宗。

李辅国大怒，与肃宗商量，准备找个由头，把颜真卿从京城撵出去。

再次上朝时，御史中丞敬羽上表，参奏颜真卿"言事忤旨意"，李辅国趁机添油加醋，说颜真卿结党营私，扰乱朝廷。唐肃宗也发现，这颜真卿虽然是忠心耿耿，但是过于耿直，放在自己身边，弄不好会坏自己的事，就顺水推舟，再次将颜真卿贬出长安，任蓬州长史。

此番在长安任职时间，仅仅半年多一点儿。不过历经折腾的颜真卿，已经看明白了，朝廷的混乱不堪，不只跟宦官李辅国有关系，唐肃宗利用这个宦官，打压忠良压制玄宗，才是根源。长安城中，朝堂之上，已经是道德沦丧、人心叵测的是非之地，颜真卿现在巴不得赶紧离开这里。

临走之前，颜真卿拜访了几位跟他一起签名上表的大臣，好在法不责众，肃宗和李辅国也不想搞得朝堂大乱，他们只想赶紧把颜真卿这块愣头愣脑的硬石头搬走，对别的大臣倒也没动什么手脚。

颜真卿这就放心了。

临走之前，颜允南、张澹等人来给颜真卿送行。颜真卿本来以为此番回到长安，终于可以安居老家了，他实在是没有想到，自己此番回来刚刚半年，又要远赴四川上任，颜真卿一肚子的苦楚，只能借酒浇愁，与众人一番狂饮，酩酊大醉。

好在韦氏贤良温婉，对于这种颠沛流离的生活已经习惯了，抱怨一阵之后，韦氏开始收拾东西，这让颜真卿好歹有了些慰藉。

八月初，颜真卿带着家人，离开了长安，又开始了一次长途跋涉。

10. 刘展之乱

蓬州离长安有两千多里路，颜真卿先朝西行，然后沿嘉陵江南下。

到了四川，经过阆州的时候，颜真卿在阆州新政县遇到了兵曹鲜于昱。鲜于昱请颜真卿为其父鲜于仲通撰写碑文，颜真卿同意了。颜真卿曾与鲜于仲通同在御史台供职，算是同僚，而且颜真卿从兄颜春卿之子颜纮曾经为阆中县尉，得到过鲜于仲通照顾，两家多有交往。

鲜于仲通因为曾经得到过杨国忠提拔，官至剑南节度使，后来征伐南诏大败，杨国忠帮其免遭惩戒，迁任京兆尹。因此，众人以为鲜于仲通谄媚于杨国忠，而遭到众人唾弃。

颜真卿却知道，鲜于仲通和杨国忠之间不是这么简单。据他了解，鲜于仲通与杨国忠虽有交情，其人却与杨国忠不一样，是个讲义气之人。

鲜于仲通家族原住漠北，家族是做生意起家，多财而豪爽。鲜于仲通承继家风，"公少好侠，以鹰犬射猎自娱，轻财尚气，果于然诺……读书好观大略，颇工文，而不好为之"。

《新唐书·杨国忠传》记载杨国忠在四川任新都县尉"罢去，益困，蜀大豪鲜于仲通颇资给之"。也就是说，鲜于仲通认识杨国忠的时候，杨国忠是个穷困潦倒的小县尉，鲜于仲通还给予其很多帮助，两人因此成了好朋友。

杨贵妃受到唐玄宗恩宠后，剑南节度使章仇兼琼想跟杨贵妃拉上关系，派部下鲜于仲通去长安活动。鲜于仲通觉得自己不是那块料，就向章仇兼琼推荐了杨国忠。章仇兼琼见杨国忠身材高大，便征辟其为推官，让他到长安进贡，并馈赠价值百万的蜀地财货。杨国忠到长安后，把土特产分给杨氏诸姐妹，并说这是章仇兼琼所赠。于是，杨氏姐妹就经常在玄宗面前替杨国忠和章仇兼琼美言，并将杨国忠引荐给玄宗，玄宗任他为右金吾卫兵曹参军，杨国忠因此才一步步飞黄腾达。

所以说，鲜于仲通与杨国忠交好，并不是鲜于仲通巴结杨，但是杨的发迹，跟鲜于仲通有密不可分的关系。

不过这鲜于仲通确实无大将之才。朝廷征南诏，杨国忠推荐鲜于仲通为剑南节度使，率军与南诏小国作战，几乎全军覆灭，大败而归。幸亏这杨国忠有些办法，帮鲜于仲通说了许多好话，玄宗只是降鲜于仲通为京兆尹。

不过鲜于仲通终究有豪放之气，在京兆尹任上，他"威名素重，处理刚严"，甚得民心。但是他也因此得罪了杨国忠，被贬为邵阳郡司马。

后来鲜于仲通被追赠为卫尉卿、太子少保。

颜真卿为鲜于仲通所写《鲜于氏离堆记》，书法刚健雄厚，气势磅礴，为颜真卿中年时期重要的书法作品之一。

颜真卿到了蓬州任上不到三个月，淮南发生战乱。唐肃宗此时已知升任宋州刺史的刘展有叛乱之意，与李峘设了一谋，肃宗下诏让刘展代替李峘为都统，让其到扬州赴任，却密令李峘暗中设伏，等刘展解除了宋州的兵权后，在赴扬州的路上，将其捉拿。

刘展早就料到了皇帝的这一招，他接受了肃宗的诏书，却并没有解除兵权，而是带着七千精兵浩浩荡荡渡过了淮河，直奔扬州。

李峘无奈，只得与润州刺史韦儇、浙西节度使侯令仪屯兵京口，邓景山率万人屯徐城，迎战刘展。刘展命大将孙待封、张法雷先攻邓景山。邓景山率万人守城，孙待封率四千人攻城。

刘展不愧是个军事奇才，他训练出的军士个个以一敌十，他们在城墙下搭上梯子，便朝着城墙上爬，皆不顾生死。邓景山的军士在城墙上朝下射箭，扔滚木礌石，攻城者不断有人中箭，或者被滚木礌石击中。然而，这些军士非常勇猛，前面的倒下了，后面的人迅速冲上，双方激战一整天，刘展的军士攻上了城墙，邓景山的一万军士竟然被孙待封的四千军士打败，徐城落入刘展之手。

随后刘展亲自率三千精兵攻击李峘。他先设疑兵于瓜洲，多张火鼓，李峘中计，派精兵守卫京口，但刘展却从上游渡河，大军悄悄摸到军营中发起猛攻，李峘军队大败，率残部退守丹阳。

几场战役下来，刘展的军士在江淮一带如入无人之境，毫无防备的江南各郡县，皆望风而降。仅仅几天工夫，刘展连得扬州、润州、升州。拿下升州后，刘展的军队休整了几天，又重新发起进攻，很快占领了淮南、浙西大部，他的七千军马，也迅速扩张到了三四万人。

刘展分兵略地，战无不胜，江淮大乱，邓景山和李峘根本无法与之对敌。

时任平卢都知兵马使的田神功手下有五千精兵，屯于任城，邓景山请求唐肃宗调动田神功来援，肃宗责令邓景山和李峘挡住刘展，不肯让田神功发兵。

邓景山无奈，自己去找田神功，并许以"淮南金帛女子"，田神功答应下来，一边向唐肃宗上奏折，请肃宗同意他讨伐刘展，一面带兵向扬州进发。田神功的军队走到彭城，终于接到了肃宗的诏书，同意他南下讨伐刘展。

田神功在安史之乱中就颇有战功，因此刘展听说田神功来，有些害怕。但是他明白，叛乱之路，没有后路可退，他要想活着，就得先打败这个田神功，然后设法与史思明取得联系，南北联合。

刘展与属下众将一番准备后，亲率精兵八千自扬州前往迎击田神功。田神功于都梁山摆下大阵，迎战刘展。刘展与部下虽然勇猛，却终究是大战经验太少，双方进入胶着状态后，田神功埋伏的兵马冲出来，从刘展的后方发起进攻，刘展军大乱，田神功亲自率兵冲入战阵，刘展战败，七千精兵战死四千多，他率剩下的两千多人逃入扬州。

田神功乘胜进攻扬州，刘展从扬州逃出。

按照与邓景山的约定，田神功的军队在扬州大肆劫掠，杀了胡商数千人，曾经繁华富庶的扬州，几乎变成人间地狱。

颜真卿得知此事后，叹息数声。韦氏也说："要是当初李峘能听夫君的话，早做御敌准备，扬州百姓何至于此啊！"

颜真卿说："官员无能，百姓受苦。死了这么多人，李峘该死！"

李峘没死，只是因为防卫不力，被贬为袁州司马。

两个月后，田神功对刘展发起了进攻。他命特进杨惠元率兵一千五百人为前锋，自己与邢延恩率军三千为后继，准备从瓜洲渡河，刘展率步骑兵万余人列阵于蒜山。田神功无法强渡，但其大将范知新所部四千人已从下游渡河，刘展回军迎击，力战不胜，被唐将贾隐林一箭射中眼睛，当即死亡。

刘展之乱结束，江南一带经济也遭受重创，多年都没有恢复过来。

11. 安史之乱的结束

颜真卿在蓬州任期两年，是自肃宗到长安后，他任期最长的一次。宝应元年（762年）四月，玄宗和肃宗相继去世，代宗即位，颜真卿迁任利州刺史。但是因为羌人围了利州城，颜真卿没法上任，代宗下诏，让颜真卿返回京城。

经过几个月的艰苦跋涉，颜真卿一家人于天寒地冻的十一月，终于又回到了长安老家。经户部侍郎兼京兆尹，度支、铸钱、盐铁兼江淮转运等使刘晏上表推荐，颜真卿被封为户部侍郎。

此时，年长颜真卿十五岁的二哥颜允南已经病重，颜真卿拜见二哥，见到颜允南枯槁消瘦的样子，心里非常难受。二哥六十九岁，也算高寿了，病重如此，眼见是很难好转了。

颜真卿想到自己小的时候，二哥带着自己玩，自己拿着家里养的一只鹤玩，二哥用此事教育自己要做"仁德之人"的光景，仿佛就在眼前。真是时光如梭，竟然惶惶老矣。

颜真卿每天都要抽出时间看望二哥，如此十天。第十一天清晨，颜真卿刚起床，突然外边有人喧哗，一会儿，颜浑从外面慌慌张张进来，他告诉颜真卿，他们的二哥颜允南去世了。

虽然早就有心理准备，但是噩耗突至，颜真卿还是经受不住打击，脑袋一蒙，突然晕了过去。

颜浑等人忙将颜真卿扶上床，并喊来了郎中，给颜真卿诊治。

颜真卿醒来之后，忙穿好衣服，与家人一起，去祭奠二哥。在二哥的灵柩前，颜真卿悲伤至极，几次晕厥。

颜真卿在给颜允南所撰《正议大夫行国子司业上柱国金乡县开国男颜府君神道碑铭》中称颜允南"少以词藻擅名，兼工草隶书，尤善五言诗，深为伯父濠州刺史元孙府君之所赏爱"，并记载"家常有折胫鹤，初真卿小年时戏书其背，君切责曰'此虽不能奋飞，竟不惜其毛羽，奚不仁之甚欤！'其恻隐者如此，真卿终身志之"。

颜真卿在户部尚书任上尚算顺利。

此时，导致大唐由盛而衰的安史之乱，已经进入了后期。

因为儿子史朝义屡次失误，史思明对其非常恼火，多次威胁要杀了他。史朝义对此非常恐惧。部将骆悦、蔡文景趁机劝史朝义杀了其父自立。

蔡文景说："殿下，我们与您都已经死到临头了！自古以来就有废立君王之事，唐皇都可以废父自立，我们怎么就不可以呢？殿下，您一直相信曹将军，您要是不相信我的话，可以召见他，共商大事。"

史朝义知道，父亲史思明性格刚烈，他们之间不是废立这么简单。因此他低着头，没有回答。

骆悦等人又说："殿下，您假如不允许的话，我们没有办法，只能投降朝廷了。您想想，要是我们归降朝廷，大王会饶了您吗？"

史朝义无奈，边流泪边说："各位将军，我是实在无奈。请诸位好好处理这件事，不要惊吓我父亲。"

骆悦等人找到曹将军，与其商量此事。曹将军知道诸位将领都对性格暴烈的史思明心怀怨恨，害怕自己受害，不敢违抗，只得与众人一起谋划此事。史思明对这些一无所知。

当天傍晚，骆悦与曹将军等人率领史朝义的士兵三百人，全副武装来到史思明的住处。值宿的卫兵颇觉奇怪，但他们惧怕曹将军，不敢动手。骆悦带兵闯入史思明的卧室，正好史思明上厕所了。骆悦杀了几个企图反抗的人，被史思明听到，史思明知道大事不好，忙跳墙来到马厩，骑马逃跑。

骆悦的侍从周子俊发箭，射中史思明手臂，史思明坠落马下，骆悦带人一拥而上，将史思明抓住。

史思明大怒，喊道："你们这是犯上作乱！我要诛杀你们全家！"

骆悦哼了一声，说："我们是奉怀王史朝义的命令杀你，你有本事，找怀王算账去吧。"

骆悦等人将史思明押送至柳泉驿，囚禁起来。然后，派人回去向史朝义汇报。

当时史朝义手下大将周挚、许叔冀率领后军驻扎在福昌，骆悦等人派许季常前去通告此事，周挚惊倒在地。史朝义率领军队回来，周挚、许叔冀出来迎接，骆悦看到周挚表情游移，觉得他有反心，劝史朝义杀了周挚。史朝义明白，到了这种时候，不杀人是镇不住这些人的，他便在宴后设计杀了周挚。

史朝义率部到达柳泉，骆悦等人害怕众心不一，征得史朝义同意后，让人勒杀史思明，用毡毯裹尸运回洛阳。

史朝义随后在洛阳即皇帝位，改元显圣。同时派遣使臣至范阳，密令散骑常侍张通儒等人，杀掉弟弟史朝清，以及他母亲辛氏和一干党羽。可惜张通幽与手下密谋之时被人听到，那人将此事告诉了史朝清。史朝清自然不肯坐以待毙，为此各派势力在幽州城内发生火并，史朝清和张通儒等人先后被杀，大乱两个多月，死亡数千人，州城县城变成了废墟。

宝应元年（762年）十月，唐代宗以雍王李适为天下兵马元帅，朔方节度使仆固怀恩为副元帅，率诸道节度使及回纥兵会攻洛阳。三十日，在洛阳北郊大败史朝义军，歼其六万余，俘虏两万余，史朝义仅率轻骑数百东逃。唐军收复洛阳后，仆固怀恩留回纥兵于河阳，派其子右厢兵马使仆固场及朔方兵马使高辅成率步骑万余人，乘胜追击史朝义，连克郑州、汴州等地。史朝义逃往濮州。

十一月初，史朝义从濮州北渡黄河，仆固怀恩攻拔滑州，追击史朝义至卫州，再次将其击败。时史朝义部将田承嗣等率军四万与史朝义会合，迎战唐军。仆固场率军力战，将田承嗣等击溃，长驱追至昌乐东。史朝义率魏州兵来战，又败走。史军将领薛嵩、张忠志等各率所领州县降唐。史朝义逃至贝州，与其大将薛忠义合兵三万南下迎战，进至临清，遭仆固场伏兵袭击败走。此时，回纥兵赶到，与唐军会合追击，于下博县东南又大败史军。

史朝义逃往莫州。仆固怀恩派都知兵马使薛兼训、兵马使郝廷玉与兖郓节度使田神功、河东节度使辛云京、青淄节度使侯希逸与仆固场部会合，大兵十万进围莫州。史朝义因多次出战皆败，便留田承嗣守莫州，自率骑兵五千，突围北去幽州求援，以解莫州之围。

史朝义走后，田承嗣与众将商量，觉得获胜无望，便开城投降唐军。仆固场、侯希逸、薛兼训等率兵三万，追击史军至归义，史朝义败走范阳。范阳守将李怀仙已经降唐，史朝义不得入城，其部下纷纷离去。史朝义仅率数百骑逃奔广阳，又遭守军拒绝，只得北入奚、契丹，行至温泉栅（今河北丰润东）时，李怀仙的追兵赶到。史朝义在众叛亲离、走投无路的形势下，被迫于林中自杀。

历时七年多的安史之乱，至此终于落下帷幕。史朝义自杀的消息传到长安，长安百姓张灯结彩，朝堂之上也是一片欣喜。

颜真卿特意在家设置灵堂，与侄儿颜泉明一起，告慰颜杲卿等人。

不久，代宗下诏，颜真卿改任吏部侍郎。此时，刘晏任吏部尚书兼宰相，与颜真卿惺惺相惜，因此颜真卿这段日子，过得还算舒心。唯有一件事，让颜真卿惴惴不安。河北魏博、成德、卢龙三镇节度使，都是原安史之乱时参与叛乱的降将，他们拥兵自重，暗藏祸心，是大唐极为严重的隐患。

比如刚刚投降的被封为魏博节度使的田承嗣。此人为人深沉、好逞勇武。表面上接受朝廷命令，暗中却另有打算。他在辖区内收取重税，整修武备，统计户口，强拉兵丁。因此，几年之内，部众多达十万。田承嗣挑选魁梧有力的战士一万名，充作卫兵，称为衙兵。在境内自任官吏，自取赋税，名义上虽为朝廷藩镇，却从未履行过臣子的义务。

代宗为了天下太平，委曲求全，对这些节度使一味纵容，包括刘晏在内的很多人，都担忧这些节度使最终会走上叛乱之路。但是大家都知道，现在朝廷实在是没有好办法对付这些拥兵自重的节度使，他们只能暗暗祈祷奇迹出现。

八月份，代宗下诏，任颜真卿为江陵尹、充荆南节度使。江陵是江南重镇，位置险要。颜真卿上过谢表，刚要上任，代宗却听信谗言，竟然又收回了成命。

第六章

被贬出朝

01. 长安失而复得

　　大唐西部的吐蕃一直对大唐虎视眈眈，安禄山叛乱后，吐蕃趁大唐全力对付安禄山、无力西顾的时候，开始加大了对唐西北部的进攻。短短几年间，吐蕃便吞并了大唐数十个州的土地，凤翔以西，河西和陇右之地，尽归吐蕃所有。

　　此时，代宗宠信宦官程元振。因为程元振的离间，郭子仪已经被罢免副元帅之职，失去了兵权，充任肃宗山陵使，督建皇陵。

　　程元振曾经与李辅国一起拥立代宗即位，并因此被代宗拜右监门卫将军，知内侍省事，掌管了皇宫大权。不久，又让他担任镇军大将军、右监门卫大将军，封保宜县侯，统领禁军。他和李辅国把持着朝廷内外军政大权，可以擢升官吏，可以处死将军。

　　李辅国被代宗处死后，程元振被提拔为骠骑大将军，封邠国公，接替李辅国统率全部禁军。代宗又追赠他的父亲程元贞司空官职，追赠他母亲郄氏为赵国夫人。这时程元振的权势，超过了李辅国，军队中称他为"十郎"。

　　程元振欺上瞒下，吐蕃的频繁进攻，大唐军队丢城失地，程元振隐瞒不报。吐蕃军队逼近长安，由于之前唐代宗猜忌将领，那些有战功的老将几乎都被削职，唐朝长安几乎没有有力的防御军队。唐代宗无奈，只得起用雍王李适为关内元帅，郭子仪为关内副元帅，镇守咸阳。

　　之前，郭子仪自从被罢回京师，他麾下将士离散，等到接受诏书为关内副元帅时，郭子仪麾下只有二十个骑兵。郭子仪刚到咸阳，吐蕃军已经过渭水，沿着南山东进，郭子仪派王延昌迅速赶往长安上奏，请给自己增加军队。让郭子仪没有料到的是，王延昌刚到长安，就被程元振派人盯上了。他们把王延昌软禁起来，派人询问其来长安的目的，有什么事情要向圣上禀报。王延昌曾经跟随颜真卿在平原举义，也是个忠勇耿直之人，他把前方之事向程元振派的人说了，并警告他们，要是误了军情大事，他们是担待不起的。

像程元振这种宦官，不怕耽误军情，更不怕国家危急、百姓苦难，他们心中想的，只有自己的利益。因此无论王延昌怎么强调前方之危急，程元振就是不许他去见代宗。

王延昌无奈，只得返回咸阳，向郭子仪汇报此事。郭子仪无可奈何，只得就地征军。

唐代宗下诏调兵，各地节度使、将军因为不满他宠信程元振，无人应命出兵勤王，致使吐蕃军攻下长安，唐代宗星夜仓皇出逃陕州。长安官员藏匿，军队逃散。郭子仪听闻后，急忙从咸阳赶回长安，达到长安后，唐代宗已离开了。

颜真卿随着唐代宗逃往陕州，被任命为尚书右丞。

此时素有战功的大将仆固怀恩，率部驻扎在汾州。

仆固怀恩与朝廷之间关系很微妙。仆固怀恩的女婿是回纥的登里可汗，当年史朝义对登里可汗声称唐朝已经分崩离析，登里可汗亲率十万劲骑进逼关中，大唐朝野震动。唐代宗赶紧派人劳军，与登里可汗见面，问其为何要来大唐。登里可汗提出要见见自己的老丈人仆固怀恩及其母亲，仆固怀恩深知结交胡人的利害，不敢前往。唐代宗特赐免死铁券，并下手诏促行。仆固怀恩虽然知道此行会有麻烦，但是为了大唐的安危，他还是亲赴虎穴，游说可汗，并说服可汗"遂请和，助讨朝义"，立下了挽狂澜于既倒的砥柱之功。但不出仆固怀恩所料，这件事后来也成为他被人猜忌诋毁的开始。

以宦官程元振为首的一帮人，在代宗面前说当年回纥兵逼近关中，是仆固怀恩的计谋，仆固怀恩得知后，对大唐朝廷之所为非常寒心。

后来，仆固怀恩奉命护送自己的女婿登里可汗和女儿回漠北，宦官、监军骆奉先向朝廷诬告仆固怀恩与回纥勾结，仆固怀恩无法自明。代宗遣宰相裴遵庆慰问，仆固怀恩见到裴遵庆之后，抱着他的腿大哭，向他诉说自己的冤屈。

裴遵庆让他入朝，向代宗表明心意。

将行之时，副将范志诚劝他说："大帅您已经被朝廷嫌忌，为什么还要去不测之地呢？难道没看见李光弼、来瑱的下场吗？这两个人功高不赏，李光弼被夺权，来瑱被杀，您不为自己着想吗？"

安史之乱后，代宗与程元振对这些有功将士或者削职或者杀害，正是仆固怀恩不敢入朝的原因。何况他还有个在回纥当大汗的女婿。

仆固怀恩因此不敢入朝，他想派一个儿子进京，又被范志诚劝止。

颜真卿与仆固怀恩素无交往，但是他知道仆固怀恩对大唐是忠心耿耿的。当年安史之乱，是仆固怀恩亲自去回纥，请了回纥大军帮忙。安史之乱中，仆固怀恩屡立大功，特别是最后的灭史朝义之战中，他说服回纥大军帮忙，起到了决定性的作用。

仆固怀恩与唐朝廷有很多误会，以颜真卿对他的了解，如果在此时请他来勤王，并以"春秋"之义责问说服，仆固怀恩肯定会来的，而且他来了之后，必然会消弭他与唐朝廷之间的误会。

因此他上书，自请去汾州让仆固怀恩到陕州勤王，代宗犹豫了一会儿，否定了颜真卿的奏请。

代宗说："仆固怀恩当年对大唐确实是大有功劳，他与朝廷之间的种种矛盾，也非一次勤王所能解决。爱卿说得对，朕很有可能是误会了仆固怀恩，但是朕不得不防啊！当年，先王对刘展不薄，谁知道刘展会反叛？安禄山更是不必说了。仆固怀恩是铁勒族人，其女婿是回纥可汗，二者必有联系，从这些关系上说，仆固怀恩是最有反叛可能的人。颜爱卿啊，朕不敢不防啊！"

颜真卿不得不承认，代宗说得也有道理。作为君王，他为了保住江山，可以冤杀大臣，但是不能冒险。他们只能寄希望于郭子仪。

吐蕃进入长安，郭子仪与王延昌率三十骑兵从御宿川沿着秦岭山麓向东走。

半路歇息的时候，两人商量如何应敌，郭子仪对王延昌说："大唐将士很多逃去了商州，我们现在赶快去商州召集兵马，并调发武关的关防兵，向北出蓝田奔赴长安。"

王延昌同意郭子仪的计划。

郭子仪等人到了蓝田，遇到元帅都虞候臧希让、凤翔节度使高升，得到士兵近千人。郭子仪派王延昌快马加鞭，先赶赴商州，安抚逃到商州的朝廷兵马。众将士们正惶恐无措，听王延昌说郭子仪到了，皆欢呼雀跃，并表示愿意听从郭子仪号令。

郭子仪担心吐蕃攻击唐代宗，就先留下一千军士守卫七盘关，一切安排停当后，才出发去商州。到了商州，郭子仪收拢士兵，合并武关防兵共四千人，官军势力稍微振作起来。

唐代宗给郭子仪下诏，表示担心吐蕃东出潼关，召郭子仪赶赴行在。郭子仪上表说："臣不光复长安，就没有脸面见陛下您，我若出兵蓝田，敌人必不敢向东去。"

鄜坊节度判官段秀实与节度使白孝德一同率军共讨叛军，白孝德当日就带兵出发，向南急速赶赴长安，与蒲、陕、商、华会合进击。郭子仪又令太子宾客第五琦代理京兆尹之职务，一同收复长安。

这几方面大军到了长安城外，郭子仪命令大军白天击鼓，晚上放火，却不出击，吐蕃惊惧不已。

吐蕃派人出长安哨探，老百姓告诉吐蕃细作："郭子仪从商州领兵收复长安，大军见首不见尾，不知有多少。"

吐蕃最怕郭子仪，他们敢进入长安，就是听说郭子仪下野，没有兵权了。此番听说郭子仪亲率唐军主力来了，吐蕃将领害怕，他们聚在一起商量了一番，觉得既然郭子仪还在，那还是别惹大唐为好，还是带着军队回去吧。一场即将发生的血战，竟然因为郭子仪可能出现，突然就烟消云散了。

吐蕃撤兵，郭子仪等人又诧异又惊喜。其实郭子仪心中明白，他们的这点兵马，要是真跟吐蕃人交手，恐怕还真不一定是人家的对手。他们自己撤兵退回，实在是意外之喜。

郭子仪率大军击鼓进入长安，老百姓看到郭子仪来了，欢呼雀跃。

唐代宗听说郭子仪收复长安，大喜，马上让众人准备回去。程元振却不想回去了。

自从代宗狼狈东逃，百官都将失去长安之罪归于程元振，并多次弹劾。程元振非常害怕，劝说代宗定都洛阳，代宗犹豫。郭子仪闻知后，上表劝谏，并提出应对之策。代宗阅完奏表后，马上返回了长安。

02. 颜真卿建言代宗

到了长安后，颜真卿觐见代宗，奏请代宗先去拜谒陵庙，再入宫。

宰相元载觉得颜真卿迂腐，说："颜大人的建议有些道理，不过，颜大人啊，圣上这一路鞍马劳顿，龙体疲惫，您让圣上先去拜谒陵庙，是不是有些不合时宜啊？"

代宗确实有些累，不想去陵庙。皇家的规矩多，特别是有个颜真卿在场，丝毫不敢马虎，拜谒先祖需要耗费大半天的工夫，有这工夫，他回到皇宫洗个热水澡，歇息一下多好啊！

但是颜真卿很是不会看人眼色，他正色说："下官只是上表，请圣上遵循祖制礼仪，宰相大人不同意。下官斗胆问宰相，朝廷纲纪是您可以随意破坏的吗？"

颜真卿声色俱厉，言辞有理，元载不敢再说什么。但是从此以后，这个当年靠着依附李辅国而上位的宰相与颜真卿结下了仇恨。

广德二年（764年）正月，代宗下诏，封颜真卿为检校刑部尚书兼御史大夫，从朔方行营汾晋等六州宣慰使，让其去见仆固怀恩，让其来朝觐见皇帝。

而此时，仆固怀恩正派儿子与唐将辛云京开战，仆固怀恩与朝廷之间的恩怨，已非昔日可比，一个宣慰使，根本就不会起到什么作用。

颜真卿因此对代宗说："陛下，当初陛下避狄入陕的时候，如果您让我去找仆固怀恩晓以'春秋'大义，他肯定会来的，因为那时候陛下有难，仆固怀恩可以趁机向陛下表示忠心。现在局势安定，仆固怀恩已经失去了勤王的机会，而他没有勤王之名是不能来京的，勤王可以证明仆固怀恩的清白，所以他敢来。现在他来了，无法消除朝廷对他的怀疑，退又无法解除众人的猜疑，进退无据，他怎么会来呢？现在声称仆固怀恩谋反的只有辛云京、骆奉先、李抱玉、鱼朝恩四个人罢了，其他人都认为他是被冤枉的。仆固怀恩所部朔方将士，都是郭子仪的旧部。不如派郭子仪去收其部众，消弭兵乱，至于他是否真的谋反，朝廷日后可以用其他办法来鉴别。"

唐代宗听取了颜真卿的建议，命郭子仪兼任河东副元帅、河中节度观察使、河中尹，坐镇河中府。又充任灵州大都督、单于镇北大都护、朔方节度大使，迎战仆固怀恩。

仆固怀恩的儿子仆固玚在榆次被部将张惟岳杀死，传首京师，仆固玚的军队都投降了郭子仪。仆固怀恩得知郭子仪率大军来与自己交战，不敢迎战，丢下母亲逃往灵州。郭子仪不战而胜，代宗大喜，九月，代宗下诏晋封郭子仪为太尉，充任北道邠宁、泾原、河西以东通和吐蕃及朔方招抚观察使，郭子仪则上表，辞去了太尉一职。

郭子仪统率河南道节度行营，再次出镇河中府。仆固怀恩游说吐蕃、回纥、党项、吐谷浑、奴剌等国，聚集三十万军队，掳掠泾州、邠州、凤翔，进犯醴泉、奉天。代宗命李忠臣屯兵渭桥，李光进屯兵云阳，马璘、郝廷玉屯兵便桥，骆奉先、李日越屯兵盩厔，李抱玉屯兵凤翔，周智光屯兵同州，杜冕屯兵坊州，代宗亲自率兵驻守苑中，并命郭子仪率军驻守泾阳，兵力一万人。

到泾阳时，敌军已经围城。郭子仪命部将李国臣、高升、魏楚玉等各当一面，而自己率甲骑二千人出入于阵中。回纥原以为郭子仪去世，代宗驾崩，才与吐蕃军联合进犯。而今听说郭子仪健在，方知上了仆固怀恩的当。郭子仪又单骑去见回纥首领，责以大义，回纥与郭子仪和好如初。

更出乎众人意料的是，仆固怀恩突然暴死，众部族失去了领头者，各自打起了自己的小算盘。回纥首先答应退兵，吐蕃军见郭子仪与回纥来往，心中猜疑，连夜退走。郭子仪派部将白元光与回纥军追击，自己率大军跟随其后，在灵台西原大破吐蕃十万军队，斩首级五万，生擒万人，俘获人口牛马多不胜数。

此番郭子仪退回纥，败吐蕃，加上仆固怀恩暴死，唐朝西北威胁解除，代宗大喜，下诏命令宰相率领百官于长安城西远出迎接，代宗则于皇城西厢门旁的安福寺等待会见郭子仪。

百官排列的位置由尚书右仆射郭英乂安排。此时，大宦官鱼朝恩是代宗身边的红人，郭英乂为了讨好鱼朝恩，把鱼朝恩安排在最前面，让六部尚书排在鱼朝恩后面。

颜真卿对郭英乂这种做法非常不满，事后，写了一幅《与郭仆射书》加以谴责："乡里上齿，宗庙上爵，朝廷上位，皆有等威，以明长幼，故得彝伦叙而天下和平也……朝廷纲纪，须共存立。"

从此文中不难看出，颜真卿是一个非常严谨的重视儒家传统、不肯稍加妥协的人。也正因此，他厌恶郭英乂这种势利之人，讲究"皆有等威"，不得不说，颜真卿的这种意识，是维护其时的社会秩序最为有效和有益的手段。

《与郭仆射书》，后人称之为《争座位帖》，是颜氏行书中的杰作，与《祭侄文稿》《祭伯父文稿》并称颜真卿行书三篇。此书无意于书而笔下龙蛇随胸中波澜奔涌而出，烂然成篇，字字珠玑。

苏东坡说此帖，"比公他书尤为奇特，信手自然，动有姿态，乃知瓦注贤于黄金，虽公犹未免也"。连对颜书颇有微词的米芾也认为："此帖在颜最为杰思，想其忠义愤发，顿挫郁屈，意不在字，天真罄露，在于此书。"二人的评论均看重此帖出于自然，不加修饰。

颜真卿的郁闷，其实早就有了。当然，他郁闷的不是郭英乂对自己的不尊重，而是自玄宗开始的对宦官的重视。

安史之乱时，因为唐玄宗宠信宦官边令诚，杀了高仙芝和封常清，导致最后潼关失守，大唐差点因此万劫不复。其后，肃宗、代宗竟然也都宠信宦官，李辅国、程元振、鱼朝恩等宦官层出不穷，他们狐假虎威，把持朝政，常以圣上身边红人的身份出现，百官大臣为了升官发财，不得不巴结这些"阉人"，朝廷因而变得乌烟瘴气，不成体统。

当年郭子仪被夺去兵权，就是代宗听了程元振的谗言所致。宦官、节度使大权在握，导致尾大不掉，是唐朝后期的两大绝症。这两大绝症一起发力，最终葬送了大唐王朝。

03. 颜真卿再次被贬

代宗下诏，颜真卿晋爵鲁郡开国公，众人皆称之为颜鲁公，或鲁公。

此时，元载为宰相。元载出身寒微，嗜好读书。性格敏惠，精通道学，更擅长揣摩圣上的心思。他暗中交结宦官董秀，并重金买通中书主书卓英倩，通过他们探听内宫消息、偷探密旨内容，预先获知代宗心意，投其所好，巩固代宗信任。其他宰相如王缙、杜鸿渐等人，不得不屈居于元载之下。

元载利用权力，结党营私。他怕众大臣在代宗面前说他的坏话，向代宗奏请，百官欲言事须先报其长官，长官报告宰相，最终由宰相裁决是否值得奏请圣上，否则无用的奏折太多，令圣上劳神费心，耽误圣上休息。代宗此时被元载哄得团团转，觉得元载是为他着想，欣然答应了元载的奏请。

此事在百官中炸开了锅。百官奏折都要先经过元载，那这个朝廷基本就是他元载说了算，是真正的顺之者昌、逆之者亡。

元载的这种做法真是前无古人。当初李林甫断绝言路，不过是令谏言官事先报告宰相，进言后再将所言汇报，御史言事则必须由御史大夫共同签名，而且李林甫的约束仅限于谏言官和御史，其他官员是自由的。

元载可比李林甫毒辣多了，代宗同意了他的奏请，整个朝堂几乎发出的都是元载的声音了。

下朝之后，张澹、王延昌等人来到颜真卿家讨论此事，皆愁眉苦脸，惶惶不安。

王延昌愤愤，说："元载此举，这是要断绝言路，让圣上成为他元载一人之圣上啊！可气的是，圣上竟然允其所奏，看来这当今圣上，也是昏昏之君。"

张澹说："以后我们这些人的日子就难过了。元载拉帮结派，就是为了今日。朝中大臣如果想有晋升，必然巴结元载，我等连说话的权力都没有了，以后还有什么前途？混日子罢了。"

颜真卿一直板着脸不说话，王延昌说："颜大人，若论心胸之恶，这个元载可比当年的李林甫要厉害多了。此事我等只可背后一议，不得对外乱说，你知道否？"

颜真卿长出一口气，缓缓说："我等食大唐俸禄，不可等闲视之。况且大唐非元载之大唐，也非圣上一人之大唐，元载胡作非为，损害的是大唐百姓之利益，我颜真卿做官是为百姓，怎么能不说话？！"

张澹拱手说："颜大人，此一时彼一时啊！您当年得罪了崔圆和苗晋卿，被连贬三次，外放多少年才回到长安。您现在已年近六十，如果再因此而遭贬黜，又要遭受颠簸之苦，却对朝廷无益，何苦来哉？"

颜真卿摇头，说："我等皆为大唐命官，食大唐俸禄，难道就只为了自己的安稳，碌碌度日？！尔等不肯替大唐一言，不肯替大唐百姓说话，朝廷就是因为这样的人多了，才让元载横行朝廷，蒙蔽圣聪！我颜家世代受大唐恩典，怎么能眼看着这种人危害大唐的江山百姓？！"

颜真卿不听众人之劝，连夜写了《论百官论事疏》奏折，愤而上书，指责元载的这种做法是自屏耳目，拒绝谏诤。他借鉴历史教训：太宗勤于听政，立法令以防壅塞，天下治平。玄宗后期李林甫专权，肃宗朝李辅国专权，臣下直言难进，造成大祸，令人痛心。现在，天下尚未安定，应日闻谠言以广视听。

颜真卿义正词严，写道：

诸司长官，皆达官也，言皆专达于天子也。郎官、御史，陛下腹心耳目之臣也，故其出使天下，事无巨细得失，皆令访察，回日奏闻，所以明四目、达四聪也。今陛下欲自屏耳目，使不聪明，则天下何述焉？《诗》云："营营青蝇，止于棘。谗人罔极，交乱四国。"以其能变白为黑、变黑为白也。诗人深恶之，故曰："取彼谗人，投畀豺虎；豺虎不食，投畀有北。"则夏之伯明，楚之无极，汉之江充，皆谗人也，孰不恶之？陛下恶之，深得君人之体矣，陛下何不深回听察？其言虚诬者，则谗人也，因诛殛之；其言不虚者，则正人也，因奖励之。陛下舍此不为，使众人皆谓陛下不能明察，而倦于听览，以此为辞，拒其谏诤。臣窃为陛下痛惜之……

臣窃闻陛下在陕州时，奏事者不限贵贱，务广闻见，乃尧舜之事也。凡百臣庶，以为太宗之理，可翘足而待也。臣又闻君子难进易退，由此言之。朝廷开不讳之路，犹恐不言。况怀厌怠，令宰相宣进止，使御史台作条目，不令直进。从此人人不敢奏事，则陛下闻见，只在三数人耳。天下之士，方钳口结舌。陛下后见无人奏事，必谓朝廷无事可论，岂知惧不敢进，即林甫、国忠复起矣！凡百臣庶，以为危殆之期，又翘足而至也。如今日之事，旷古未有，虽李林甫、杨国忠，犹不敢公然如此。今陛下不早觉悟，渐成孤立，后纵悔之，无及矣。臣实知忤大臣者，罪在不测。不忍孤负陛下，无任恳迫之至。

颜真卿奏折言辞恳切，由表及里，他本以为这番言辞能够警醒代宗，可是颜真卿错了，代宗看到了颜真卿的奏折，只是随手扔在了一边，根本就没把这个忠心耿耿的三朝老臣的话当回事。

让颜真卿没有料到的是，他的这份奏折因为言辞犀利恳切，被看到的宦官偷偷抄了下来，并在朝廷内外传抄，这让元载非常恼火。

两年后，永泰二年（766年）二月，代宗命颜真卿以刑部尚书的身份代替太常寺祭祀太庙。在祭祀过程中，颜真卿看到太庙中祭器随意丢弃，有的碎了，也不曾添加，就把此事上奏给了代宗，代宗有些不高兴。

元载趁机上奏，说颜真卿讪谤时政，对皇家不恭，应该贬出朝廷。代宗竟然准奏，将颜真卿贬为吉州别驾，从正三品官员降到从五品。

历史上对代宗此番贬谪颜真卿，有很多的评述和猜测。

在唐朝中后期，代宗李豫算是一个忠厚之人。在风雨飘摇、吐蕃和仆固怀恩之乱中，大力起用郭子仪平定叛乱，除掉鱼朝恩和李辅国，治理朝政，皆有板有眼，但他却在佞臣元载和颜真卿此番的较量中，选择了元载，并贬谪颜真卿，这让很多人感到不可思议。

宋人孙甫评论此事，认为："夫君之为国也，必有驾驭大臣之术，有主张贤人之力，然后大臣不敢擅权，贤人得以立事。代宗不通是道，故元载积恶真卿，不容于立朝。大历之政，法度废弛，由此致也。"

孙甫所说有一定的道理。但是还有一些内因，他没有考虑到。当年代宗铲除鱼朝恩和李辅国，元载在其中起到了很大的作用，还用了一些不光彩的手段。因此代宗与元载之间关系很不一般，加上元载最擅拍马溜须，而这又是颜真卿的弱项。颜真卿遇事，都是正面硬刚，不会巧妙处理，这必然导致代宗的不悦。

还有一条，元载虽是佞臣，贪污腐败，但是在处理政务方面，还是有一些功绩的。当代宗看到两人水火不能相容之时，他只能选择留下元载，而委屈一下颜真卿了。

对于代宗，这是帝王之术；对于颜真卿来说，这是一次很大的打击。

04. 长安四年

此番回到长安任职，颜真卿共待了约有四年时间。在长安的这四年，颜真卿虽然贵为刑部尚书，官至正三品，但是日子依然过得很紧巴。

这也与元载有关。

因为众官员都设法留在京城，元载就改革了官员们的俸禄，在京城为官的，俸禄就要薄一些，在外面当官的，俸禄就高一些，以致很多京官都要向外放官员借贷。

颜真卿曾经因为经济窘迫，全家食粥数月，最后不得不向李光弼的弟弟李光进求助。

为此，颜真卿还写了《乞米帖》："拙于生事，举家食粥来已数月，今又罄竭，只益忧煎，辄恃深情，故令投告，惠及少米，实济艰勤，仍恕干烦也。"

本来颜真卿的俸禄勉强够一家人吃穿的，但是公元765年，关中大旱，江南水灾，全国粮食歉收，因此导致价格暴涨，以致颜真卿到了"举家食粥来已数月，今又罄竭"的地步，于是不得不向同事李光进求告"惠及少米，实济艰勤"。

李光进本是禁卫军将领，和李辅国一起掌控禁军，朝廷一直视其为心腹臂膀，但为防李光弼作乱，唐代宗杀了李辅国后，将李光进调任为太子太保，兼御史大夫，封为凉国公，担任渭北节度使，明升暗贬，解除了李光进的兵权。李光进因祸得福，节度使在外，那就是一方大吏，收入也比颜真卿高很多，两人以前颇有些交情，因此颜真卿才能开口，向李光进借米。

虽然京官收入不是很高，但是有不少的官员还是"生财有道"。颜真卿当时已官拜检校刑部尚书知省事，封鲁郡公，按现在级别来套，大约比省部级还要高一点；况且他又是平定安史之乱的大功臣，既有功劳又有苦劳，不说养尊处优，至少能做到衣食无忧吧。可是他偏偏就闹到了"举家食粥来已数月，今又罄竭"的地步，谈到困窘的原因，他也直言不讳，因为自己"拙于生事"，其实说白了，就是他除了俸禄，不肯收受贿赂。否则，以他的身份，送钱送物的人能少吗？

颜真卿骨子里依然是一介书生，他不肯为了家庭生计，收受贿赂，可见他的洁身自好和骨气。但是他居然能拉下脸面，向职级比自己低的同事"乞米"，求"惠及少米"，显见其家中基本已经到揭不开锅的地步了。

这可是在富庶的大唐啊！是大唐的刑部尚书啊！

身为三朝元老，久经宦海，阅人无数，颜真卿不是不知道那些"生事"的办法，加之门生故旧遍于朝野，只要他稍稍动动脑筋，都能大发横财。可是他却不屑于那样干，他有自己的处世原则，廉洁自持，绝不贪枉苟取，宁可"举家食粥"，宁可向同事乞求相助。

其后，因为妻子得病，需要鹿脯为药，颜真卿又写下了《鹿脯帖》求助于李光进："病妻服药，要少鹿肉干脯，有新好者，望惠少许，幸甚幸甚。"

从《乞米帖》和《鹿脯帖》这两件事情中，可以看出颜真卿家境。窘困如此，颜真卿不惜放下面子求助于朋友，却不肯做一些"生事"来改变家庭经济，颜真卿的节操可见一斑。

在长安的这几年里，已近六十的颜真卿亲友多有亡故。除了二哥颜允南之外，李光弼的去世，让颜真卿很是哀伤。

李光弼比颜真卿只大一岁，两人一直有来往。在平定安史之乱中，李光弼与郭子仪功劳相当，但是因为性格刚直，得罪了宦官，遭到宦官鱼朝恩、程元振的嫉妒和陷害，安史之乱后，被解除兵权。

吐蕃攻入关中占领长安，代宗出逃陕州时，曾急诏李光弼奔赴陕州行在护驾。这本来是一个证明自己、获取代宗信任的好机会，李光弼却犹豫再三，害怕遭到鱼朝恩等人陷害，拖延未去。其后，吐蕃被关内副元帅、中书令郭子仪打败，李光弼寸功未有，后悔莫及。

代宗返回长安后，任命李光弼为东都留守，李光弼又借故诏书未至推辞，率军回到徐州收租赋。后来，代宗再诏李光弼入朝，李光弼害怕宦官鱼朝恩、程元振加害，仍不敢去长安见驾。

李光弼治军严整，先谋后战，能以少胜多，与郭子仪齐名，名震天下，诸将皆服。后来，李光弼在徐州不敢入朝，部将田神功等人对他不再像以前那样敬畏，加上曾经与之齐名的郭子仪打败吐蕃之后，在大唐盛名空前，李光弼与之相比，感到很是郁闷，致使忧郁成疾，于广德二年（764年）七月十四日在徐州病逝，终年五十七岁。代宗为其辍朝三日，遣使吊恤其母，追赠太保，谥号"武穆"。出葬之日，命百官送葬至延平门外。

李光弼虽然名气不如郭子仪大，但其军事才能不在郭子仪之下。在其戎马生涯中，善于出奇制胜，以少胜多，被称为"中兴第一"。他治军威严而有方，代郭子仪为朔方节度使后，营垒、士卒、麾帜无所更改，而当他号令后，军威更加威严，被誉为"自艰难已来，唯光弼行军治戎，沉毅有筹略，将帅中第一"。

如此大将窝囊而亡，颜真卿兔死狐悲，哀伤不已。他想到当年自己在平原举义时李光弼对自己的援助，悲痛难抑，对众人说："真卿昔守平原，困于凶羯，繄公莅止，获保余生。"

为表达自己对李光弼的敬意，颜真卿为其撰写《唐故开府仪同三司太尉兼侍中河南副元帅都督河南淮南淮西荆南山南东道五节度行营事东都留守上柱国赠太保临淮武穆王李公神道碑铭》。

同年十一月，凯旋返京的汾阳郡王郭子仪亲自上门，拜访颜真卿。

颜真卿敬重郭子仪和李光弼两人的忠勇，因此对郭子仪的来访非常重视。接到拜帖后，颜真卿让人洒扫庭院，亲自在大门外恭迎郭子仪。郭子仪比颜真卿大十二岁，这个时候的郭子仪已经年近七十，却身体硬朗，思路清晰。

颜真卿将郭子仪请到客厅就座，两人谈及朝廷局势，谈到了李光弼，皆哀叹不已。

郭子仪告诉颜真卿，他要在老家为亡父以及先祖修一座家庙，因此特来请颜真卿为其撰写碑铭。

郭子仪言下之意，颜真卿听得明白，郭子仪是看重颜真卿的人品，觉得唯有他才是最有资格给郭家家庙撰写碑铭之人。

郭子仪是大唐猛将，历经沉浮，忠奸善恶看得清楚，大唐朝廷藏污纳垢，像颜真卿这样能够始终如一坚守节操的人，为数实在不多。

颜真卿不辱使命，为其撰写的《郭氏家庙碑》笔力深到，遒古雄劲，含蕴浑厚，疏朗流畅，如"银钩铁画，龙跳虎卧"。颜真卿在文中大力赞颂郭子仪"忠于国而孝于家，威可畏而仪可象"。

　　颜真卿进士及第时的恩师、媒人孙逖于肃宗上元二年（761 年）病故，广德二年（764 年）诏赠尚书右仆射，其子为其编纂文集达二十卷。孙逖当年为考功员外郎，主持科举考试，"精核进士，虽权要不能逼"，所取多俊杰之士，如杜鸿渐官至宰相，颜真卿为尚书，诗词"超绝群类"的王昌龄、李华、萧颖士、赵晔等皆称其为师。文集编纂完后，其子请颜真卿为其作序。颜真卿想到当年意气风发的恩师，不由得哀叹时光无情，垂泪不已。

05. 庐山参佛

处理完京城事宜，颜真卿与王延昌等人一一告别，妻子韦氏拖着病体收拾完行李，全家人于二月初起身，东出都门，踏上了贬谪的漫漫长路。

此次被贬，颜真卿心情非常复杂。

在上《论百官论事疏》之初，颜真卿就做了最坏的打算，被贬外放，是他预料到的不是太坏的打算。

他在给朋友李光进的信中，说："疏拙抵罪，圣慈含宏，犹佐列藩，不远伊迩。省躬荷德，恩贷实深。兢栗之诚，在物何喻！"颜真卿是不善于粉饰自己的，何况他与李光进是可以借米、借鹿脯的好朋友。

到了吉州后，颜真卿在写给后人的《守政帖》中说："政可守，不可不守。吾去岁中言事得罪，又不能逆道徇时，为千古罪人也。虽贬居远方，终身不耻。"

路途茫茫，前程漫漫，颜真卿心中守护的，其实是做人的准则，是他宁折不弯的人格精神。

让他欣慰的是，在长安生病多日的妻子，竟然在路上痊愈了。这让颜真卿感到了一些欣慰。

从长安到吉州的两千五百多里路，颜真卿等人一路跋山涉水，走了三个多月，终于到达江西地界。他们出发的时候，还是寒风凛冽的早春二月，不知不觉间，现在已经是烈日当头的酷暑季节了。

江西山中多蚊子，且个大，不怕人，到了江西后，众人实在忍受不了蚊子的叮咬，只得在马车上挂上蚊帐前行，以阻挡蚊子。

跟随颜真卿赴吉州上任的，除了颜浑，还有表侄殷亮、妻弟韦桓尼等人。一行人进入江西，径直来到九江，在驿站住下。

妻弟韦桓尼当年曾经在庐山西林寺住过一段时间，由此结识西林寺的一名高僧，此番来到庐山脚下，韦桓尼和殷亮鼓动颜真卿等人到山上游玩一番，权作歇息。

颜真卿一行人长途跋涉，本来就想在此歇息两日，便欣然答应。第二天，颜真卿就带了颜浑、殷亮、韦桓尼以及两个儿子等诸人，拜访九江名寺东林寺。

东林寺住持听说颜真卿来到，亲自出佛堂迎接，并派寺中高僧陪同颜真卿游玩。

东林寺位于庐山北麓，是中国佛教净土宗发祥地，系东晋名僧慧远于公元386年创建，为庐山历史最为悠久的寺庙。汉唐时成为中国佛教八大道场之一。

慧远为东晋高僧，二十一岁往太行恒山参见佛教高僧道安，听讲《放光般若》，豁然开悟后，以为佛教远胜儒、道，遂而出家，入庐山修建东林寺，领众修道，为道安的上座弟子，善于般若，并兼倡阿毗昙、戒律、禅法。因此中观、戒律、禅、教及关中胜义，都仗慧远而流播南方。慧远曾与刘遗民等人在阿弥陀像前立誓结社，专修"净土"之法，以期死后往生"西方"。故后世净土宗尊为初祖。其时的名士谢灵运钦服慧远，替他在东林寺中开东西两池，遍种白莲，慧远所创之社，遂称"白莲社"，因此，后来净土宗又称"莲宗"。

东林寺庄严肃穆，气派恢宏，寺中除了天王殿、三圣殿、大雄宝殿、拜佛台、接引桥、大佛台等殿堂佛迹之外，还有典型的佛教圣地"出木池"。

传说在东林建寺之初，慧远大师为筹集木材而发愁。一日，慧远睡到半夜，梦中一位自称"庐山之神"的白须老人远远对慧远言道："此处幽静足以栖。"慧远醒了之后，却不知其意。

这天夜里，天空雷电交加、风雨大作，天明之后，殿前的池塘中已涌出了许多上好的木材，这些木材刚好解了慧远大师的燃眉之急，慧远大师以此木料所建之殿堂就命名为"神运殿"，涌出木材的那口池塘就叫"出木池"。

颜真卿听高僧讲到这里，不由得朝着出木池深深地鞠了一躬。

东林寺玉佛楼后面，有一泓清泉四季不涸，叫作聪明泉。传说东晋名将殷仲堪到东林寺拜访慧远大师，二人行至山脚，见此处苍松翠柏、泉水潺潺，便于此听泉谈《易》。殷将军博学多才、能言善辩，慧远大师与之交谈后，指泉赞道："将军之辩，如此泉涌，君侯聪明，若斯泉矣！"此泉因此得名聪明泉。唐太宗曾手书"聪明泉"三字，赠予东林寺。

慧远大师圆寂于东晋义熙十二年（416年），后人建塔供奉，是为"远公塔院"，又因其墓塔叠石如荔枝，故又称"荔枝塔"。院内有一棵"佛手樟"，相传为慧远大师亲手所植。

颜真卿与众人观庐山之清秀，观东林之遗迹盛景，皆流连忘返，不胜感叹。

高僧恳请颜真卿留下墨宝，颜真卿提笔，题名于"李、张二公《耶舍禅师之碑》侧"。

东林寺游览之后，众人又用了一天时间，游览了西林寺。

西林寺建于东晋太和二年（367年），由太府卿陶范创建，为庐山北山第一寺。

西林寺原是沙门竺昙结庵草舍，死后弟子慧永继承师业，其时的庐州刺史陶范捐舍为之立庙，命名为西林寺，自晋至唐一直鼎盛。慧永在此住持三十年，其兄慧远初来庐山时也曾居住于此。公元731年唐玄宗敕令重修，因此这西林寺佛像高大，别致庄严。西林寺后的西林塔，亦称千佛塔、砖浮屠，唐玄宗敕令重修时所建。

颜真卿站在千佛塔前，不由得想起了唐玄宗，想起了平原举义，想起了颜杲卿，不知不觉间，离那些金戈铁马的日子已经过去了十三年，自己也从四十多岁的中年，到如今年近花甲，自己这大半辈子，忠于朝廷，兢兢业业，严守《颜氏家训》之训诫，却屡遭佞臣谗言，四处漂泊，这遑遑人世，实在是苦难不尽啊！

让颜真卿感到惊喜的是，西林寺住持亲自拿出了西林的镇寺之宝、南朝梁武帝时的著名画家张僧繇所画的卢舍那佛像和梁武帝萧衍的绣花钵袋。

张僧繇是南北朝时期的梁朝大臣，著名画家，为武陵王国侍郎，直秘阁知画事，历右军将军、吴兴太守。张僧繇擅长画佛像、龙、鹰等，多作卷轴画和壁画。成语"画龙点睛"的故事即出自有关他的传说。

梁武帝萧衍是南北朝时期梁王朝的开国皇帝。汉相国萧何的二十五世孙，其父为齐高帝萧道成的族弟，追随萧道成南征北战，协助创建帝业有功，深得萧道成器重。当齐末君主昏虐、众叛亲离之际，萧衍起兵襄阳，先后废杀东昏侯萧宝卷与和帝萧宝融，取而代之。公元502年四月，受禅称帝，定国号为梁，年号天监，建都建康（今江苏省南京市），在位四十八年，是南朝在位时间最长的皇帝。

萧衍笃信佛教，公元527年，萧衍亲自到了同泰寺，做了三天的住持和尚。还下令改年号为大通。信佛之后，他不近女色，不吃荤，不仅他这样做，还要求全国效仿：以后祭祀宗庙，不准再用猪牛羊，要用蔬菜代替。他吃素，要神灵也吃素。老年皇帝做事总是和年轻时、壮年时不一样，这个命令下达之后，大臣议论纷纷，都反对。最后，萧衍允许用面捏成牛羊的形状祭祀。

梁武帝多次舍身出家，普通八年（527年）三月八日，第一次前往同泰寺舍身出家，三日后返回，大赦天下，改年号大通；大通三年（529年）九月十五日，第二次至同泰寺举行"四部无遮大会"，脱下帝袍，换上僧衣，舍身出家，九月十六日讲解《涅槃经》，二十五日由群臣捐钱一亿，向"三宝"祷告，请求赎回"皇帝菩萨"，二十七日萧衍还俗；大同十二年（546年）四月十日，萧衍第三次出家，这次群臣用两亿钱将其赎回；太清元年（547年）三月三日，萧衍第四次出家，在同泰寺住了三十七天，四月十日朝廷出资一亿赎回。梁武帝时期，京都佛寺五百余所，穷极宏丽。僧尼十余万，资产丰沃。

颜真卿对佛道皆很恭敬，却对梁武帝的做法不太喜欢。梁武帝后期沉迷于佛教，耽误了国事，导致国家混乱，百姓受难。

但是，这人活着，没有一定之规，也没法说谁活得完全正确，谁活得是完全错误的。比如曾经归隐于庐山脚下的陶渊明。

陶渊明因为厌恶官场的污浊，厌恶政客的贪婪嘴脸，不为五斗米折腰，选择抛掉了乌纱帽，回家种田，并常常进入山中，踏入寺庙，与慧远品茗交谈。想到两人各坐于石桌一侧，侃侃而谈，背后是参天大树、庐山美景，颜真卿不由得有些神往，遂作诗一首：

> 张良思报韩，龚胜耻事新。
> 狙击不肯就，舍生悲缙绅。
> 呜呼陶渊明，奕叶为晋臣。
> 自以公相后，每怀宗国屯。

题诗庚子岁，自谓羲皇人。
手持山海经，头戴漉酒巾。
兴逐孤云外，心随还鸟泯。

06. 从吉州到抚州

颜真卿等人在九江住了两天，两天后启程，直奔吉州。

吉州位于江西省中部，地处赣江中游，古称庐陵，历史悠久，为历代州、路、府治所，素有"江南望郡""文章节义之邦"的美誉。

吉州虽无长安的繁华，却也温婉舒适，有山有水，颇有小家碧玉之韵味，这让颜真卿觉得略有些心安。

更让颜真卿没有想到的是，吉州刺史梁乘听说颜真卿来到，亲自上门拜访，并邀请颜真卿一家到刺史府赴宴。颜真卿与梁乘有过一面之交，对他并不了解。此番作为顶头上司的梁乘亲自上门拜访，这让颜真卿惊讶之余，对吉州"文章节义之邦"更是深有感触。

第三天，颜真卿带着妻儿来到刺史府，梁乘以待师之礼待之，这让颜真卿感到非常不安。

梁乘说："颜大人，您的威德我等皆敬佩不已，您在长安之时，位高权重，梁乘即便想见您，也高攀不上。此番您来到吉州，是吉州百姓之福，更是梁乘百年难遇之机遇，吉州只要梁乘在，此处便是颜大人的家。我等皆恭敬大人之风节，以大人为师，大人如若客气，梁乘反而觉得不安了。"

众人也皆附和梁乘的说法，颜真卿盛情难却，只得从之。

梁乘为官清廉，治理有方，因此吉州百姓安居乐业，一片祥和。从官职上来说，颜真卿是梁乘的下级，但是梁乘极少打搅颜真卿，官府之事都是自己处理或让别人去做，颜真卿因此在吉州日子过得很舒服。

吉州的文人高士得知颜真卿来到，都带着自己的文章书法来找颜真卿切磋。颜真卿自然喜欢，每日与众人吟诗作对，登山叩寺，并将所作诗文编为

《庐陵集》。

吉州境内有座山，名青原山，青原山上的净居寺，是已故禅僧行思居住之处。

行思是唐代著名禅师，吉安市安福县严田镇龙云下村人。俗姓刘，相传他系汉长沙王之后裔。行思是禅宗六祖慧能的高徒，与菏泽神会、南阳慧忠、永嘉玄觉、南岳怀让并列为六祖慧能大师座下五大弟子。

禅宗南宗分为怀让的南岳和行思的青原两大法系，两大法系又衍化出五个宗派，合称"禅宗五家"，其中曹洞、云门、法眼三家属青原法系。曹洞宗以宜丰洞山、宜黄曹山为基地，日渐兴旺，长期流传，影响及于国外。

行思禅师的弟子石头希迁，其时已经在南岳衡山传法，偶尔回到净居寺。颜真卿带着子侄众人上山多次，可惜都没有见到其人。此事让颜真卿很是遗憾。

大历三年（768 年）五月，颜真卿接到圣旨，诏封其为抚州刺史。

颜真卿亲自带了一点小礼品，到刺史梁乘府上辞行。梁乘听说颜真卿要走，很是不舍，又带着众官员设宴送行。

几日后，颜真卿与吉州一众官员告别，赴抚州上任。

其时抚州是江西道教最为活跃之地，道教场所众多，道教遗迹众多，这让颜真卿对道教文化产生了浓厚的兴趣。他听说晋代道士王、郭二真君曾经在华盖山修道，且有许多灵异之事，马上派颜浑与抚州名士一起赶赴崇仁县华盖山寻找遗迹，并与当地官员以及修道之人一起重修二真君神坛，撰写《华盖山王郭二真君坛碑铭》。

抚州还有一处名山，位于临城县，山名石井，相传有紫虚元君又称南岳魏夫人者曾在山上设立坛场，讲法说道，因此此地屡显灵异。据说就在大唐，还有一位女道士因为得其仙气而成了仙，颜真卿为此作《抚州临川县井山华姑仙坛碑铭》碑文，文中对南阳魏夫人等神仙成仙飞升之事羡慕不已：

　　华姑者，姓黄氏，讳令微，抚州临川人也。少乃好道，丰神卓异，天然绝粒。年十二，度为天宝观女道士。年八十，发白面红，如处子状，时人谓之华姑。蹑履而行，奔马不及。闻魏夫人仙坛在州郭之南，草木榛翳，结庐求之不得。

长寿二年，岁在壬辰，冬十月壬申朔，访于洪州西山胡天师。天师名超，能役使鬼神，见其恳切，遥指姑所居南二百步曰乌龟原。中有石龟，每蹂践田苗，百姓患之，乃击断其首，即其处也。明日，与姑登山顾望，西面有池水焉。天师谓姑曰："池中有所见乎？"曰："无。"师遂举左手，令姑自腋下观之，四仙浴焉。师曰："尔有道分，必当得之。"因留与语数日。既还至州，虔诚寻访，遂获石龟于坛中央。掘其下，得尊像及刀锯各一，油瓮五口，灯盏数十个。天后闻之，尽收入内。姑尝于旦夕精思想象之间，忽有告曰："坛南有九曲池，汝可开之。"姑从而获焉，砖砌尽在。他日，有异香彩云，从西南而来。其夕，梦有人谓姑曰："井山道场，何不修葺？"姑未及往，忽然感疾。姑悔之曰："得非违尊教所致乎？"翌日病愈，又闻异香，而宿于谷口，闻钟声。迟明入山，果获坛殿池砌余址。半峰有自然石井，深可三尺，阔丈余，故名井山，天欲雨则云雾先起。姑既置精舍，时闻仙梵之音。环坛五七里间，莫敢樵采。姑遂洒扫修葺，极其力焉。人或不洁不诚，必遭蛇虎怪异之警，迷不能出矣，至今犹然。有野鹿为猎人所射，来姑前，姑为拔箭。其后每至斋时，即衔莲藕以献姑前。开元九年，欲上升际，忽谓弟子曰："不须钉吾棺，可以绛纱幕之。"

数夕，有雷震电绕，视纱顶孔如鸡卵，屋穿容人，棺中惟覆被木简而已。弟子莫瓜，数日生蔓，长数尺，结实二颗，其大如桃。姑同学弟子黎琼仙，恒服茯苓、胡麻，绝粒四十余秋，年八十，齿发不衰。六七岁时，亲睹其事。每至忌辰，即风云蓊郁，直入室内。村野路人，往往见彩云白鹤，飞入洞口。精斋行道时，每有一朱鬃白马在坛侧，逼之则奔而出外，舍之则随而复来。灵异昭彰，不可谈悉。仙台观道士谭仙岩、史元同、左通元等，每至三元，恒修斋醮。

大历三年，真卿获刺是州。明年春三月，山下有女道士曾妙行，梦一女师，令上七层华树，层层掇餐，及寤犹饱，因是不食。尝于观中见黎琼仙，跪而拜曰："梦中所见，乃尊师也。"因请依之，于今觉韶颜润泽，虔修香火于此山，遐迩骇慕焉。

呜呼！麻姑得道于名山，南真升仙于龟原，华姑鹤翥于兹岭。琼仙妙行，接踵而去。非夫天地蚤从古以然，则何以仙气氤氲，若斯盛者？

真卿幸因述职，亲睹厥猷，若默而不言，则来者奚述？乃为铭曰：

　　绰约华姑，真仙品徒。芳连比色，逸俊争驱。南郭从魏，西山访胡。腋窥仙浴，原获龟乌。灵迹既俨，曲池犹污。鼎新庙貌，焕然规模。名曰井山，终焉不逾。鹿来藕献，马见鬃朱。简解空存，纱穿上徂。莫瓜吐实，蔼室云趋。妙行精持，高真是俞。勒铭翠炎，永播元都。

颜真卿看到魏夫人仙坛一派破落之相，很是不高兴，马上让人修整打扫。颜真卿还让人重修崇仁县华盖山的仙坛，并拨衙门所用款项换殿宇门廊，可谓尽心尽力。

在处理公务之余，他还拜访了南城县的麻姑山。传说古代有名叫麻姑的女子于此山中得道成仙，因而得名。

唐玄宗非常敬重的、道教北帝派创始人邓紫阳曾隐居于山上，并葬于此。颜真卿多次拜谒邓紫阳隐居之处，并挥笔写下了《有唐抚州南城县麻姑山仙坛记》碑文。碑文中记述了麻姑山仙女和仙人王方平在麻姑山蔡经家里相会的神话故事，及麻姑山道人邓紫阳奏立麻姑庙的经过。

颜真卿撰书《麻姑山仙坛记》时，已是六十二岁的老人，同时也是他书法成熟后的辉煌时期。《麻姑山仙坛记》全文九百余字，笔力刚健浑厚，开阔雄壮，布局充实，大气磅礴，最突出地表现了颜体的独特风格，在艺术上达到了高度的成熟与完整，被历代书家誉为"天下第一楷书"。

《麻姑山仙坛记》刻成后，后人又在碑背镌刻了卫夫人、褚遂良、虞世南、欧阳询、薛稷、柳公权、李邕等人的楷书，安放在仙都观内。各郡邑名门贵族、文人墨客皆以上麻姑山一睹"鲁公碑"为乐事。

颜真卿此番贬谪，虽受尽颠簸之苦，到任后却也逍遥自在，领略了江南风光。

可惜时光无情，这一年的冬天，颜真卿的弟弟允臧刚卸任江陵少尹，突然暴死于家中，年仅五十九岁。允臧比颜真卿小三岁。之前，颜真卿的几位兄长先后离世，只剩下颜真卿和颜允臧，两人各自奔波在外，这些年也是很少见面。此番颜允臧卸任江陵少尹，颜真卿给他写信，让他到抚州小住，没想到，自己给他写的信还没到，弟弟竟然与世长辞了。颜真卿收到允臧家人寄来的报丧信，哀伤不已："真卿衅深祜薄，门祚衰陵，同生之人，零落皆尽，唯形与影，相视不足。岂图不造，永诀于斯！"

颜真卿派儿子颜頵和族弟颜浑一起赶赴江陵，协助允臧家人处理丧事，他因为公务在身，只能在家中设牌位祭奠兄弟。颜真卿让允臧的儿子把允臧的灵柩运回陕西万年县凤栖原祖茔，并于第二年四月入葬。

颜真卿的五兄颜幼舆之妻殷氏也于几年前卒于江陵，颜真卿也让人把殷氏灵柩一起运回，与卒于天宝九载（750年）的幼舆合葬在了一起。

颜真卿为幼舆、允臧撰写神道碑铭，也为亡于多年前的三兄乔卿写了碑文。

允臧西去，对颜真卿打击巨大。因为从此以后，颜真卿这一辈兄弟中，只剩下颜真卿一人。一家人中，从此再也没有可以诉说家事的兄弟，回家祭祖，从此身前空无一人。颜真卿独坐家中，想到了已经西去的兄弟们，想到了小时候与他们一起玩耍的表兄弟，想到了曾经对待自己如亲子的舅舅殷践猷。舅舅的三个儿子殷摅、殷寅、殷克齐皆去世多年，他们的后代也都在各处漂泊，很多人颜真卿都不认识。时光真是无情啊，曾经待自己那么好的舅舅去世后，好好的亲戚已经成了路人。

颜真卿沉浸在悲痛中，多日茶饭不思。韦氏殷勤照顾，说服颜真卿要放宽心。

多日后，颜真卿心情有所缓解，提笔为舅舅撰写碑文：

善父母之谓孝，睦昆友之谓悌，孝悌也者，其仁之本欤！经天纬地之谓文，博古知今之谓学，文学也者，其德之蕴欤！谁其兼之？即我伯舅殷君其人矣。君讳践猷，字伯起，陈郡长平人。五代祖不害，以孝见《梁书》。高祖英童，周御正中大夫、麟趾学士。曾祖闻礼，唐太子中书舍人、宏文馆学士。祖令言，校书郎、淄川令。父子敬，太常博士、吴令。累叶皆以德行、名义、儒学、翰墨闻于前朝。君即吴县之元子，幼而聪悟绝伦，长而典礼不易，年十三，日诵《左传》二十五纸。读《稽圣传》一遍，亦诵之。博览群言，尤精《史记》、《汉书》、百家氏族之说，至于阴阳、数术、医方、刑法之流，无不该洞焉。与贺知章、陆象先、我伯父元孙、韦述友善，贺呼君为五总龟，以龟千年五聚，问无不知也……长妹兰陵郡太夫人，真卿先妣也，中年孀嫠，遗孤十人，未能自振。君悉心训奖，皆究恩意，故能长而有立。……呜呼！以君之才之美，被服纯行，加人数等，清修素业，为代元龟，竟不得赞皇极而叶彝伦，登泰阶而仪百辟，不其惜乎！嗟乎！仲尼圣者也，终于鲁司寇，而君官与之比；公明达者也，年才四十八，而君寿与之齐。岂圣贤之道，有遭遇乎？将运命之数，有穷通乎？兹小子所以献疑而述报施也。大历五年夏五月，真卿以恩宥刺抚于州，采石刻颂丹，寄碣于墓左。铭曰：

殷之后昆，奕叶儒门，盛烈存兮。君能济美，于穆不已，明德尊兮。运促道长，身殁名扬，教义敦兮。合祔先窆，述遵理命，哀顺孙兮。高坟崔嵬，龙涧之隈，映鲜原兮。斯焉窀止，以望君子，慰营魂兮。

在碑文中，颜真卿对大恩于己的舅舅，不吝赞美之词，款款深情，溢于言表。

07. 抚州任上

抚州有条河，名汝水，是鄱阳湖水系主要河流之一，发源于武夷山脉西麓，是江西省第二大河流，抚州以下为下游，两岸为冲积台地，田畴广阔。汝水平常温顺宽阔，河水也不深，但是到了雨季，这汝水就变成了狂躁的野马，从武夷山西侧呼啸而下，一路汇集从各处汹涌而至的雨水，到了抚州后，便铺天盖地，一路摧枯拉朽，势不可当，两岸的堤坝经常被冲垮，庄稼农田被毁，百姓的生命遭到威胁，是抚州百姓的心腹大患。

前任刺史也曾经想法治理水患，但是都没有治理彻底。颜真卿来到抚州，了解到汝河之水患后，决心将之彻底治理好。

他与具体负责此事的官员一起拜访参加过治理水患的老人，学习他们的经验，又带人乘船实地考察。经过一番商量后，颜真卿决定新建一条更高大更结实的水坝，并加固支港。水坝像一条巨龙卧在水中，用"龙身"挡水以抬高水位，减缓流速，并在发洪水时将河水分流，旱季则可引水灌溉田地。

计划形成后，颜真卿设法筹集了部分钱款，然后动员百姓，开始施工。上千名民工涌上工地，有人负责搭建临时堤坝引流河水，有人负责开山取石，更有车马上百，负责运送石料，寂静多年的汝河沿岸渐渐热闹了起来。

颜真卿亲自上阵，督促施工，与监工一起监督工程质量。工程经过前后接近两年的施工，终于在第三年大洪水来临之前投入使用。洪水汹涌而至，分水大坝傲然挺立，顺利经过大洪水的检验。

水患终于远离抚州百姓，百姓欢呼雀跃，庆祝从此告别洪水之苦。

颜真卿为此撰书《千金陂碑志》，记述了当年防洪筑堤的情形。

抚州百姓安居乐业，颜真卿宽以施政，并以身作则，致力于当地文化的发展。

　　颜真卿在政事之外，结交当地文人墨客，吟诗作文。闲暇之余，颜真卿想到了十多年前编撰了一半的《韵海镜源》，便召集了左辅元、姜如璧等人，继续编撰工作。

　　左辅元诗词俱佳，编撰之余，与颜真卿说起当地风物。他告诉颜真卿，东晋时期的大才子谢灵运当年在临川任内使，曾经在抚州城东南一处山上住过一段时间，翻译《涅槃经》，后人称此处为翻经台，不过现在这处遗址经过多年风吹日晒，已经只剩下残垣断壁了。

　　谢灵运是东晋至刘宋时期的大臣、佛学家、旅行家，山水诗鼻祖，出自陈郡谢氏，生于会稽郡，历任抚军记室参军、太尉参军、中书黄门侍郎等职。刘宋建立后，降封康乐县侯，历任散骑常侍、太子左卫率、永嘉太守、秘书监、临川太守。刘宋元嘉十年（433年），以叛逆罪被处死，时年四十九岁。

　　谢灵运博览群书，工诗善文。其诗与颜延之齐名，并称"颜谢"，是第一位全力创作山水诗的诗人。谢灵运还擅长书法，文章书法都独步当时，他每次作文，都亲笔抄录，当时的文帝称他的文章和墨迹为二宝。但是谢灵运有一个毛病，就是过于心高气傲。他觉得既然自己是名人，就应该参与朝政，但文帝却只把他当成一个文人而已。谢灵运心中不满，往往推说自己有病而不上朝，且怠于政务，放荡不羁，因而树敌不少，遭人弹劾，后来担任临川内使，才有了翻经台翻译经书之事。但是最终，因为过于骄纵，这个才高八斗的谢灵运被处死，真是有些可惜了。

　　谢灵运的书法文章，颜真卿都非常喜欢，经常揣摩。而且这个谢灵运，从本质上来说，也是个好人，可惜过于自负，不会曲意逢迎，最终死于非命。因此对于谢灵运，颜真卿一直有同情之心。听说此处有谢灵运遗址，颜真卿大喜，马上让左辅元等人带着他去参观。

　　翻经台遗址位于抚州东四里路一处山坡上。让颜真卿没有想到的是，所谓翻经台遗址，只剩下了一些断壁残垣，在一片荒草中，等待着被岁月的洪流淹没。

　　左辅元小的时候，翻经台上还有一间屋子没倒。即便是那间屋子，据说也是一个云游到此的道士化缘请人帮忙重新修建的。道士说，翻经台虽然山不高，岭不险，但是此地风水绝佳，有灵气。道士后来下落不明，屋子又莫名其妙着了火，这唯一的一间屋子就没了。

颜真卿在断壁残垣间徘徊了一会儿，想到这个风流才子的命运，不由得心里酸涩。

同去翻经台的除了有左辅元和颜浑等人，还有在吉州时认识的僧人智清。智清从吉州云游到抚州，顺便来拜访颜真卿。看到颜真卿脸色凄冷，智清就问颜真卿，出来游玩，为何突然一脸忧伤之色？

左辅元等人也是一脸不解。从衙门出来的时候，颜真卿还是很高兴的，为何到山上转了一圈，这脸色就变得难看了呢？

颜真卿苦笑了一声，对众人说："这谢灵运也算是一代才子，文章书法当时无二。可惜啊，即便是这样的一位天纵奇才，在此地留下了如此重要的一处遗迹，现在竟然荒草一片，除了一堆堆的石头，竟无他物。"

颜真卿说得极是。谢灵运是一代奇才，他不但书法文章俱佳，更是佛学大家，他参加过《大方广佛华严经》《大般涅槃经》的翻译，还编有梵汉字典《十四音训叙》，创作了大量的具有佛禅意蕴的诗赋文章如《石壁立招提精舍》《和范光禄祇洹像赞》《维摩经十譬赞》《净土咏》以及《佛影铭》。还有，他对于佛学的发展是有理论贡献的，他的《辨宗论》，是倡导和发挥道生的顿悟成佛理论并施影响于后世的关键性论著。左辅元叹道："抚州有这样一位人物的遗迹，竟然没有好好保存，实在是暴殄天物！可惜我等皆布衣，有心无力，幸好颜公来了，此处遗迹有救了。"

颜真卿苦笑了一声，说："诸位不知，官府经费中，没有可以用来修缮遗迹的支出。我收入微薄，家人众多，也没有多余的钱可用来支配，真是惭愧至极。"

智清拱手说："颜大人清正廉明，众人皆知，此事不必劳烦颜大人，小僧也知道这翻经台，知道谢灵运其人其事，既然诸位和颜大人都为此事烦恼，那此事就交由小僧来办好了。"

众人一愣。颜真卿也有些不相信："智清，这可不是个小事，不可说笑。"

智清笑了笑，说："智清与颜大人交往已久，您何曾见智清打过诳语？大人放心便是，抚州之地，佛道兴旺，百姓皆善，智清曾经参与过抚州多处寺庙建筑，请大人放心便是。"

智清是当地高僧，德高望重，颜真卿自然相信他。有了智清的承诺，众人的心情好了很多，都帮智清出谋划策，如何让翻经台尽快建起来。

此后，智清和好友什喻、道士谭仙岩同心同力，四处化缘，半年后，众人印象中的谢灵运当年居住的屋子、翻译经书的书房皆建了起来。智清还在树荫下设置了石桌石凳，又从别的寺院讨来了几口旧时的水缸、花盆，把这一处小小的院落拾掇得很是像样。

开建之初，颜真卿就经常过来观瞻，等院子收拾停当，颜真卿过来一看，真是喜出望外，亲自研墨，撰写了《抚州宝应寺翻经台记》：

> 抚州城东南四里有翻经台，宋康乐侯谢公元嘉年初于此翻译《涅槃经》，因以为号。公讳灵运，陈郡阳夏人也。祖元，晋车骑将军；父瑍，秘书郎。公幼颖悟好学，博览群书，文章之美，江左莫逮。以袭祖爵，世人宗之，盛称谢康乐……大历己酉岁四月丙午，都人士庶，相与大会，设严供而落焉。以真卿业于斯文，见咨纪述。后之君子，其忘增修乎？铭曰：
>
> 摩诃般若，解脱法身。是则涅槃，众经中尊。昙无肇允，严观是因。实赖同德，宏兹法轮。谢公发挥，精义入神。理绝史野，文兼郁彬。一垂刊削，百代咸遵。遗迹忽睹，高台嶙峋。载悲徂谢，曷践音尘？真卿愀然，悯故孰新？檀那衣钵，悉力经纶。不日复之，周邦仰仁。缅怀敦慕，子亦何人？徒愿神交，愧非德邻。刻铭金石，永永不泯。

因为智清在此暂住，颜真卿经常与众人来翻经台喝茶聊天，又撰写了《抚州宝应寺律藏院戒坛记》。

一代名相宋璟任御史中丞时，颜真卿为其下属。宋璟逝世十二年后（749年），宋璟的儿子宋浑时任御史中丞，他与时任监察殿中侍御史的颜真卿商量为其父立碑。二人商议后拟文陈奏皇帝，就在此时，宋浑被贬官，流放贺州，此计划搁置。大历五年（770年）十二月，宋璟的七子宋华之子宋俨时任苏州刺史，他得知颜真卿在抚州任上，不远千里来到抚州，请颜真卿为其祖父写碑文。宋璟为官刚正清廉，名震大唐，颜真卿对其非常敬佩，因此欣然答应了宋俨。为示对宋璟的恭敬，颜真卿亲自研墨，撰写碑文：

於戏！逆鳞谲上，匡救之义深；守死不回，人臣之致极。况乎文包风雅，道济生灵，建一言而天下倚平，含九德而三光式序。超无友而独立者，其惟广平公乎？

……玉立殿天子之拜，介然秉大臣之节。震电凭怒，谠言而不有厥躬；鼎镬沸前，临事而义形于色。蠡迪检押，难常情之所易；志深直谅，易古人之所难。外其身而富贵不离，行其道而生死勿替……

宋璟同姚崇一样，是唐代历史上的名相，更是颜真卿最为敬重之人。宋璟前后为相四年，他不畏权贵，力革前弊，奉公守法，不徇私情，唐朝三百年间，素有"前称房杜，后称姚宋"之说。对于姚、宋二人，朝廷内外有"崇善应变以成务，璟善守文以持正"的赞词。

因此，颜真卿常常以宋璟之德来要求自己。为宋璟撰写碑文，让颜真卿感同身受，颇有感触。

在抚州，颜真卿还断了一起离婚案。

儒生杨志坚好学，不会持家，因此家中很穷。妻子实在无法与杨志坚过下去，只得提出离婚。

杨志坚无奈，写了一首诗给妻子："平生志业在琴诗，头上如今有二丝。渔父尚知溪谷暗，山妻不信出身迟。荆钗任意撩新鬓，明镜从他别画眉。今日便同行路客，相逢即是下山时。"

妻子带着丈夫的这首诗来到府衙，请求判离婚。

唐朝法律，如果夫妻都同意离婚，那就应该判离，双方皆无罪。但是，女子因为家贫要求离婚，在那个时代的人看来，这个女子便有些无德了。

按照儒家的礼教来看，杨妻的行为不符合从夫之礼，儒家的道德标准是要求士人安贫乐道，妻子也应该与丈夫同甘共苦，杨妻不耐贫寒，违背了儒家道义，颜真卿因此对杨妻的行为深恶痛绝。

况且在颜真卿看来，真正的读书人就应该安于贫穷，追求道德意义上的完美。譬如他自己，虽然是朝廷命官，其实只能勉强糊口，但是这不妨碍其作为一个读书人为忠君报国而努力的理想的实现。

因此颜真卿对杨妻这种有违"道义"的女人非常厌恶，他下令杖打杨妻二十大板，然后允许其改嫁。赏赐杨志坚布、绢各二十匹，米二十石，并让其到他手下任职。

这个穷书生大概做梦都不会想到，因为自己的妻子离婚，竟然让自己一步登天，受到重赏不说，竟然进入刺史府做了一名幕僚。

颜真卿的判决，应该说只是符合当时正统的儒家道德观念，从人性这方面来说，对杨妻却有失公允。当然，时代不同，道德观念也不同。从积极的方面来说，据说颜真卿判决杨志坚离婚案之后几十年，抚州没有发生过妻子离弃丈夫的事情。对于家庭的稳定来说，这算一桩好事。

颜真卿在抚州任上，比较悠闲，因此有很多时间研习书法，并写了大量的书法作品。其中比较著名的有《麻姑山仙坛记》，《大唐中兴颂》也是颜真卿在抚州所写的比较有代表性的书法作品。

《大唐中兴颂》为荆南节度判官元结撰文，颜真卿以大楷书写就，刻于永州祁阳县浯溪山崖。

《大唐中兴颂》歌颂唐肃宗收复两京、宗庙再安。元结文章浩荡，颜真卿阅罢，想到了自己在平原举义、四方呼应的豪气，胸中风雷激荡，运笔自然豪放矫健，大气淋漓。

08. 一路书香

大历六年（771 年）八月，颜真卿抚州任满，离开抚州。

在等待新职的空闲之时，他专程来到江苏句容茅山，拜祭已故道士李玄静，并撰写碑文。之后，他到达金陵，拜祭先祖颜含之墓，并撰书《颜公大宗碑铭》，让人刻石碑上，立于墓前。

颜真卿小的时候，曾经随母亲一起到苏州，投奔在苏州吴县做官的外祖父，如今旧地重游，已是五十年之后了。他站在外公曾经做县令的县衙前，驻足四顾，真是感慨万千。当年自己年仅弱冠，懵懵懂懂，却有母亲和兄弟，有舅舅，有伯父，无忧无虑，天真烂漫，现在当他再次站在这里的时候，自己的这些亲人都没有了，而自己又已经是一个六十多岁的老人，自己的父母兄弟、外公舅舅都再也见不到了。他多么希望时光能倒流，再见一见父母、伯父、舅舅等人啊！

颜真卿来到虎丘。虎丘有曾经以神仙自居的清远道士题诗一首，颜真卿喜欢此诗，他找人把此诗刻在山石上，并和诗一首："不到东西寺，于今五十春。竭来从旧赏，林壑宛相亲。……"

颜真卿在金陵住了半年有余，第二年春天，昔日平原手下刘太冲来到江陵拜见他。刘太冲是宣州人，天宝十二年（753 年）的进士，现在却依然官职低微，因此心情低落。颜真卿与其促膝长谈，终于使得刘太冲顿悟，心情舒畅。临别之时，颜真卿撰写《送刘太冲序》相送：

江月弦魄，秦淮顶潮，君行句溪，正及春水。勖哉之子，道在何居！

送别刘太冲后，颜真卿继续朝着长安进发。走到宋州，刚在驿站住下，宋州刺史徐向带着人来到驿站，拜见颜真卿。

颜真卿与徐向认识，平常却没有交往，两人见礼后坐下，徐向告诉颜真卿，他此番来找颜真卿，是有事相求的。

原来曾经屡败史朝义、打败刘展的大将田神功被封为河南节度使后，曾经大病一场，痊愈不久，徐向感念田神功之功德，特请一千多僧人，为其设八关斋会，以感谢上天，祈祷平安。

说起来田神功与颜真卿颇有些渊源。田神功曾经为平卢先锋使董秦部将，当年安禄山造反，董秦与平卢兵马使刘客奴一起密谋，杀死平卢节度使吕知诲起义，刘客奴来到平原找颜真卿加以援助，颜真卿为了让刘客奴放心，把儿子颜颎送给刘客奴当人质。刘客奴与董秦起义后，刘客奴战死，董秦按照刘客奴的叮嘱，带着田神功等人辗转来到平原找颜真卿，那时候颜真卿已经带着人去了凤翔，平原被史思明占领。

后来董秦和田神功在平定安史之乱中屡建奇功，董秦被肃宗赐姓李名忠臣，官至淮西节度使，田神功被封为河南节度使。应该说，这两人当初反叛安禄山，投奔朝廷，与颜真卿的支持是有一定的关系的。

田神功勇猛无敌，颜真卿早闻其名，因此欣然答应了徐向的请求。

八关斋会指持戒戒除八恶，不杀生、不偷盗、不邪淫、不妄语、不饮酒、不坐高广大床、不着华鬘璎珞、不习歌舞伎乐。

徐向特意请田神功来到宋州。颜真卿与田神功见面，两人谈起刘客奴的一腔孤勇，皆感叹不已。田神功告诉颜真卿，他曾派人回去找刘客奴的家人，却没有找到。

颜真卿心中燃起了一点希望，向他打听颜颎的下落。田神功告诉颜真卿，刘客奴是个胆大心细之人，当年众人都知道刘客奴带着颜颎来到平卢，但除了跟随刘客奴去平原的人，再没有人见过颜颎，更无人知道其下落。刘客奴被杀后，他和董秦派人打听颜颎的下落，都没有消息。

田神功告诉颜真卿："刘大人肯定为颜公子安排了一个没人知道的藏身之处，颜大人，您放心吧，颜公子早晚会来找您。"

颜真卿说："但愿如此。不过都这么多年了，孩子还是一点消息都没有，恐怕……很难说了。"

田神功说："我在平卢还有一些朋友。颜大人，此事完结之后，我派人去平卢，让他们帮忙找一下颜公子。"

颜真卿拱手，说："那就多谢田大人了。"

斋会场面宏大，热闹非凡，周围百姓上万人蜂拥而至观看。颜真卿看到这场面，感慨万分，在文中写道："法筵等供，仄塞于郊埛；赞呗香花，喧填于昼夜。其余乡村聚落，来往舟车，闻风而靡督自勤，耸惠而怵先胥懋者，又不可胜数矣。"

徐向为举办这次斋会，花费了三十万俸钱，此后，众官员纷纷效仿，各种法会在大唐各地如野草一般层出不穷。

此事的根源在于朝廷。代宗本来是不好佛的，宰相元载和王缙等人好佛，他们上表劝代宗重视佛教，并牵强附会，说当年安禄山和史思明被其儿子刺死，仆固怀恩反叛暴死，都是佛祖保佑所致。代宗被说得半信半疑，但是架不住这几个人天天在耳边唠叨，代宗最后也成了一名虔诚的佛教徒。礼佛之外，代宗经常请高僧百余人在宫殿内诵经，大设道场。每逢吐蕃或者北方边境有冲突，代宗都要带领一帮僧人以及大臣诵《护国仁王经》，以求退敌。敌退之后，无论什么原因，都要重赏僧人。朝廷上下因此皆以佛事为正事，上梁不正下梁歪，地方官场也深受其影响，修庙拜佛，大唐官场一片香烟缭绕，混混沌沌。

颜真卿辞别徐向后，来到洛阳，在洛阳驿站休息了几天。僧人怀素恰好云游到此，听说颜真卿也在洛阳，特来拜访。怀素自幼出家为僧，经禅之暇，爱好书法，与张旭齐名，合称"颠张狂素"，形成唐代书法双峰并峙的局面，也是中国草书史上两座高峰。怀素草书，笔法瘦劲，飞动自然，如骤雨旋风，随手万变。书法率意颠逸，千变万化，法度俱备。

几年前，怀素离开家乡，游历南北，遍谒名人。在长安，怀素名动一时，监察御史任华曾经作诗，记录怀素在长安时的风光景象："狂僧前日动京华，朝骑王公大人马，暮宿王公大人家。谁不造素屏，谁不涂粉壁？粉壁摇晴光，素屏凝晓霜，待君挥洒兮不可弥忘。骏马迎来坐堂中，金盆盛酒竹叶香。十杯五杯不解意，百杯已后始颠狂。一颠一狂多意气，大叫一声起攘臂，挥毫倏忽千万字。"

此时怀素年仅三十五岁，春风得意，才气横溢。怀素的老师邬肜曾任金吾兵曹，与颜真卿都曾拜张旭为师，从这方面来说，怀素算是颜真卿的晚辈。两人虽然年龄相差很大，却一见如故，彻夜长谈。

有一天，颜真卿见了怀素的草书，对他说："学习书法，应该有自己的体会。我们不能只拘泥于老师的传授。当年张长史观察到孤蓬自振、惊沙自飞，又见到公孙大娘舞剑，领悟了低昂回翔的状态，不知邬兵曹有什么心得教给你？"

怀素说："老师曾经教授贫僧古钗脚之法，在下以为，古钗脚是书法中最高的笔法，譬如秦之李斯、当代之李阳冰，其书圆活姿媚、遒劲有力，少有人能及。"

颜真卿笑了笑，再没说话。

怀素在洛阳住了十多天，遍访洛阳名士，也经常与颜真卿一起，寻古访幽。颜真卿却多日不与怀素谈论书法。怀素以为自己可能在不经意间得罪了颜真卿，郁闷了多日，临走时，他忍不住问颜真卿："贫僧拜访颜大人，是因为大人之书法冠绝当代，大人却多日不与贫僧谈及书法，即便贫僧提及，大人也都是搪塞之词，不知贫僧是否得罪了大人，如有得罪，请多见谅。"

颜真卿笑了笑，说："上次你说古钗脚是极高笔法，我却觉得学古钗脚，不如屋漏痕。"

怀素想了想，恍然大悟，拱手说："多谢大人指点。折钗股者，欲取曲折圆而有方，屋漏痕者，欲望其无起止之迹，大人果然高明。贫僧观夏云多奇峰，辄尝师之。夏云因风变化，乃无常之势，又遇壁坼之路，一一自然。虽如此，却不如屋漏痕，更为自然朴直。"

颜真卿说："上僧所言极是，书法之道，能悟到此理，也是天下少有。"

怀素此番云游四海，拜访名人高官，得到不少当代名人对其书法的赞颂之词。怀素将其装订成册，让颜真卿为其作序。颜真卿想了想，欣然提笔，作《怀素上人草书歌序》：

> 开士怀素，僧中之英，气概通疏，性灵豁畅。精心草圣，积有岁时，江岭之间，其名大著……夫草槁之作，起于汉代。杜度、崔瑗，始以妙闻；迨乎伯英，尤擅其美。羲、献兹降，虞、陆相承，口诀手授，以至于吴郡张旭长史。虽姿性颠逸，超绝古今，而模楷精详，特为真正。真卿早岁，常接游居，屡蒙激昂，教以笔法。资质劣弱，又婴物

务，不能恳习，迄以无成。追思一言，何可复得？忽见师作，纵横不群，迅疾骇人，若还旧观。向使师得亲承善诱，亟挹规模，则入室之宾，舍子奚适！嗟叹不足，聊书以冠诸篇首。

怀素拜访颜真卿，颜真卿对其书法进行点悟，是大唐书法史上意义重大的一件大事。怀素的书法因之更加精进，为其成为一代大师，起到了关键的作用。

六十多岁的颜真卿已经看透世事，心性平和，更加关注于书法之突破，因此此时所写之书法作品，更加成熟，瘦劲且有韵味。

颜真卿把在两年前撰文的《宋璟碑》稿子找出来，重新进行了书写。并于当年冬天，为好友元结撰写了《元结碑》。

元结是唐代文学家，洛阳人。唐玄宗天宝十二载（753年）进士及第，历任道州刺史、御史中丞、本管经略使等职，在任期内政绩卓著。安史之乱，元结率族人避难于猗玗洞，因号猗玗子。乾元二年（759年），任山南东道节度使史翔幕参谋，史思明率部进攻山南道，元结率部反击，并招募义兵，拼死挡住了虎狼一般的史思明叛军，保全十五城。代宗时，元结任道州刺史，调容州，加封容州都督充本管经略守捉使，政绩颇丰。代宗大历七年（772年）夏，元结卒于长安，享年五十岁，同年冬由长安移枢于鲁山县青条岭前泉上村安葬。

《元结碑》是颜真卿书法作品中的一件力作，其书法造诣炉火纯青，是颜氏书体最高境界的代表作，堪称绝世珍品。

颜真卿在洛阳等地游历一年有余，当年九月，被封为湖州刺史。

09. 杼山与《韵海镜源》

十一月初，颜真卿从洛阳出发，赶赴湖州上任。

他们在路上的驿站，度过了一个有些落寞，却也不乏温馨的春节。颜浑和妻侄殷亮等人与颜真卿围炉饮酒，作诗弹唱。

此时的颜真卿已经诸事看透，心情平和。次子颜頵已经婚配，且于七年前进士及第，善工草书。三子颜硕有些顽皮，刚好哄颜真卿开心。一家人风雨同舟，日子虽然清苦，却也是苦中有乐，温暖和谐。

大历八年（773 年）正月，颜真卿一行到达湖州，开始了他湖州刺史的任期。让颜真卿惊喜不已的是，在湖州他遇到了昔日在平原时的旧友李萼。原来，当年李萼虽没有同颜真卿一起去凤翔，却因为受到颜真卿的举荐，后来入朝为官，现任湖州防御副使。此番颜真卿来到湖州，故人相见，皆惊喜不已。颜真卿有了这样一个可以信赖的副手，心中大安。湖州任上，因此格外轻松。原朝廷校书郎权器、前大理司直杨昱为颜真卿手下判官，专管阅簿、检查官吏等政务。这些人都是精练之干才，颜真卿因此才有诸多的精力专心于诗文书法，与当地名人交游。

湖州是一座具有一千多年历史的江南古城，楚考烈王十五年（前 248 年），春申君黄歇徙封于此，在此筑城，始置菰城县，以泽多菰草故名。隋仁寿二年（602 年），置州治，以滨太湖而名湖州，湖州之名从此始。湖州是中国蚕丝文化、茶文化、湖笔文化的发祥地之一。长兴顾渚山曾建有中国历史上第一座贡茶院，是"茶圣"陆羽进行茶事活动的主要场所，被列为文房四宝之首的湖笔便产于湖州善琏。

因此比起抚州等地，湖州的山水更加有灵性，更加出尘脱俗。

美丽如画的苕溪是浙江省八大水系之一，因流域内沿河各地盛长芦苇，进入秋天，芦花飘散水上如飞雪漫舞，因为当地居民称芦花为"苕"，故名苕溪。苕溪由东、西二溪组成，因两条溪大小相仿，又称姐妹溪，东西苕溪远在湖州城东汇合，经大钱口入太湖。

李萼等人带着颜真卿等人在湖州各处做了一番巡视之后，颜真卿便深深地喜欢上了这个地方。相比抚州，这里的宗教文化没有那么繁盛，文人名士却层出不穷。

骨子里其实是一个文人的颜真卿，在这里找到了家的感觉。政务之余，他安下心来，开始找人继续编撰《韵海镜源》。

在这里，颜真卿心无旁骛，全力以赴，详列条目，每条的编写，都由专人负责。因此召集文士之多，远超当年在平原初编时和在抚州时的编写人数。颜真卿广撒英雄帖，寻找文人名士，湖州的文人互相举荐，皆以来到颜家，见到颜真卿为荣。

这些文人以李萼先认识的谢灵运的第十世孙、著名山水诗人僧人皎然为核心，聚集了茶圣陆羽，才子袁高、吕渭、刘全白、张荐、吴筠、柳淡（中庸）、皇甫曾、张志和、杨凭、杨凝、韦渠牟（尘外）等人，在这些真性情的文人面前，颜真卿毫无刺史的架子，与他们一起喝酒唱赋，写字作诗，怡然自得。此间众人所写诗文，后来颜真卿让人编撰成《吴兴集》十册，为当地文人名士争相传阅。

当然，颜真卿最为看重的，还是他前后已经编撰了近二十年的《韵海镜源》。这次颜真卿下定决心，要在湖州完成此事，因此他经过多方考证，最终把编撰地点选在了乌程县西南的杼山。

杼山原称东张山。后来，茶圣陆羽经过考证发现，大禹的第六代孙夏杼统治天下时，政局统一，国力强盛，曾率部南下寻根，在此山上驻扎过，山南因此留有避它城、夏王村等遗迹，故将山名改为杼山。杼山上有梁武帝时期所建、由梁武帝亲自命名的名寺妙喜寺，著名诗僧皎然便是妙喜寺的住持。

因此，这妙喜寺不但是《韵海镜源》的编撰之地，更是颜真卿、皎然、陆羽等湖州文人名士研磨书画、吟诗作赋的游玩之地。

当年春夏相交之际，浙西道观察判官、殿中侍御史袁高来湖州巡察，袁高当年四十多岁，正值壮年，袁为官正直，颜真卿与之相见恨晚。政务之余，颜真卿带着袁高爬上杼山，与皎然等众友相见。在山坡歇息之际，袁高看着明晃晃的太阳，说这里要是有个亭子可以休息喝茶就更好了。颜真卿与陆羽等人早就有此想法，此番袁高一说，众人皆同意。袁高走后，颜真卿便设法筹集资金，请人于山中建亭，陆羽负责选址和建设。

两个月后，亭子建成，陆羽请众人上山观赏。因为此年为癸丑岁，登山之月为癸卯朔，亭子开建日为癸亥日，因而亭子被命名为三癸亭。亭子紧靠着一片茂盛的桂树林，有丹桂、青桂、紫桂，可谓姹紫嫣红，景色怡然。陆羽让人在桂林间建了棚子，以方便赏桂喝酒，杼山因了这三癸亭，因了这桂棚和颜真卿、皎然等一众文人聚集，而声名大振。

皎然曾作诗曰：

秋意西山多，列岑萦左次。

缮亭历三癸，疏趾邻什寺。

元化隐灵踪，始君启高诔。

诛榛养翘楚，鞭草理芳穗。

俯砌披水容，逼天扫峰翠。

境新耳目换，物远风烟异。

倚石忘世情，援云得真意。

嘉林幸勿剪，禅侣欣可庇。

卫法大臣过，佐游群英萃。

龙池护清澈，虎节到深邃。

徒想嵊顶期，于今没遗记。

颜真卿也有诗咏三癸亭：

杼山多幽绝，胜事盈跬步。

前者虽登攀，淹留恨晨暮。

及兹纤胜引，曾是美无度。

欻构三癸亭，实为陆生故。

高贤能创物，疏凿皆有趣。

不越方丈间，居然云霄遇。

巍峨倚修岫，旷望临古渡。

左右苔石攒，低昂桂枝蠹。

山僧狎猿狖，巢鸟来枳棋。

俯视何楷台，傍瞻戴颙路。

迟回未能下，夕照昕村树。

颜真卿等人在杼山流连忘返，吟诗作赋，编写《韵海镜源》，沉浸在文字和传统文化的魅力中，无法自拔。

颜真卿感觉自己年龄已大，为了尽早了却心愿，他四处搜罗人才，先后有湖州文人名士三十多人，参与《韵海镜源》的编写。经过一年努力，《韵海镜源》终于修撰完成，成书三百六十卷。颜真卿抚摸着还散发着墨香的一堆书籍，喜不自禁，与众人把酒言欢，大醉而卧。

《韵海镜源》是一部搜集典故、词藻，按韵编排的类书，其编纂体例是按《切韵》，引《说文》《尔雅》诸字书，穷其训解，次以经、史、子、集中两字以上成句者，广而编之，故曰"韵海"；以其"镜照原本，无所不见"，故曰"镜源"。此书是唐代最重要的声韵著作之一，对后世产生了重大影响。

颜真卿第一次开始编写此书，是在天宝十二载（753 年），出守平原时始创条目，并修成二百卷。但是后来因为安史之乱，修书工程中断，书稿大部散佚，只剩下四分之一，颜真卿非常痛心，并一直准备重修。大历四年（769 年）在江西抚州刺史任上，颜真卿与州人左辅元、姜如璧等增而广之，草成五百卷。前后二十年的努力和搜集资料，如今终于完成，颜真卿怎么能不激动？

颜真卿在《湖州乌程县杼山妙喜寺碑铭》中，记述了编写《韵海镜源》的始末：

……天宝末，真卿出守平原，已与郡人渤海封绍高赀、族弟今太子通事舍人浑等修之，裁成二百卷。属安禄山作乱，止具四分之一。及刺抚州，与州人左辅元、姜如璧等增而广之，成五百卷。事物婴扰，未遑刊削。大历壬子岁，真卿叨刺于湖。公务之隙，乃与金陵沙门法海、前殿中侍御史李峥、陆羽、国子助教州人褚冲、评事汤衡、清河丞太祝柳察、长城丞潘述、县尉裴循、常熟主簿萧存、嘉兴尉陆士修、后进杨遂初、崔宏、杨德元、胡仲、南阳汤涉、颜祭、韦介、左兴宗、颜策，以季夏于州学及放生池日相讨论。至冬，徙于兹山东偏。来年春，遂终其事。前是颜浑、正字殷佐明、魏县尉刘茂、括州录事参军卢锷、江宁丞韦宁、寿州仓曹朱弁、后进周愿、颜暄、沈殷、李莘亦尝同修，未毕，各以事去。而起居郎裴郁，秘书郎蒋志，评事吕渭魏理、沈益、刘全白、沈仲昌，摄御史陆向、沈祖山、周阅，司议邱悌，临川令沈咸，右卫兵曹张著，兄谟、弟荐、蔫，校书郎权器，兴平丞韦桓尼，后进房夔、崔密、崔万、窦叔蒙、裴继，侄男超岘，愚子颎硕，往来登历。时杼山大德僧皎然工于文什，惠达灵煜，味于禅诵，相与言曰："昔庐山东林，谢客有遗民之会；襄阳南岘，羊公流润甫之词。况乎兹山深邃，群士响集，若无记述，何以示将来?"乃左顾以来蒙，俾记词而藏事。

铭曰：

夏后南巡，山名是因。梁王东揆，寺榜攸询。形胜天绝，规模鼎新。避它城古，垂钓台堙。棚以桂结，浦由黄申。二庚迢递，三癸嶙峋。径列御史，传纤逸人。纷吾著书，群彦惠臻。《韵海》《镜源》，自秋徂春。编同贯鱼，学比成麟。幸托胜引，亟倍僧珍。庶斯见传，金石不泯。

10. 湖州盛会

在湖州，与颜真卿交往最多的，是僧人皎然和茶圣陆羽。皎然山水诗写得好，加上谢灵运十世孙这个身份，使得皎然在江南一带名声如雷。陆羽本是一个弃婴，《唐国史补》《新唐书》和《唐才子传》里，对此都毫不隐讳。幸运的是，他被唐朝著名高僧捡到，并请居住在寺里的饱学儒士喂养，儒士喜欢喝茶写诗，陆羽从小受之熏陶，不但诗文俱佳，还煮得一手好茶。后来，陆羽随诚州难民北上，遍历长江中下游和淮河流域各地，考察搜集了大量第一手的茶叶产制资料，并积累了丰富的品泉鉴水的经验，撰下《水品》一篇。同代文人张又新在《煎茶水记》里，曾详细地开列出一张陆羽品评过的江河井泉及雪水等共二十品的水单。如庐山康王谷水帘水第一，无锡惠山寺石泉水第二，蕲州兰溪石下水第三。而把扬子江中心的中泠泉列为第七品。安史之乱后，陆羽隐居湖州，闭门读书。

颜真卿来到湖州，与陆羽、皎然两人相遇，可谓一见如故。颜真卿与陆羽、皎然，族弟颜浑，侄子颜岘等人在杼山喝茶作诗，于月夜之下喝茶联句，好不快活。颜真卿的两句诗"流华净肌骨，疏瀹涤心源"，很显然，是喝了陆羽的茶而写出来的。

湖州文人盛会，也吸引了很多湖州之外的文人来到湖州，其中比较著名的有金华张志和和丹阳皇甫曾等人。

张志和，字子同，初名龟龄，号玄真子，年少聪明，三岁就能读书，六岁做文章，十六岁明经及第，先后任翰林待诏、左金吾卫录事参军、南浦县尉等职。后有感于宦海风波和人生无常，在母亲和妻子相继故去的情况下，弃官弃家，浪迹江湖。唐肃宗曾赐给他奴婢各一，称"渔童"和"樵青"，张志和遂偕奴婢隐居于太湖流域的东西苕溪与霅溪一带，扁舟垂纶，浮三江，泛五湖，渔樵为乐。

其兄担心张志和浪迹江湖不回家，特意在越州为其建屋子。但是没用，浪子张志和依然四海为家，五湖为乐。

唐大历九年（774年）八月，张志和应颜真卿的邀请，驾着小船来到湖州，颜真卿和皎然亲自在河边迎接。张志和早闻颜真卿大名，对其非常敬重，众人相见，自然非常欢喜。

颜真卿与众人在杼山举办宴席，并请人奏乐歌舞，六十多名湖州文人齐聚杼山，欢迎张志和。张志和现场作画写诗，众人皆为其才情折服。颜真卿当场写诗记录此盛景，皎然写诗和之："颜公素高山水意，常恨三山不可至。赏君狂画忘远游，不出轩墀坐苍翠。"

张志和在杼山作《渔父词》五首，其中一首："西塞山前白鹭飞，桃花流水鳜鱼肥。青箬笠，绿蓑衣，斜风细雨不须归。"可谓千古绝唱。

张志和在颜真卿等人陪同下，在湖州盘桓十多日，临走之时，众人不舍。颜真卿见其所乘小船破旧不堪，要为其另买一条新船，被张志和拒绝。

张志和说："倪惠渔舟，愿以为浮家泛宅，沿溯江湖之上，往来苕、霅之间，野夫之幸矣。"

张志和的才情和思想，给颜真卿留下不可磨灭的印象。张志和走后多日，颜真卿与皎然等人相聚，话题最多的，依然是这个江湖浪子。

颜真卿特此撰写《浪迹先生玄真子张志和碑铭》记录评判此事：

> ……其诙谐辨捷，皆此类也。然立性孤竣，不可得而亲疏；率诚澹然，人莫窥其喜愠。视轩裳如草芥，屏嗜欲若泥沙。希迹乎大丈夫，同符乎古作者，莫可测也。忽焉去我，思德兹深，曷以真怀？寄诸他山之石，铭曰：
> 邈玄真，超隐沦。齐得丧，甘贱贫。泛湖海，同光尘。宅渔舟，垂钓纶。辅明主，斯若人。岂烟波，终此身？

颜真卿虽然羡慕张志和的才情和胸怀，却觉得他最终还是应该效力朝廷：辅明主，斯若人。岂烟波，终此身。

颜真卿的意思很明确：人的一生如果只浪费在烟波细雨之中，是很可惜的。

最为可惜的是，当年冬天，张志和在湖州东游平望驿莺脰湖，因酒醉溺水而逝，年仅四十二岁。

颜真卿等人为此痛心不已，颜真卿派颜浑、皎然等人护送张志和遗体回到老家。

皇甫曾来到湖州，也在湖州的文人圈中引起了轰动。皇甫曾是润州丹阳人，天宝十二载（754年）进士，大历初官至殿中侍御史，与兄皇甫冉名望相当，高仲武称其诗"体制清洁，华不胜文"，时人以比张载、张协、景阳、孟阳。后因事贬舒州司马，移阳翟令。唐德宗初期成册的《中兴间气集》选代宗、肃宗时期的诗作，入选诗人二十六名，以钱起、郎士元为首，皇甫兄弟都在其中。所以说，皇甫曾的到来，给湖州的文人也带来了一段时间的狂欢。

还有一个原因，皇甫曾来到湖州的时候，恰逢《韵海镜源》编写完成，颜真卿几十年的夙愿完成，与众文士在杼山盛宴狂欢。众人吟诗作赋，连续多日。

颜真卿诗曰："顷持宪简推高步，独占诗流横素波。不是中情深惠好，谁能千里远经过。"

颜真卿盛赞皇甫曾诗名，并对皇甫曾远赴湖州表示感谢。

皇甫曾和诗曰："诗书宛似陪康乐，少长还同宴永和。夜酌此时看碾玉，晨趋几日重鸣珂。"

皇甫曾赞誉颜真卿的湖州诗会，犹如当年王羲之等人的兰亭雅集。

两人惺惺相惜，与众人一起在湖州游玩多日。皇甫曾还到颜真卿家中，参加了颜真卿的家宴，与颜真卿的侄子颜岘、殷亮等人相见恨晚。

临别之时，颜真卿泛舟相送，依依不舍。皇甫曾有诗记下此番情谊："悠悠千里去，惟此一尊同。客散高楼上，帆飞细雨中。山程随远水，楚思在青枫。共说前期易，沧波处处同。"

皇甫曾的诗作意境高远，情谊绵远，具有典型大唐文人的诗歌特征。

当然，来到湖州的文人名士多不胜数，比方有与钱起并称"大历十才子"的耿湋，作诗"谢公为楚郡，坐客是瑶林"，以谢安比喻颜真卿。师从张旭的篆书大家李阳冰也曾来湖州游玩，拜访颜真卿。

湖州诗会名声在外，佛道皆有慕名来访。道士中比较著名的是吴筠。吴筠，字贞节，华州华阴人。进士落第后隐居于河南镇平县倚帝山，天宝初曾被召至京师，请求入道门。后入嵩山，师承冯齐整而受正一之法。与当时文士李白等交往甚密。玄宗多次征召，应对皆名教世务，并以微言讽帝，深蒙赏赐。后被高力士谗言所伤，固辞还山。安史之乱后游历南方，颜真卿来湖州任上时，吴筠居于太湖中的洞庭山。吴筠来到湖州，与颜真卿谈论休养之法，谈诗论文。吴筠走时，皎然和尚作诗送别，曰："吐纳青牙养肌发，花冠玉舄何高洁。不闻天上来谪仙，自是人间授真诀。吴兴太守道家流，仙师远放清风楼。应将内景还飞去，且从分风当此留。湖之山兮楼上见，山冥冥兮水悠悠。世人不到君自到，缥缈仙都谁与俦。"

佛教则有尘外等人。尘外年幼时便能作诗，受到李白的赞赏。尘外来到湖州后，与皎然、陆羽积极参与诗会，有诗《天竺寺十六韵》，广为传播。

颜真卿在湖州四年，湖州诗会之名传遍全国，与以钱起、郎士元等"大历十才子"为首的京城长安诗人圈，和以鲍防、严维为首的越州诗会，并列为全国三大诗会。唐朝中晚期，诗人唱和联句盛行，位于南方的湖州诗会和越州诗会开风气之先，以诗娱乐，让诗歌从社会上层走进民间，反映出了颜真卿朴素的与民同乐的精神世界。

诗歌娱乐之余，颜真卿在湖州留下了大量的书法作品。楷书碑铭在法度之中寻求变化和境界，行草则随心所欲，变化多端，堪称精品。其中比较著名的有《李含光碑》《刘中使帖》《湖州帖》《竹山堂联句》《干禄字书》等。

《湖州帖》又称《江外帖》，行书，笔画刚劲而灵动，后为宋徽宗所收藏。《竹山堂联句》是大字楷书，厚重雄健，描写颜真卿等人题咏长城县丞潘述的竹山读书堂联句。《干禄字书》是伯父颜元孙所著的一部字书类著作，是一本非常珍贵的文字类书籍。颜真卿以楷书写之，用小楷注释，文字精劲，是难得的书法珍品。

湖州刺史官职不高，湖州四年，却是颜真卿最为快乐、最为舒心的一段日子。妻子韦氏的病，在湖州住了两年后，竟然不知不觉好利索了，这让颜真卿一家人更是喜出望外。

最让颜真卿欣慰的，是他当年送给刘客奴为质的儿子颜頵，在田神功等人的帮助下，终于来到了湖州，全家人团圆。此时离颜頵去平卢为质，已经二十年，颜颇已经三十岁。颜真卿带着儿子回到家，韦氏看到自己离别二十年的骨肉，喜不自禁，泪流满面。

皎然、陆羽等人得知此事后，皆来到颜家祝贺。皎然作诗曰："相失值氛烟，才应掌上年。久离惊貌长，多难喜身全。比信尚书重，如威太守怜。满庭看玉树，更有一枝连。"

颜颇因为颠沛流离，受尽磨难，识字不多，身体也不好。颜真卿让颜颗负责教育颜颇识字读书，并找人为其治病，调养身体。

11. 田承嗣之乱

湖州山水诗华，歌舞升平，大唐却还是叛乱不断，隐患未除。

775 年正月，曾经是安禄山手下，后来投降朝廷，被封为魏博节度使的田承嗣突然带兵叛乱。

田承嗣为河北卢龙人，安东副都护田守义之子，家族世代为卢龙军裨校，父祖以豪侠闻名辽碣。田承嗣早年曾是安禄山部将，任前锋兵马使，因征讨奚族、契丹有功，升任左清道府率、武卫将军。安禄山起兵反唐后，田承嗣与张忠志（李宝臣）担任前锋，攻陷河洛。后来，安禄山发现田承嗣治军严整，便让他镇守颍川。至德二载（757 年），田承嗣率军攻打南阳，当时，鲁炅坚守南阳数月，城中兵粮奇缺，一只老鼠都能卖到四百钱，死者相枕。田承嗣攻破南阳，鲁炅则突围而出，退守襄阳。田承嗣穷追不舍，转战两天，见襄阳一时难以攻破，便班师而还。同年十月，郭子仪收复洛阳，田承嗣在颍川降唐。不久，安庆绪退守相州，田承嗣再次叛唐，与蔡希德、武令珣合军北上，驰援相州。

乾元二年（759 年），史思明兴兵南下，田承嗣担任前锋，再次攻陷洛阳，拜魏州刺史。宝应元年（762 年），官军再次收复洛阳，田承嗣随史朝义退守莫州。广德元年（763 年），田承嗣见官军已收复大部分州郡，史朝义颓势已现，便率部再次向官军投降。

当时，叛乱初平，城池残破，民生凋敝。朝廷为了恢复生机，数次大赦天下，对安史旧将既往不咎。仆固怀恩担心平乱后荣宠减弱，有意将安史旧将引作外援，帮助田承嗣四人统辖河北各郡。田承嗣拜为检校户部尚书、郑州刺史，迁魏州刺史、贝博沧瀛等州防御使。不久，田承嗣升任魏博节度使。

田承嗣被封为节度使后，骄横跋扈，不听朝令，俨若独立王国。唐代宗为了国家平安，对这些节度使实行姑息之政，用心笼络。大历八年（773 年），田承嗣为安史父子建立祠堂，尊为"四圣"，上表朝廷，求任宰相。消息传到京城，百官愤怒，纷纷上表要求圣上将其以"阴谋叛乱"之罪捉拿归案。

唐代宗考虑到百姓长期遭受虐害，没有对田承嗣降罪，只是派人劝其毁掉四圣祠堂，并拜其为检校左仆射、守太尉、同平章事，封雁门郡王。后来，唐代宗将魏州升格为大都督府，任命田承嗣为长史，又将永乐公主下嫁其子田华，希望能笼络其心。但是，田承嗣生性凶顽，愈加放肆。

田承嗣为人深沉猜忌、好逞勇武。表面上接受朝廷命令，暗中图谋巩固自身，辖内收取重税，整修武备，统计户口，强拉兵丁。因此，几年之内，部众多达十万。田承嗣挑选魁梧有力的战士一万名，充作卫兵，称为衙兵。在境内自任官吏，自取赋税，名义上虽为朝廷藩镇，却从未履行过臣子的义务。

大历十年（775 年），昭义军兵马使裴志清在田承嗣引诱下，举兵作乱，驱逐节度留后薛崿，率部归附魏博。田承嗣以救援为借口，趁机袭取相州。

唐代宗得知消息后，命内侍孙知古赴魏州告谕田承嗣，让他恪守本境。田承嗣却拒不奉诏，派大将卢子期攻取洺州，杨光朝攻取卫州，诱使卫州刺史薛雄归附自己。刺史薛雄早就对田承嗣暗中警惕，他学当年的颜真卿，暗中修茸城墙，打造兵器，严防田承嗣，并派人八百里加急，向朝廷求救。

田承嗣知道卫州早有准备，也知道薛雄不好对付，便心生毒计，暗中花钱雇了几个江湖人士，让他们潜入卫州，夜里趁薛雄一家人熟睡之际，将他们一家人全部杀害。

卫州群龙无首，很快被杨光朝打下。不久，田承嗣便占据相、卫等四州之地，杀了四州中不肯归降他的人，任命自己的心腹为各州刺史，并将精兵良马全部带回魏州。

成德节度使李宝臣、淄青节度使李正己都与田承嗣有矛盾。因此纷纷上表，请求征讨。唐代宗下诏，贬田承嗣为永州刺史，并命令李宝臣、李正己与河东节度使薛兼训、幽州节度使朱滔、昭义节度使李承昭、淮西节度使李忠臣、永平军节度使李勉、汴宋节度使田神玉等八位节度使派兵前往魏博，征讨田承嗣。

双方交战不久，田承嗣部将霍荣国便在磁州投降官军。李正己率部攻占德州，李忠臣围困卫州。田承嗣派去攻打冀州的裴志清看到官军势大，也投降了李宝臣。

田承嗣大怒，号令兵马，亲自率部进攻冀州，却被李宝臣在半路伏兵击败，田承嗣烧毁辎重才得以逃回。八月，田承嗣见各镇兵马围拢，部将大多叛逃，非常恐惧，只得遣使进献降表，表示愿意归附朝廷，代宗接受其投降，仍令其镇守魏博。

然而，田承嗣反复无常，不久又命手下大将卢子期进犯磁州。

九月，李宝臣与李正己合力围困清河，田承嗣出兵解救。因朝廷对二李所部赏赐各有厚薄，士卒多有怨言，二李担心军队哗变，自行撤军。不久，李宝臣与朱滔合攻沧州，田承嗣堂弟田庭玠奋力抵抗，一时难以破城。

十月，田承嗣手下大将卢子期在清水被李宝臣与李承昭俘虏，斩于京师，田承嗣之侄田悦在陈留兵败。

朝廷兵马虽然看起来占据上风，田承嗣却很明白，唐军将领之间关系非常微妙。唐军之中，李正己势力最大，田承嗣决定抱住李正己这棵大树。

田承嗣一边分兵抵御唐军，一边上表请罪；同时遣使将境内户口、甲兵、谷帛册籍献给李正己。田承嗣在信中对李正己极尽恭维之能事，最后说道："田某老迈，时日无多。儿子不肖，侄辈孱弱。我所有的一切，以后都是您的，怎敢让您劳师兴兵呢？"

李正己派使者来到田承嗣府邸，田承嗣跪拜在李正己的使者面前，亲自奉上簿书，并重赏使者。使者看到田承嗣在府邸悬挂李正己画像，每日焚香祷拜，回来把此事告诉李正己，且为田承嗣说了好多好话。李正己非常高兴，于是按兵不动，河南诸镇也不敢轻易进兵。

最荒唐的是，唐朝派来的使者与领军大将竟然发生了冲突，直接影响了唐军对田承嗣的进攻。

代宗派中使马承倩慰劳李宝臣。李宝臣赠送中使缣帛百匹，马承倩却嫌礼薄，掷于道中，并肆意辱骂。李宝臣大怒，兵马使王武俊趁机进言，说朝廷现在重用宦官，像当年的李光弼拥有百战之功，却抵不过宦官几句话，被夺去兵权，后来因惧怕宦官，连入朝见驾都不敢，窝囊而死。现在他们得罪了马承倩，还不知道后面会有什么麻烦呢！

李宝臣早就对宦官干政非常厌烦，此番看到马承倩的狂妄，加上部下的进言，从此对田承嗣假意围攻，消极作战。

田承嗣知道李宝臣是范阳人，常想占据幽州，于是命人在石头上刻上谶语："二帝同功势万全，将田为侣入幽燕。"暗中埋在范阳境内，又让望气者声称范阳有王气，让人把此话送进李宝臣耳中。李宝臣掘得谶石后，田承嗣又命人游说道："您和朱滔一同攻取沧州，也归朝廷所有，不是您的。如果您能放过我田承嗣，我就把沧州献给您，还愿与您一起攻取范阳。您以精骑为前驱，我以步军殿后，攻取天下易如反掌。"

李宝臣大喜，认为此事和谶语相符，便与田承嗣图谋范阳。田承嗣陈兵边境，李宝臣连夜袭破朱滔，进击范阳。但是看到雄武军使刘怦已有防备，不敢贸然进军。

田承嗣见二镇交兵，马上撤军南还，并派人对李宝臣道："我境内有事，就不和您周旋了。石头上的谶语，是我戏弄您的。"李宝臣又惭又怒，只得退兵。

一场声势浩大的围剿战就此瓦解。

田承嗣遂假意上表，请求归朝，李正己屡屡为之担保，朝廷只好不了了之。

颜真卿虽在湖州，却对田承嗣造反非常关注。得知唐军胜利之后，颜真卿大喜，留下了行书《刘中使帖》（又称《瀛州帖》）：近闻刘中使至瀛州，吴希光已降，足慰海隅之心耳。又闻磁州为卢子期所围，舍利将军擒获之，吁足慰也。

第七章

浩然正气 昭日月

01. 朝廷之变

宰相元载玩弄权术，蒙蔽圣聪，打压忠臣，时间久了，代宗也看明白了。但考虑到元载任相多年，代宗想让他善始善终，因而单独召见，加以劝诫，希望他有所收敛。元载聪明过头，以为圣上的这一番话不过是随口一说，他根本没拿代宗的话当回事，依然我行我素，耀武扬威。

代宗愤怒了。

大历十二年（777 年）三月二十八日，唐代宗命左金吾大将军吴凑收捕元载与其党羽王缙，关押于政事堂。又将元载的儿子、亲信下狱，命吏部尚书刘晏、御史大夫李涵、散骑常侍萧昕、兵部侍郎袁傪、礼部侍郎常衮、谏议大夫杜亚一同审讯，又派宦官前去责问他们的秘密勾当。

到了这个时候，元载才陡然清醒，大唐的朝廷依然是皇帝的，并不是他元载的，但是悔之晚矣。在众人掌握的一桩桩事实面前，元载只得服罪。

刘晏将元载签字画押的认罪书呈给代宗，代宗看都没看，命人赐其自尽。

代宗将元载的妻子王氏以及儿子元伯和、元仲武、元季能全部赐死，并处死董秀、卓英倩等四人。此外，杨炎、王昂、韩洄、包佶、韩会等数十党徒全部贬谪地方。元载的家产也被抄没，仅胡椒便抄出八百石，金银车载斗量，富可敌国。

同年五月，唐代宗下令挖开元载父祖坟墓，劈棺弃尸，拆毁他在大宁里、安仁里以及东都洛阳的府第，焚毁私庙神主，又将在他家中抄出的五百两钟乳分赐中书门下省官。

然后，代宗以太常卿杨绾、礼部侍郎常衮为相。杨绾为官清廉俭朴，元载把持朝政时，洁身自好，不肯与元载为伍，曾经屡受元载压制。常衮"性情耿直孤洁，不妄交游"，鱼朝恩兼领国子监事的时候，常衮曾经当着他的面上奏，说宦官不可任此官职。这两人为相后，改革朝政，朝廷上下重新焕发了生机。

元载被杀时，功勋大将郭子仪正在宴客。

郭子仪是个聪明人，往日为了让元载等人不对自己产生警惕，他也效仿元载，奢靡繁华，一副醉生梦死、不问世事的样子。听说杨绾为相后，郭子仪大喜，马上让人把几十名乐师从宴席上撵了出去，只留下几个人，并宣布，府中事务以后一切从简。

杨绾和常衮一齐上表，推荐颜真卿回朝任职，代宗准奏。

五月，颜真卿与陆羽、皎然、李萼等人告辞，带着全家老小，赶回长安。此番回长安，颜真卿的心情是很愉悦的。这不但有四年来湖州山水文化的滋养，更重要的是，长子颜颇终于回来了，韦氏疾病痊愈，而且自己的挚友杨绾和常衮主持朝政，朝廷上下焕然一新。颜真卿觉得，大唐终于凤凰涅槃，要重新焕发生机了。

自 766 年颜真卿被贬谪在外，到现在已经十一年了，颜真卿已经年近七十，他终于可以回到长安，颐养天年了。

经过两个月的颠簸，颜真卿于八月初来到了长安。张澹、钱穆等人得知颜真卿回来，都赶来拜见。颜真卿从他们的口中得知，刚任丞相不久的杨绾竟然已经在半个月前因病去世，常衮掌握朝政，颜真卿非常惊讶。

颜真卿官复原职，任刑部尚书。在尚书省，好友刘晏为吏部尚书，兼盐铁使。十一年时光，仿佛只是一刹那，但是物是人非，两人感慨万千。

十多年来，颜真卿族弟颜浑一直跟着颜真卿鞍前马后，颜真卿觉得其人正直有才，便上奏朝廷，封其为通事舍人。颜真卿让儿子颜颇负责教育子侄，温习经史子集，准备效力朝廷。

时光如梭，一年后，颜真卿年满七十，已经到了可以致仕的年龄了。颜真卿写了奏疏，请求致仕，却遭到代宗的拒绝。如此三次，代宗不但没有批准其致仕，反而让其迁任吏部尚书。原吏部尚书刘晏则升尚书左仆射。

吏部尚书掌管天下文官的铨选、考试，在六部中权责最大。按照制度，负责铨选的不只有吏部尚书，还有副手吏部侍郎。此时的崔祐甫为吏部选事，事实上代理吏部侍郎，然而，吏部拟定的官员，基本都被常衮驳了回来，崔祐甫愤愤不平。

常衮非常忌讳贿选官员，因此大权独揽，严格用人，非进士出身的人，即便再有贤能，常衮也坚持不用，这让以贤取人的颜真卿很是无奈。

崔祐甫与颜真卿有交情。颜真卿在湖州时，崔祐甫还去找颜真卿为其父撰写过《陋室铭》铭文。崔祐甫经常私下与颜真卿谈及常衮的专权，颜真卿说："常衮如此，也是无奈。当年元载为相，以金银取官，朝廷风气不正，现在虽然略有好转，却也不得不防。诸事都是有利有弊，两下相较取其轻，这种做法，虽然挡住了部分贤能，但是也把买官者的路给堵死了。"

崔祐甫说："颜大人啊，现在您是吏部尚书啊，不管怎么说，当年您入朝，是当今宰相和杨大人推荐的，现在他对您也不信任了，这也太绝了吧？"

颜真卿哈哈一笑，未置可否。

其实，这是常衮的不智之处，也是颜真卿的无奈之处。常衮现在对谁都不肯相信，孤傲跋扈，对昔日的老友颜真卿，也不肯网开一面。颜真卿几次与他搭话，常衮都是敷衍而过。

常衮虽然清廉自守，却肚量有限，因此百官多有怨言。此时已经到了代宗执政的晚期。大唐依然面临着多种危机，边患频仍，河北地区魏博、成德等藩镇节度使反复无常，也是代宗惴惴不安的心腹大患。

代宗有一位宠爱的妃子独孤氏，被代宗视为知己。独孤氏突然得病，不久而亡，代宗一直怀疑有人害死独孤氏，却找不到下手之人。因此，从大历十年（775年）独孤氏病死后，代宗一直将其殡于内殿，打算查出其死因之后，再将其安葬。但是代宗派人查了数年，毫无线索，直到大历十三年（778年）八月，代宗才不得不让她入土为安，并追赠为贞懿皇后。

朝廷之内，则出现了清晰的党争苗头。常衮用更严厉的手段，压制群臣，群臣意见纷纷。但是代宗身体已经大不如前，加上对独孤氏的歉疚和思念，于大历十四年（779年）五月初二生病，不到十天，就无法上朝了。五月二十日，下达了令皇太子监国的制书，当天晚上，代宗就在紫宸殿内驾崩。

从宣布病情到驾崩，仅仅不到二十天，一个大活人，就成了一具冷冰冰的尸体，这让颜真卿感到实在是不可思议。当然，最重要的是，代宗驾崩时，仅有五十二岁。

代宗驾崩，太子即位为德宗。颜真卿还没有从惊愕中回过味来，德宗就让其以吏部尚书兼礼仪使，负责代宗的治丧礼仪。

颜真卿极为重视此事。皇帝丧事，是儒家五礼之一，有成法可循，颜真卿参照礼经，制定了详细的丧礼仪式，十月，代宗入葬元陵。此事完成，颜真卿以此事例，编写了《元陵仪注》一书。

02. 杨炎专政

德宗上台后，进行了一系列的官员任免，常衮被贬为河南少尹，出京赴任，崔祐甫则被升为宰相。

崔祐甫为人公正，为官清廉，且善于听取别人意见，选拔官员注重才能优劣，一年时间，任用官吏七八百人，普遍公正、适当。

有人上表，参奏崔祐甫，说他任用官员，都是熟人或者朋友。

上朝之时，德宗就问他："崔爱卿，有人说你选用的官吏多为熟人，此是为何？"

崔祐甫很淡定地说："启奏陛下，选拟官员，必须熟知其才能和品行，若不与其相识，如何能知道他的真实情况？因此，微臣选用的官员，都必须是微臣熟知且有才能的，微臣才能选用。"

德宗圣上深以为然。

淄青节度使李正己因为曾经受贿于田承嗣，心中惶恐，特上表进献钱三十万，以试探朝廷对他的态度。德宗问计于宰相，崔祐甫说："李正己献钱是行诈，不如派使者前去劳军，将他要献的钱转赐众将士，李正己若奉承诏命，士卒必感激皇帝之恩；他若违抗诏命，必然引起部下对他不满。这样也会让其他藩镇将帅知朝廷不贪地方官吏行贿。"

德宗欣然采纳了崔祐甫的建议。

因为崔祐甫知人善任，公正廉明，大唐朝廷像当年杨绾任上一样，出现了欣欣向荣的局面。有人以崔祐甫比喻当年的杨绾新政，然而，非常可惜的是，崔祐甫在宰相任上只有一年多，便患病去世，时年六十岁。

德宗心痛不已，颜真卿失去好友，更是多日茶饭不思。

杨绾与崔祐甫，皆博学多才，公正廉明，且心胸宽广，善于听取别人的意见，这两人都曾给大唐朝廷带来了希望，两人却皆为短命宰相，实在是大唐之不幸。

崔祐甫去世之后，朝政由另一宰相杨炎把持。杨炎有才干，原是元载心腹，官至吏部侍郎，元载倒台后，杨炎受牵连，被贬为道州司马。崔祐甫在任时，向德宗推荐杨炎，因此杨炎得以与崔祐甫同为宰相。杨炎曾经创立两税法，代替早已不适应形势的租庸调法，是赋税改革的一大进步，对中唐政局起到积极作用，对后世也影响深远。

然而，杨炎有一个致命缺点，那就是心胸狭窄、睚眦必报。

刘晏任吏部尚书时，杨炎担任侍郎，二人已有不和。元载之案主要由刘晏审理，元载被杀，作为其余党，杨炎也受到连累被贬，因此杨炎对刘晏非常怨恨。

德宗即位后，由于刘晏长期掌管财政大权，许多朝臣都很妒忌他，就上奏书诋毁刘晏。德宗又风闻，当年他任太子时，刘晏曾秘密上奏劝代宗立独孤妃为皇后，因此对刘晏也略有看法。

杨炎任宰相后，一心想要为元载报仇，就在上朝时，在德宗面前流着眼泪说："陛下，当年刘晏与黎干、刘忠翼一同谋划立独孤妃为后之事，臣身为宰相未能替您说话，罪当万死。"

钱穆等大臣上本，替刘晏辩白，杨炎事后都找理由，把这些大臣降级或者贬出京城。

德宗听信谗言，最终罢免了刘晏的转运、租庸、青苗、盐铁等使，声称是把权力收归尚书省。然而，同年三月，德宗却下诏任命了新的"江淮水陆运使"等官。

建中元年（780年）二月，德宗又听信杨炎奏本，以奏事不实为由将刘晏贬为忠州刺史。当时司农卿庾准也与刘晏不和，杨炎就任命庾准为荆南节度使。不久，庾准迎合杨炎的意图，诬告忠州刺史刘晏写信给朱泚请求营救，言语多有不满，又诬告刘晏召补州兵，想要抗拒朝命。杨炎做证说明确有其事，德宗信以为真，就秘密派遣宦官到忠州杀死刘晏，然后再公开发布赐死刘晏的诏书。刘晏家被抄，家中所抄财物唯书两车、米麦数石。

刘晏之死，在朝野上下引起了震动。刘晏自安史之乱后，开始主政大唐财政，为了使大唐的经济不至于崩溃，先后改革漕运、盐政、粮价，推行常平法，他主张理财以养民为先，通过增加人口和经济发展而增加税收，刘晏的经济策略，为大唐的经济做出了决定性的贡献。

像这种清廉的干臣都能被杀，什么样的人才能苟活？有良心的大唐臣子们慌了。

杨炎当然也没有放过颜真卿。

当年八月，杨炎参奏，颜真卿被罢吏部尚书，改任太子少师，依前充礼仪使，品级虽高，却全无实权。

不过这对于已经七十多岁、多次要求致仕的颜真卿来说，倒是一种解脱。他在给圣上的《告身》中说：

> 立德践行，当四科之首；懿文硕学，为百氏之宗。忠谠馨于臣节，贞规存乎士范。述职中外，服劳社稷。静专由其直方，动用谓之悬解。山公启事，清彼品流；叔孙制礼，光我王度。惟是一有，实贞万国。力乃稽古，则思其人。况太后崇徽，外家联属，顾先勋旧，方睦亲贤，俾其调护，以全羽翼。

《告身》中说到的太后，指的是德宗生母沈氏。沈氏出身于吴兴沈家，而颜氏自颜含带着族人迁徙到江南后，曾与吴兴沈家有过姻亲，因此从血缘上来说，颜真卿身上有着沈家的血脉。德宗生母曾经在宫中为代宗侍女，与代宗同床后，生下李适（德宗）。安禄山叛军进入长安后，沈氏与诸多王妃侍女一起被掳到洛阳囚禁，当时的广平王李豫（后来的代宗）率军收复洛阳后，沈氏还在洛阳宫中，后来洛阳被史思明攻陷，沈氏下落不明。

代宗即位后，立李适为太子，曾经派人四处寻找沈氏，都没有找到。此事是代宗和德宗的一大遗憾。德宗即位后，尊沈氏为皇太后，因为沈氏出身低微，而颜家世代硕儒、家学渊源，德宗因此很看重沈氏与颜家的这层关系。

建中元年（780年），杨炎欲筑原州城，调李怀光为邠宁节度使兼四镇北庭行营泾原节度使，使移军原州，并以四镇北庭节度使留后刘文喜为别驾，诏下泾州准备城具。守泾将士抱怨，坐席未暖，又投之塞外，亦不愿李怀光为本军节帅。刘文喜见众心不安，遂据泾州不受诏，欲自邀旌节，朝廷不肯，刘文喜遂于四月一日据泾州发生叛乱。

朝廷派朱泚、李怀光引兵围攻泾州，久攻不下。众大臣觉得刘文喜之乱有其原因，上表请圣上赦免刘文喜，以息叛乱，德宗不许。当月，刘文喜手下刘海宾等人暗杀刘文喜，传首京师。文喜之叛即以失败告终。

德宗处理刘文喜之乱毫不留情，这让一众节度使心生惧意。

平卢节度使李正己等本就因刘文喜之死而恐惧，刘晏之死更是让他们感到不安。为此，李正己多次上表朝廷，询问刘晏因何罪被杀，表达对朝廷的不满。杨炎做贼心虚，担心自己被视为陷害刘晏的罪魁祸首，遂派遣使者前往各镇，说杀害刘晏是德宗自己的想法。

此事被德宗知道，大怒，派宦官到李正己那里核实情况。一切了解清楚之后，德宗产生了诛杀杨炎的想法，但暂时还隐而未发。建中二年（781 年）二月，德宗擢升卢杞为门下侍郎、平章事，改任杨炎为中书侍郎，仍为平章事，但已经不再专任杨炎了。

此时，杨炎与卢杞二人同时执政。卢杞相貌丑陋，又无文学才干，杨炎对他很轻视，往往假托有病，不与他在一起共事，议事又多有不合，卢杞因此怀恨在心。

相比杨炎，没有多少文才的卢杞比他狡诈多了。卢杞为了发展个人势力，树立自己的威信，对于不依附自己的人必置于死地。他荐引太常博士裴延令为集贤殿学士作为自己的羽翼，来图谋异己势力，为铲除杨炎做准备。

老天眷顾卢杞，就在这时，又有几件事情为卢杞陷害杨炎提供了机会。

山南东道节度使梁崇义自代宗即位以来，就据襄、汉七州之地，拥兵自守。德宗即位后，对他进行招抚，但他态度顽固，抗拒朝命。杨炎路经襄、汉，努力劝说梁崇义入朝，梁崇义没有听从，已经图谋反叛。不久，杨炎又派自己的党羽李舟去劝说梁崇义，梁崇义顽固不听，最后终于反叛。议论的人都归罪于杨炎，认为是他促成梁崇义反叛的。

梁崇义反叛后，德宗任命淮西节度使李希烈统领各军讨伐梁崇义。杨炎劝谏说："李希烈是董秦的养子，很得董秦的信任，最后还是驱逐了董秦并夺取他的位置。李希烈就是只白眼狼，没有立功的时候尚且桀骜不驯，假使他平定了梁崇义，朝廷拿什么来控制他？"

在此之前，梁崇义的叛乱已经引发不少对杨炎的非议，加上此时杨炎劝德宗不用李希烈，德宗对他更加不满。此后，李希烈因天气原因而推迟进军，卢杞趁机上奏，说李希烈是因为杨炎作梗而不肯进军，请求暂时撤去杨炎的宰相实权。建中二年（781 年）七月三日，杨炎由中书侍郎、同中书门下平章事之职被改任为左仆射，被剥夺了实权。

几个月后，杨炎被贬为崖州司马，行至半路，被德宗赐死。

至此，朝中大权尽归卢杞。

03. 卢杞掌权

　　颜真卿此番回到长安，觉得自己年龄大了，且自己家族中同辈人越来越少，便决定整理一下颜家家谱，留给后人。

　　在颜浑和已经在朝中担任郎官的殷亮等人的协助下，经过一年多的忙碌，颜真卿完成了《颜氏家谱》的编写，并写序记录。此事完成后，他又给父亲修了家庙，撰《颜氏家庙碑》，并请集贤院学士李阳冰篆书题额。他还请人将之前为曾祖父颜勤礼所撰《颜勤礼碑》碑铭刻石，与《颜氏家庙碑》一起放在家庙里。

　　《颜氏家庙碑》全称《唐故通议大夫行薛王友柱国赠秘书少监国子祭酒太子少保颜君庙碑铭并序》，碑文记述了颜氏家族及其仕宦经历、后裔仕途、治学经世的情况。书法风棱秀出、异彩纷呈，为颜真卿晚年书法艺术的代表作，与李阳冰篆额并称为当世"双璧"。

　　此碑石螭首龟座，高三百三十厘米、宽一百三十厘米，四面环刻。碑阳、碑阴文字各二十四行，满行四十七字。碑两侧文字各六行，满行五十二字。四面碑文皆为楷书，碑额为李阳冰篆书"颜氏家庙之碑"六字，可谓书额并称、楷篆双绝，被称为"好古之士，重如珠璧"。

　　《颜勤礼碑》，全称《唐故秘书省著作郎夔州都督府长史护军颜君神道碑》，为颜真卿晚年楷书的代表作。《颜勤礼碑》四面刻字，碑阳十九行，碑阴二十行，每行三十八字，碑侧有五行，每行三十七字，碑文追述颜氏祖辈功德，叙述后世子孙在唐王朝的业绩。其用笔横细竖粗，藏头护尾，方圆并用；结体端庄大方，宽绰舒展，拙中见巧；气息浑厚雄强，生机郁勃，代表盛唐开阔大气的审美风尚。

这两块碑，达到了颜真卿楷书书法的顶峰，浑厚朴实，庄重刚劲。之后，还有颜真卿初任太子少师时所写的楷书《自书告身帖》，此书遒劲朴实，气势如虹。

上任太子少师后，颜真卿还曾经书写《鲁山令元德秀墓碑》。元德秀原为鲁山县令，唐代诗人，信奉道家，卒于天宝十二载（753 年），其弟李华时为监察御史，长于散文写作，与颜真卿交好。李华为兄元德秀撰写碑文后，曾经拜托颜真卿为其书写刻石，颜真卿一直没有合适的机会。现在李华已经去世多年，颜真卿在翻找昔日文稿时，找到了李华留给他的碑文，忙将之书写完成，找人刻成石碑。

史书记载："华尝为鲁山令元德秀墓碑，颜真卿书，李阳冰篆额，后人争模写之，号为四绝碑。"

石刻文献记载："监察御史李华撰，太子太师颜真卿书，集贤院学士李阳冰篆额……碑以建中四年立。"

卢杞为相后，在朝中排挤忠良，横行跋扈，然而，德高望重的颜真卿却让他很是头疼。

卢杞是滑州灵昌人，黄门监卢怀慎之孙，安史之乱时，在东都洛阳慷慨赴死的三君子卢奕之子。

然而，这卢杞却与祖辈完全不同，不但相貌丑陋，而且极为奸诈凶狠。

其为御史中丞时，郭子仪患病，诸多文臣武将皆上门探视。郭子仪听说卢杞要来，忙让家人回避，自己一人接待卢杞。家人感到很奇怪，问原因，郭子仪叹气，说："杞形陋而心险，左右见之必笑。若此人得权，即吾族无类矣。"

郭子仪与李光弼同为中兴大将，郭子仪不但对朝廷忠心耿耿，屡立奇功，在官场虽有起伏，最终却也算是功德圆满，全身而退，这与其善于揣摩人心、小心从事是分不开的。

郭子仪对卢杞的评价果然中肯。

卢杞在巩固相权、独揽朝政的过程中，每一步都踏着其他宰相和大臣的鲜血。他最擅长的事情就是陷害、排挤、倾轧、报复。宰相杨炎、张镒，御史大夫严郢等人都先后死在他的手上。

卢杞了解颜真卿，也很明白，自己如果真想在朝中称霸，就必须把颜真卿从朝中排挤出去。

但是他也清楚，颜真卿德高望重，要动他，得万分小心。

因此卢杞派心腹关播去颜家，假意探望颜真卿，真实目的是传达卢杞的意思，探一下颜真卿的口风。

关播身世不一般，是当年大名鼎鼎的汉寿亭侯关羽的后人。进士及第，精通佛学，曾任滁州刺史、给事中等职，为官清廉，颇有政绩。但是他自从被卢杞举荐为相后，便成了卢杞的傀儡，与众官很少来往，庸庸碌碌，浑浑噩噩。

颜真卿心里清楚，关播虽然依附卢杞，却不是蝇营狗苟之人。两人素无来往，此番关播自动来到颜家，必然是奉了卢杞之命。颜真卿请关播到客厅坐下后，便也不客气，问："关大人，您有什么事，尽管说吧。"

关播拱手说："颜大人，关某惭愧，今日受卢大人之命，前来相问，如果让大人出任节度使，颜大人愿意去何处任职？"

颜真卿摇头，说："我哪里也不想去。我已经七十有余，余下日子，只想在家里，写字作诗。宰相大人莫非想将我撵出京城？"

关播拱手说："颜大人德高望重，朝廷百官无不敬重。但是颜大人，现在卢大人主持朝政，大人何不找一处好地方，做一方封疆大吏，远离朝廷，天高皇帝远，岂不快哉？"

颜真卿笑了笑说："关大人，您博学多才，博古通今，为官清廉，为何要与卢杞等人相交甚近，坏了半世清名？"

关播一愣，脸上出现了愠色。

颜真卿说："真卿敬重关大人，才如此直言不讳。如换作其他人，真卿绝不会说得如此直接。如得罪大人，请大人原谅。"

关播的脸色渐渐平和，说："颜大人，您既然直言不讳，那我实话实说了。关播非常敬重您，昔日更是以您为榜样。关播曾在滁州等地为官，也是一心为朝廷，再为民众，未敢懈怠半分，更没有收受贿赂，占人钱财。但是颜大人啊，国家的根本是百姓，无论是官员还是朝廷，很少有人以百姓为重。官员为政绩，朝廷是为了自己的江山稳固，朝廷官员众多，关播最为敬重的，当是崔祐甫大人。杨绾杨大人清正廉洁，却是出身官宦之家，对百姓之苦没有切身了解。崔祐甫大人不只有杨大人的清正公道，更具杨大人没有的对穷苦百姓的关心。当年淄青节度使李正己送给崔祐甫大人钱三十万缗，崔祐甫大人当即请李正己将银钱发给其手下兵士，此事让李正己非常敬服。可惜，崔大人英年早逝，大唐再无体谅百姓之人，关播官做得再好，也不过是为朝廷出力，难以为百姓谋利，依附于谁，不过平稳度日而已，关播没有想那么多。"

颜真卿惊讶："朝廷平稳，国家稳定，便是百姓之福，关大人难道不明白这个吗？"

关播摇头，说："百姓之福，非朝廷之福，朝廷之福，更非百姓之福。颜大人乃儒学大家，儒学是朝廷之学，墨家才是百姓之学，可惜墨家不存，天下再无百姓之学。"

颜真卿拱手："早闻关大人精于佛学，没想到，关大人对墨家之学还有研究。"

关播说："关播心中所思，从未与人说起过，颜大人德高望重，肯关心百姓，关播才说与大人。当年大人郡守平原，叛军来攻，大人没有为了一己名节，死守平原，而是胸怀百姓，从平原撤走之前，先疏散百姓，是有大爱之人。因此关播认为，关播之想，大人可以理解。"

颜真卿摇头，说："关大人关怀百姓，我可以理解。但是下官还是认为，国家兴旺，则百姓安居乐业，所以我等能做的，就是尽力辅佐朝廷。"

关播摇头，说："国家兴旺，百姓日子不一定好过。大人还记得商鞅之语吗？商鞅曾说，民弱国强，民强国弱。故有道之国，务在弱民。当年秦国何其强盛，百姓却深受其苦，秦之后，历代朝廷，更是以儒为表，以法家为其内，百姓何乐之有？"

颜真卿点头，问："关大人追随卢宰相，跟此有关吗？"

关播点头，说："既然无法为民谋利，朝廷之争，与我何干？颜大人，我劝您还是远离朝廷，做个有权有势的节度使，可以为民谋利，可以远离朝廷纷争，有何不可？"

颜真卿说："我若离开朝廷，朝廷之上，便是卢杞的天下。我没有关大人想的那么多，但是我知道，国家如果有难，百姓必然受苦，我不能眼看着卢杞搅乱朝廷，祸害国家！"

关播眼见劝说无效，只得告辞。

几日后，是上朝之日，散朝后，颜真卿拦住卢杞，说："卢大人，下官有一言相问，不知方便否？”

卢杞口蜜腹剑，心中预谋加害颜真卿，表面却是恭敬有礼，忙拱手，说："颜大人不必客气，有话请讲。"

颜真卿直来直去，说："卢大人派关播大人劝下官外任，被下官拒绝了。下官已经七十多岁了，现在只是个有名无权的太子太师，不知卢大人为何还要将下官驱出长安？"

卢杞笑了笑，说："颜大人言重了，卢杞正是看到颜大人清贫如洗，才想给颜大人找一个好去处。节度使位高权重，乃封疆大吏，颜大人如肯就任，总比这个有名无实的太子太师要好些。"

颜真卿说："这恐怕不是卢大人心中所想吧？卢大人应该知道，颜真卿无论所任何职，从来不收受贿赂，贪污钱财，何况我已七十多岁，权力富贵已非下官之愿。下官因为性情耿直，屡受贬谪，如今下官已经是古稀老人，幸有卢宰相庇护，安居京城。当年宰相大人的父亲被安禄山杀害，首级被送往平原，大人脸上有血，下官不忍用衣袖擦去，而是用舌头——舔舐干净，我与大人之父如此情谊，宰相大人为何就不能容下下官呢？"

卢杞没想到，颜真卿会提到这些旧事，他忙躬身，说："颜大人对卢家之恩德，卢杞不敢相忘，请颜大人放心，卢杞必有后报。"

此后近一年，卢杞果然没有再陷害颜真卿。当然，这只是表象，卢杞知道，以颜真卿的身份地位，他不可轻举妄动，他需要找一个机会。

这个机会，早晚会来的。

04. 卢杞的毒计

　　唐肃宗时期，为了早日平定战乱，肃宗对安史之乱中的降臣比如李宝臣、田承嗣等人采取了姑息政策，为这些人日后的再次叛乱留下了祸根。

　　魏博节度使田承嗣临死之前，上奏代宗，想要将自己的节度使之位传给侄子田悦，代宗虽然不悦，但是他不想惹恼一众节度使，只得勉强同意了。

　　到德宗时期，成德节度使李宝臣卒，其子李惟岳上表求袭父位，德宗没有批准，要求他立刻去京城护丧，令易州刺史张孝忠代替其父之位。魏博节度使田悦上表章保荐，请求任命李惟岳为成德节度使，朝廷仍旧不许，李惟岳遂与魏博节度使田悦、淄青节度使李正己同谋反叛。

　　当时，魏博节度使田悦、淄青节度使李正己正在与官军对抗，李惟岳与他们联合后，朝廷即命卢龙节度使朱滔出兵讨伐。朱滔和张孝忠大破李惟岳于束鹿县，李惟岳烧营而遁。部下王武俊倒戈相向，生擒并缢杀李惟岳，传首京师。

　　唐德宗任命朱滔为检校司徒，任命张孝忠为检校兵部尚书、义武节度使、易定沧等州观察使等，任命王武俊为检校秘书监兼御史大夫、恒州刺史、恒冀都团练观察使，康日知为赵州刺史、深赵都团练观察使。将德州、林州归属于朱滔，命他回镇幽州。朱滔想得到深州，上表朝廷，被德宗拒绝。朱滔因此怨恨朝廷，便驻扎在深州，不肯回德州。

　　王武俊素来轻视张孝忠，认为自己诛杀李惟岳，功劳巨大，而张孝忠为节度使，自己只是都团练观察使，且没有得到赵州、定州，心中也十分不满。朱滔和王武俊二人便联手率兵救援与官军对阵的魏博节度使田悦。当时，田悦在马燧、李抱真等人的征讨下，势力已经衰弱。这时得到王武俊、朱滔的帮助，得以恢复元气。

建中三年（782 年）冬，幽州的朱滔、魏博的田悦、成德的王武俊、淄青平卢的李纳（李正己之子）结盟造反，四人在魏州西郊祭天，自立为王。朱滔称冀王，田悦称魏王，李纳称齐王，王武俊自立为赵王，自称寡人，并改恒州为真定府，设置左右内史等官职，大封百官。

李希烈是淮西节度使李忠臣族侄，曾是李忠臣手下，德宗时期升为淮宁节度使。建中二年（781 年），李希烈曾经击败与田悦一起造反的山南东道节度使梁崇义，他想趁机占据梁崇义地盘，梁之地盘却被德宗另派节度使接管，李希烈因此对朝廷很是不满。

唐德宗下诏封李希烈为检校司空，兼任淄青节度使，命其征讨割据淄青的李纳。

李希烈陈兵许州，却派李苣拜访李纳，与之联合。李纳与王武俊等人一商量，觉得李希烈势大，干脆派使者奉上奏笺，愿尊李希烈为帝。

李希烈大喜，马上在许州称王，自号建兴王、天下都元帅。

这让德宗皇帝以及众臣惊愕不已。

建中四年（783 年）正月，李希烈部攻陷汝州，进逼洛阳，震惊朝廷。

德宗向一众大臣询问退敌之策，众人无策，卢杞出班躬身，说："陛下，李希烈是当年对大唐忠心耿耿的李忠臣的侄子，李忠臣的部将中，肯定有不同意其反叛的，但是这李希烈年少骁勇，恃功骄慢，部将之中，没人敢劝谏他。如果有德高望重之臣，前去李希烈处，奉旨宣读陛下之恩德，为其讲明反叛之祸，依臣之所见，这李希烈肯定会革心悔过，而不必劳师讨伐，此为万全之策。"

德宗说："李希烈是这五人之首，朝中大臣，有谁能让这五人皆臣服？"

卢杞再奏："陛下，此事非颜大人莫属。颜太师为三朝重臣，忠直刚决，名重海内，能完成此任务者，只有颜太师了！"

卢杞的为人，百官无人不知，他这话一出口，众人就知道，卢杞这是要设法害颜真卿了。李希烈的残暴无人不知，颜真卿此去，必然是凶多吉少。

德宗皇帝心中只有自己的宝座，根本不去想臣子的死活，他觉得卢杞的话有道理，因此问颜真卿："颜太师，你觉得此事如何？"

颜真卿听到卢杞的话，愣了一会儿，旋即便明白，卢杞这是要害自己了。但是面对国家社稷，颜真卿从来不考虑自身安危。

他躬身出列，昂然答道："陛下，老臣以为宰相之言有道理，老臣愿去许州，替陛下宣旨，并说服李希烈归附朝廷。"

德宗大喜，说："如此甚好。朕马上拟旨，你明日便可出发。"

颜真卿躬身："老臣领旨！"

散朝后，颜真卿回到家中，让韦氏给他收拾东西，他明天要去许州。韦氏大惊，问他去许州何事。

颜真卿知道瞒不过，只得把卢杞上奏，让其去许州宣慰李希烈之事向妻子说了。为了安慰妻子，颜真卿最后说："我此番是奉旨行事，李希烈虽然暴烈，但是他也不至于为难我一个老人，你放心，我会尽快回来。"

韦氏对朝廷之事不甚了解，却对朝廷为何要派他去觉得不理解。

正在此时，张澹和钱穆两人走进颜家，颜真卿将两人让进书房就座。

钱穆焦躁不安，说："大人，卢杞这是要害您呢！李希烈造反已成定局，何况他性格暴躁，稍一触怒，他便要杀人，您此番去劝他归降朝廷，是九死一生啊！"

颜真卿摆手，说："多谢二位大人好意，卢杞想害我，我心中明白。但是如果此去果真能说服李希烈，那大唐就会少一场腥风血雨，百姓就不必再经受逃亡之苦，即便说服不了，我颜真卿为朝廷而死，也是死得其所。我感谢两位大人在这种时候还来颜家，此事就不必说了。"

张澹和钱穆仰天长叹。两人知道，圣上让颜真卿明天出发，卢杞又盯得紧，他们现在说什么都没有用了。

颜真卿的长子颜頵此时已经病亡，二子颜頔为栎阳县尉，三子颜硕在秘书省，不管如何，三个儿子俱有归宿，颜真卿最担忧的是身体时好时坏的妻子韦氏。

晚上，颜真卿对韦氏千叮咛万嘱咐，又嘱咐颜硕好生照顾母亲。颜硕自然知道父亲此去的凶险，但是守着母亲，也不敢说破，只是忍着悲痛，听父亲嘱托。

诸事停当，颜真卿按往日习惯到书房读书，颜硕走进来，说："父亲，您此番……"

颜真卿打断儿子的话，说："硕儿，颜家男子当忠心为国，我既已打定主意，就不要再扰我心志，你在朝中，当清廉为官、孝顺母亲，其他的不要说了。"

颜硕垂泪，说："硕儿明白。我避开母亲来见您，就是嘱咐您别惹李希烈，我和母亲在家里盼您早点回来。"

颜真卿点头，说："知道了。你睡去吧。"

颜硕拱手离开。

侄子颜岘听说颜真卿要去许州，要跟颜真卿同去。颜真卿不同意，怕他有闪失。颜岘又去找颜硕，颜硕觉得应该有个家人在父亲身边，就劝父亲带他同去，路上也有个照应。李希烈虽然暴烈，但是总不至于为难家人吧，颜真卿同意了。

第二天一早，颜真卿带着侄子颜岘和几名属吏，以及家童共九人，带着行李以及各种用品，乘坐两辆马车，离开长安，奔赴许州。

张澹、钱穆、李阳冰等五六人在城门口相送。颜真卿下了马车，与众人拱手道别，复上马车，辚辚前行。

不几日，颜真卿一行来到洛阳，住在驿站中。东都留守郑叔则拜见颜真卿，劝说颜真卿暂且留在东都，李希烈很明显是想造反到底了，颜真卿此去不但没有用，反而会受其迫害。郑叔则觉得或许圣上会收回成命，那颜真卿就不必去许州了。

颜真卿没有听郑叔则的挽留，住了一宿之后，继续前行。

昔日颜真卿任御史大夫的僚属、此时的宣武军节度使李勉听说此事后，大吃一惊，他亲自带着奏表去见德宗，同时派人在半路拦截颜真卿。可惜的是，他派的人来到洛阳时，颜真卿已经走了两日了。

李勉得知后，捶胸顿足："鲁公休矣！"

05. 李希烈的阴谋

　　颜真卿要来许州，李希烈早就得知，并做了安排。

　　颜真卿一行人风尘仆仆，进入许州，城门官手中早就有了颜真卿的画像，认出是颜真卿后，城门官马上派人向李希烈报告。

　　李希烈有些吃惊，他没有想到，这个七十多岁的老家伙，路上竟然不休息，也不趁还活着的时候好好游玩一番，就这么急匆匆地送死来了，看来，这个老家伙果然是不惧生死。

　　李希烈很明白，现在他和颜真卿的交锋，就是与大唐皇帝的交锋，不能掉以轻心。

　　颜真卿等人进入城门，看到守门军士紧张兮兮的样子，看到李希烈没有安排人迎接，他就知道，李希烈这是要先给他们一个下马威，是铁了心要造反。当年安禄山造反，都要伪装一下。唐玄宗派人前去探查，安禄山藏起尾巴，前迎后送，很是恭谨，安禄山造反后，一开始打的也是奉密诏讨贼的旗号。李希烈对自己这个皇帝使臣，却毫无恭敬之意，很显然，李希烈这是连假戏都不想唱了，直接要跟朝廷唱对台戏了。

　　颜真卿心中略有忐忑，不过很快就释然了。自己来的时候，已经做好了赴死的准备，自己一个七十五岁的老人，生亦何欢，死亦何惧？只要自己设法让跟着自己一路颠簸的颜岘等人回去，自己这条老命，就交给这个李希烈了。他倒要看看，这个曾经跟着李忠臣，昔日对大唐也算忠心的李希烈，会怎么要了自己的老命。

　　颜真卿一行人穿街过巷，在节度使府第大门前停下。

　　颜真卿带着一名属吏走上高高的台阶，属吏刚要向守门军士递上名帖、说明来意，大门突然洞开。节度使府第宽大的院子里，却没有一个人。

属吏吓得不敢动弹，还朝后退了一步，仿佛院子里有千军万马就要冲出来。颜真卿手握圣旨，举在胸前，抬步走进了院子。属吏犹豫了一下，跟在颜真卿身后。

院子里空无一人，连平常站岗的都没有。但是，院子里的肃杀和极度安静，却让属吏吓得浑身发抖。属吏小声说："大人，这……这节度使府里怎么一个人也没有啊？"

颜真卿小声安慰属吏："故弄玄虚而已。"

颜真卿走进正堂，大声喊道："圣旨到，李希烈接旨！"

颜真卿话音刚落，突然从里面冲出几百个手持大刀的人，凶神恶煞一般。

这些人把颜真卿和属吏团团包围起来，其中几个为首的，把刀架在了颜真卿的脖子上，有人喊道："姓颜的，你知道这是什么地方吗？你这是要来送死吗？"

有人喊："别跟他废话，一刀砍了他！活剥了他的皮！"

几十个人对着颜真卿狂吼乱叫，挥舞大刀威胁着他。属吏吓得瑟瑟发抖，颜真卿坦然自若，推开了挡在面前的刀尖，展开圣旨，声音洪亮："门下太子太师颜真卿……"

冲出来的这几百人都是李希烈的干儿子，他们个个凶猛异常，杀人不眨眼，平常李希烈用他们震慑众将士，即便是在战场上勇猛无敌的大将，看到他们也得低头垂手，大气不敢出。

然而，李希烈指挥他们，想给颜真卿来一个下马威，颜真卿却视若无物，这让在后面暗中观察的李希烈不得不心生佩服。

他的这些干儿子，看到颜真卿根本不把他们放在眼里，恼了，有个家伙伸手抓着颜真卿的衣服，拽得颜真卿趔趄不已，李希烈的另外一个干儿子挥刀要砍颜真卿，属吏吓得过来拦挡，被李希烈的干儿子一脚踹了出去。

这个时候，李希烈不得不出现了。他明白，如果任由自己的这些虎狼干儿子杀了颜真卿，他李希烈在大唐可就成众矢之的了。现在，还不能杀。

李希烈从后面走出来，大声呵斥："尔等退后！对待鲁公，怎可如此无礼?!"

李希烈的这些干儿子，本来就是李希烈派来演戏、震慑颜真卿的，不过这些狼崽子拒绝教化，崇尚暴力，野性难改，要是李希烈再晚一会儿出来，他们还真能要了颜真卿的命。

李希烈出来一喊，这些狼崽子纷纷后退。属吏扶住被拽得疲累不堪、站立不稳的颜真卿。李希烈对着颜真卿鞠躬："颜大人，李希烈出来迟了，请大人见谅。"

颜真卿洞悉李希烈的心思，淡淡地说："李将军的这些手下很勇猛，让这么多人来对付一个老头子，有些大材小用了。"

李希烈对颜真卿又气又感到尴尬，只得说："颜大人误会了，本将军在里面与众人商量战事，没想到颜大人来得这么早。颜大人，您远来疲劳，我先让人带您去驿站歇息。"

颜真卿刚将圣旨宣读了一半，他坚持把圣旨宣读完，然后，将圣旨交给了李希烈。

李希烈安排颜真卿住下后，以颜真卿的名义给德宗写奏疏，说李希烈兵多将广，官军恐怕难是对手，让圣上干脆将汴州送给他，让他罢兵。

德宗不允。

颜真卿等人住在驿站，被李希烈派人严加看管。颜真卿此时已经做了最坏的打算，给颜頵和颜硕写家书，让他们严奉家庙，孝敬母亲，严格律己。

李希烈到驿站见过几次颜真卿。他想说服颜真卿为其效力，颜真卿则以其叔李忠臣在安史之乱时，与平卢先锋使刘客奴冒死起义，效忠朝廷之事说服李希烈。

住了一段时间之后，李希烈明白了，这个颜真卿还真是宁折不弯的倔骨头，是不可能为自己效力的，杀了他又平添骂名，对自己毫无作用，干脆放他回去算了。

李希烈设宴，为颜真卿等人饯行。宴席中间，原汝州别驾李元平来给颜真卿敬酒。

颜真卿得知他就是那位被李希烈抓住吓得尿裤子的皇室宗亲，没有跟他碰杯喝酒，而是说："李大人，您贵为皇室宗亲汝州别驾，为何却在这里，与我等喝酒?!"

李元平没有想到，颜真卿会一点面子都不给，竟然当众羞辱他。李元平尴尬地愣了一会儿，放下酒杯转身离开了桌子。

颜真卿无视李希烈，嘲讽李元平，让李希烈也感到很生气。宴席之后，颜真卿等人回到驿站，李希烈憋着一肚子火，回到自己的住处。下人过来，递给他一张纸条，说是李元平临走的时候给的。李希烈展开纸条看了，冷冷地说："颜真卿，不是我不给你机会，你自己不想走，那就别走了！"

06. 周曾兵败

朱滔、田悦等四人各派了使者，来劝李希烈，催促他登基为帝，并说此事天意、民意俱备，就差李希烈点头了。

李希烈见到四人来信大喜，得意扬扬地来见颜真卿，将朱滔等人的意思告诉颜真卿。颜真卿说："将军之叔李忠臣，本名董秦，因为对圣上忠心耿耿，被圣上赐姓李，并名忠臣。李忠臣虽然性格暴躁，做了许多错事，对圣上却是忠心耿耿。将军更是少年英雄，功勋卓著，现在正是朝廷用人之际，将军不自保功业，继续为朝廷出力，难道真的要与这些乱臣贼子为伍，并与他们一起被剿灭吗？"

李希烈不高兴了，说："颜公，成者王侯败者寇，你怎么就知道我李希烈不能成功呢？"

颜真卿不想与李希烈翻脸，依然劝他："将军是个聪明人，现在回头还来得及。将军虽然勇猛，但是以你的兵力，能抵得过安禄山否？安禄山当年造反，横行大唐江山，最后还不是败于唐军之手？"

李希烈无法说服颜真卿，虽然不高兴，却也无可奈何。

李希烈宴请四位使者，在座的还有李希烈的心腹将军周曾。李希烈请了戏子唱戏，诋毁朝政，颜真卿愤怒，起身要走，李希烈无奈，只得让戏子退下。

四位使者对李希烈极尽谄媚之能事，并极力劝颜真卿归附李希烈。这正是李希烈所期望的。

让李希烈改变要放走颜真卿主意的，正是李元平的那张纸条。李元平在纸条上告诉他，如果能让颜真卿归附于他，对大唐来说，是一个非常大的打击，而对于他李希烈来说，则可利用颜真卿的归降，来宣传大唐朝廷的黑暗。这对于大唐的打击，远胜于千军万马。

李希烈因此怂恿这四人一边给自己戴高帽，一边让四人威胁利诱，说服颜真卿归降。

其中一个使者说："大王，我等说您登基称帝，已是四海所望，您还不信。您这还没登基，当朝宰相就已经先来了，这不是天兆是什么？"

李希烈有些迷惑，问："宰相？宰相在哪里？"

使者站起来，朝着颜真卿鞠躬，说："颜公德高望重，是唐朝四朝元老，如今颜公来到大王身边，不是最好的宰相人选吗？"

李希烈刚要说话，颜真卿猛然站起来，呵斥道："是何宰相？你们知道颜杲卿吗？他是我的兄长！安禄山当年造反，首举义兵，后来我兄长兵败，落入安禄山之手，安禄山让他投降，我兄长一直到死，都骂不绝口。我颜真卿已经年近八十，官至太子太师，我兄长颜杲卿是我之榜样，我颜真卿必守我兄之气节，死而后已，岂能受尔等鼠辈的威胁利诱?!"

颜真卿大义凛然，言辞决绝，那四个使者吓得好长时间没再说话。

当天傍晚，颜真卿在驿站内读书，突然一位身穿白衣的公子来访。公子风度翩翩，举止有礼，颜岘将其迎进屋内。颜真卿看了一眼，觉得有些面熟，却又不认得，只得问："请问公子尊姓大名？"

公子呵呵一笑，拱手说："颜大人，在下周曾啊，中午大王请吃饭，我还敬了颜大人一杯酒呢。"

颜真卿一愣："哦，周将军，为何这种打扮？找我何事？"

周曾抱拳，说："颜大人，请屋里说话。"

颜真卿和周曾来到里屋，两人落座。原来，这个周曾是淮宁都虞候，李希烈手下猛将。他早就不想跟着李希烈继续与大唐为敌了，并与镇遏兵马使王玢、押牙姚憺、韦清等三人商量好，要里应外合，杀了李希烈，并以此将功补过。他们四人一直在等待机会，今日周曾在宴席上见到了颜真卿，觉得他们应该将此事告知颜真卿，并在事成之后，推举颜真卿接替李希烈为节度使，带他们回归朝廷。

颜真卿大喜。之前，他就知道王玢，并知道王玢有三个好兄弟，人称四公子。中午宴席之上，他觉得这个周曾眉宇之间有一股英气，却并不知道，他就是小有名气的四公子之一。

颜真卿正打算让颜岘等人找机会逃出去，就趁机托付周曾。周曾一口答应，说如果暂时没有机会杀李希烈，他就先让人把颜岘等人从这里送出去。

周曾走后，颜真卿将他来此的目的告诉颜岘，颜岘怀疑这个周曾是李希烈派来试探他们的，颜真卿摇头，说："我从未松口要归附李希烈，他何必要试探于我？我看周将军眉宇之间有正气，不是宵小之徒，不必怀疑。"

李希烈见多次说服颜真卿不行，决定吓唬他一下。他派人在驿站院子里挖了个大坑，让人把颜真卿押到大坑边，对他说："颜公，你不是说要效仿颜杲卿，死而后已吗？我今天就遂你所愿，将你埋在此坑中。"

颜真卿冷冷地说："人终有一死，我颜真卿来许州之前，就已经做好了赴死的准备，何必用死来要挟我？！"

颜真卿要朝坑里跳，被颜岘等人拉住。

李希烈见威胁没用，只得悻悻离去。

德宗派颜真卿为宣慰使，却没有停止对李希烈的进攻。

荆南节度使张伯仪担任舒王李谊属下的后军兵马使，奉命与山南东道节度使贾耽、山南牙将张献甫合军收复安州。但是唐军突然遭到李希烈埋伏的叛军的袭击，唐军大乱，混战中，张伯仪身中流矢，将所持节度使旌节丢失。叛军猛攻猛打，张伯仪奋战抵御，两军相攻僵持，正在要全面崩溃之际，援军抵达，张伯仪才得以安全退回。到汉水时，征用了野人船至沔州。唐军的溃兵回到江陵，在府衙大哭，张伯仪的妻子亲自慰问勉励，并拿出家中的帛赠送溃兵，这才避免了一场兵变。

李希烈让人带着唐将的首级和张伯仪的节度使旌节给颜真卿看，颜真卿得知张伯仪大败，诸多将士丧命，悲伤不已。

德宗封哥舒翰之子哥舒曜为左龙武大将军，率部征讨李希烈。

哥舒曜智勇双全，他率部打下了被李希烈控制的汝州，并杀了驻守汝州的两名将军。李希烈大怒，派周曾率军士三万，夺回汝州。

此时颜真卿已经被李希烈从驿站转移到了一处小房子内，并派人严加看守。周曾临走之前，托人给颜真卿送了一张纸条，他告诉颜真卿，他带着兵马离开许州后，会在半路杀回，与王玢等人里应外合，杀了李希烈。但是他害怕此事万一失败，因此安排王玢明日将颜岘等人先送出许州。他让颜岘等人明天以买东西的名义，分头到一处院子中，王玢会安排他们出城。

颜真卿等人虽被秘密监视，但是李希烈重点关注的是颜真卿，所以颜岘他们可以自由出入。

颜真卿收到纸条后，把纸条给颜岘看，让他准备带着众人离开。

颜岘大哭，不肯扔下颜真卿自己偷生，要留在这里陪着颜真卿。

颜真卿抚摸着颜岘的头，说："孩子，我是出不去了，你们还年轻，要为国家效力，不能白白死在这里。我还有几封书信，需要你亲手交给你的婶娘和颜頵他们，颜家男子不可随意流泪，站起来，带着它们收拾东西。记住了，不能带多，带多了，会让他们怀疑。"

颜岘无奈，只得含泪收拾东西。第二天，颜岘和颜真卿的属吏、书童等人分别离开驿站，来到周曾指定的院子。王玢果然在院子里，他给他们几个换了衣服，让他们打扮成出城的商人，几个人顺利出城，直奔离此地最近的唐军城池。

让颜真卿没有料到的是，周曾的计划泄露，李希烈做了防备。周曾带领三万将士杀回许州，半路遭到李希烈所派精锐突袭，周曾军大败，周曾被杀。王玢等三人也被李希烈派人抓住，周曾兵败后，李希烈让人将王玢等人全部押往刑场砍头。

颜真卿得此消息，悲痛不已。他多日没有吃饭，在住所内祭奠周曾等人，写祭文哀悼。看押颜真卿的军士看到颜真卿的样子，也深受感动，劝说颜真卿节哀。

颜岘等人逃出深渊，给颜真卿带来无限希望的周曾等人俱亡，颜真卿心如死水，静静地等待着死亡的来临。

在这段日子里，颜真卿写下了著名的《奉命帖》：

真卿奉命来此，事期未竟，止缘忠勤，无有旋意。然中心恨恨，始终不改，游于波涛，宜得斯报。千百年间，察真卿心者，见此一事，知我是行，亦足达于时命耳。人心无路见，时事只天知。

《奉命帖》为行书，此书沉稳大气，有筋骨有锋芒，遒劲有力，显见颜真卿写此书的时候，心中有万千气象，却是已经掌控有余、心绪平稳了。

07. 泾原兵变

周曾造反，李希烈以为跟颜真卿有关系，为了军心稳固，李希烈让人把颜真卿送到汝州龙兴县佛寺中，然后亲自率部进攻襄城，迫近洛阳。

唐德宗为解襄城之围，命儿子舒王李谊为荆襄、江西、沔鄂等道节度诸军行营兵马都元帅，又令泾原诸道兵马援救襄城。

十月，泾原节度使姚令言率五千士卒抵长安。泾原士卒离开驻地，大多带着家中子弟，希望到长安后能得到朝廷的优厚赏赐，结果一直到离开长安城都一无所得。

当时德宗下诏，命令京兆尹王翃犒赏军队，京兆尹王翃只赏赐了粗茶淡饭，士兵们十分愤怒。扬言道："我们离开父母、妻儿，要与敌人死战，但是却吃不饱，怎么能以草命对抗白刃呢？国家的琼林、大盈两座仓库，宝货堆积无数，不取以自活，又去哪儿呢？"

姚令言说："到了东都洛阳就会有厚赏，你们不要鲁莽行事，这不是一条活路。"士卒不听，用长戈把姚令言架出去了。

姚令言急忙上奏，德宗听到后大惊，急忙命令赏赐布帛二十车。并让舒王李谊与翰林学士姜公辅前往安抚，二人刚走出宫门，叛军已经斩断城门，陈兵于丹凤楼之下了。

唐德宗带着皇妃、太子、诸王等仓皇出逃，由咸阳到奉天，护驾的只有宦官霍仙鸣及窦文场。泾原兵进入皇宫府库，大肆掠夺金银。

朱泚进入宣政殿自立为帝，国号大秦，年号应天。皇叔彭王李仅、皇弟蜀王李溯遇害，朱泚分别赠其为司空、太子太保并葬之。

朱泚是幽州昌平人，蓟州刺史朱怀珪之子，朱滔之兄。朱泚年少从军，身材壮伟，轻财好施，跟随幽州节度使李怀仙和朱希彩。大历七年（772年），授检校左散骑常侍、卢龙节度使，赐爵怀宁郡王，积极改善幽州与中央政府的关系，指派弟弟朱滔领兵入关，参与防秋。之后更亲往长安朝见，并留居长安，授检校司空、陇右节度使，封遂宁郡王。唐德宗即位，授太子太师、凤翔尹，后迁太尉。他被哗变的士兵拥立为帝后，派泾原将领韩旻率三千骑兵，前去奉天，谎称迎接圣上车驾，实际上是去攻打唐德宗。段秀实想保护唐德宗并诛杀朱泚，于是就伪造文书，招回那三千骑兵。骑兵回来后，段秀实劝说朱泚停止作乱，朱泚不从，段秀实用手中的象牙笏击打朱泚，被朱泚部下杀死。

朝廷内乱，唐军更无战心，襄城和汴州相继被李希烈攻占。汴州是大唐交通要地，江淮粮食大都经此地通过漕运进入长安。汴州失陷，朝廷受到致命威胁。

德宗进入奉天后，痛定思痛，将佞臣卢杞贬为新州司马。翰林学士陆贽此时辅佐德宗。陆贽起草诏书，赦免李希烈、田悦、王武俊、朱滔以及李纳，唯不赦免朱泚。诏书言辞恳切，"虽武人悍卒，无不挥涕激发"。

此时的田悦、王武俊等人与唐军征战已久，俱疲惫不堪难以取胜，见了德宗诏书后，纷纷上表谢罪，并去除王号。

唯有李希烈兵强马壮，不但不想投降朝廷，反而想在汴州称帝。

他派人去向颜真卿请教称帝的流程礼仪，颜真卿断然说："老夫耄矣，曾掌国礼，所记者仅是诸侯朝觐之礼耳！"

颜真卿的意思很明显，你应该去觐见圣上，而不应该称帝为王。

李希烈大怒，派人到颜真卿居住的院子里点起大火，威胁要烧死他。颜真卿毫不畏惧，投身火海，来人忙将颜真卿拉住。

李希烈的威胁再次失败。

官军经过艰难的战斗后，终于拿下长安，朱泚率部逃出长安，后被部下杀死。泾原兵变终于结束。

德宗回到长安后，杀了效力朱泚的李希烈弟弟李希倩，李希烈得知后，更加仇恨朝廷，发誓与李唐势不两立。

李希烈叛军进攻河南宁陵，自宋州至江淮地区，人心惶恐不安。在此关键时刻，宣武军节度使刘洽命大将刘昌坚守宁陵四十五日，叛军进攻受阻，最终撤退，朝廷上下松了一口气。

兴元元年（784年）正月，德宗命刘洽兼任汴、滑、宋、亳都统副使，知都统事。三月，又加检校尚书左仆射、同中书门下平章事。李希烈派部下骁将翟崇晖率兵围攻陈州，刘洽派刘昌与时任陇右、幽州行营节度使曲环领兵三万援救陈州。双方僵持一月有余，大战数次，最终，刘昌等大败翟崇晖于陈州之西，杀叛军三万五千人，生擒翟崇晖。李希烈闻讯后，只得退保蔡州，不敢再行入侵。

贞元元年（785年）正月，颜真卿被转到蔡州，囚于蔡州龙兴寺。

在这里，颜真卿写下了著名的《移蔡帖》。

当年八月，李希烈下令，其部将辛景臻带着宦官，将颜真卿缢死于龙兴寺，一代忠臣，享年七十七岁。

英雄殉国，苍天落泪。颜真卿下葬之日，天降大雨，十日方止。

颜真卿被杀的消息，很久之后才传了出来。朝廷上下，平民百姓，皆为颜公悲痛不已。

皇室宗亲、嗣曹王李皋听到颜真卿死节的消息后，痛哭不已，部下将士也皆设灵堂祭奠。李皋上疏，请求表彰颜真卿：

> 臣死王事，子复父仇，人伦常经，不足褒异。所悲去古日远，浇风荡浮，多苟且偷生，曾不顾节，使忠孝寂寞，人伦憔悴。昨段秀实奋身击泚首，今颜真卿伏缢希烈庭，皆启明君臣，发挥教训，近冠青史，远绍前贤。夫日月丽天，幽明向烛，忠烈耀世，回邪革心。

颜真卿任浙西节度使时的僚属戎昱闻讯，作诗哀悼："闻说征南没，那堪故吏闻。能持苏武节，不受马超勋。国破无家信，天秋有雁群。同荣不同辱，今日负将军。"

当年颜真卿在湖州的旧友陆羽、皎然等人听闻颜真卿凶信后，大哭不已，纷纷设坛拜祭。

贞元二年（786年），李希烈派大将杜文朝侵襄州，被樊泽打败，杜文朝亦被擒。此时嗣曹王李皋、张建封、曲环及李澄等大唐将领四面攻略其地，李希烈气势已颓，下令严守城池，不敢出战。不久，李希烈因为食用变质牛肉而病倒，部将陈仙奇暗中令医生将他毒死，时为贞元二年（786年）四月初二日。

李希烈死，其子不发丧，想把有谋害其父嫌疑的将领全部诛杀。此事被陈仙奇得知后，索性率人将其子以及李希烈妻等七人全部杀掉。

陈仙奇派军将护送颜真卿的灵柩回京，颜真卿之子颜頵、颜硕至汝州襄城县迎丧，同年，葬于京兆万年颜氏祖茔。德宗为他废朝五日，追赠司徒，谥号"文忠"，另赠钱五十万、粟二百硕。诏书中，德宗赞誉颜真卿："器质天资，公忠杰出，出入四朝，坚贞一志。"

贞元六年（790年）十一月，朝廷录用颜真卿的一个儿子为正员官，次年二月，朝廷授颜頵为河中户曹参军，"旌忠烈之后"。

南宋绍兴三年（1133年），宋高宗赵构御赐颜真卿庙额为"忠烈"，尊其为神。